現代語訳

上井覚兼日記

3

天正十三年（一五八五）正月～
天正十三年（一五八五）十二月

上井覚兼日記

《凡例》

一、本書は、東京大学史料編纂所蔵本を底本として翻刻された『大日本古記録 上井覚兼日記』(中)・(下)をもとに現代語訳したものである。

一、本巻は、天正十三年(一五八五)正月~天正十三年(一五八五)十二月を収録した。

一、現代語訳は分かりやすさを旨として意訳を行い、主語や語句を本文中に補った。

一、巻頭に、あらすじ。各月毎に解説を付した。

一、人名は史料表記そのままではなく、分かりやすい実名表記としたが、日記執筆時点で出家している人物については道号(入道名)で記した。また、島津義弘など途中で改名している人物については、原則としてその時点での名前で表記し、註釈を付した。また、官名表記の人名は、適宜『大日本古記録』において比定する実名を註釈に付した。

一、人名については極力読み仮名を付したが、読みがはっきりしないものは省略した。

一、読み仮名は、初出を原則としつつ、適宜、複数付した箇所もある。

一、地名表記は、極力原史料どおりとしたが、現在の地名表記や自治体名は註釈および本文中の( )内に付した。

一、旧字体・異体字は新字体に改めた。

一、註は、人物、地名の詳細、用語解説を主とし、原則初出のみ付した。

一、字句に対比する人名や地名、十二刻、または文意の補足は、本文中の( )内に表記した。また、判然としない語句に対しては、〈 〉内に表示して区別した。

一、和歌・連歌・俳諧の現代語訳は、屋良健一郎氏(名桜大学国際学部上級准教授)による。

一、漢詩の読み下しは、福嶋一恵「上井覚兼と漢詩について」(『宮崎市歴史資料館研究紀要』四、二〇一三年)に拠った。

一、上井覚兼の年譜、当年の所在地年表、本書関連の勢力分布図、宮崎城縄張図を巻末に収録した。

目次

《天正十三年　あらすじ》覚兼四十一歳。前年の天正十二年三月、沖田畷の戦いで龍造寺隆信を討ち取った結果、九州では三氏鼎立（ていりつ）から島津氏一強の時代を迎える。同年九月、肥後国中（熊本県北部）制圧に乗り出していた島津忠平・覚兼らは、龍造寺氏との和睦（肥薩和平）を受け入れる。しかし、肥薩和平と豊薩和平（大友氏との和平）は矛盾をきたし、両陣営から筑後出陣を要請された覚兼らは、大友勢にも筑後からの撤退を要請し、肥後から帰国する。しかし、大友勢は筑後から撤退せず、島津家中では、大友氏の本国である豊後進攻論が浮上する。

天正十三年二月、将軍足利義昭の使者柳沢元政と毛利家の使僧が鹿児島に下向し、毛利勢とともに大友氏を挟撃するよう持ちかける。〝大友氏包囲網〟への参加要請であった。同月、覚兼ら老中は、島津義久からの諮問を受け、義久の次の家督継承を意味する「名代」に就任するよう、次弟忠平に要請することを決定する。忠平は四月にこれを受諾し、以後、覚兼は義久・忠平を「両殿」と記している。「名代」は、「国家之儀等裁判」の委任を伴うものであり、以後、忠平は重臣談合を主催して軍事・外交政策決定を行っていくが、これにより徐々に兄義久との意見の対立が生じていく。

七月には、羽柴勢が四国に進攻し、長宗我部勢と交戦中との連絡が入り、肥後では同月三日、阿蘇大宮司家を支えてきた重臣甲斐宗運が亡くなっている。八月に入ると、長宗我部元親が秀吉に降伏したとの情報が届き、羽柴勢がそのまま九州に進攻するとの情報もあって、島津義久は、家久と覚兼に対応を協議させている。

そんななか、甲斐宗運亡き後、阿蘇大宮司家では宗運の娘婿とみられる甲斐親英らが、大友氏への再従属を決断したようであり、八月十日、島津方の花之山城を攻め落とし、島津氏と手切れする。島津義久・忠平は肥後出陣を決断するが、家久や吉利忠澄は羽柴勢や大友勢への対応を優先すべきとして覚兼は板挟みにあっている。同月二十四日、覚兼は家久らとともに豊後との国境に位置する縣（あがた）を見分し、翌閏八月には肥後に出陣する。島津勢は、同月十三日、甲佐・堅志田を一気に攻略し、十五日には甲斐宗運の居城だった御船城を接収する。十九日には阿蘇惟光が降伏し、ようやく肥後一国の制圧に成功する。御船城接収時に、阿蘇大宮司家と大友氏とのやり取りが発覚し、忠平・覚兼らは豊薩和平が破綻したことを知る。この間、家久は肥後には出陣せず、日向「山中」とよばれる九州山地沿い地域を制圧し、豊後・肥後間の補給ルートを断っている。

九月六日、島津忠平・覚兼らは伊集院久信らを筑後に出陣させ、大友方諸城の攻略に乗り出す。同月十日には、高知尾の三田井氏を従属させた家久が、このまま豊後に進攻することを提案する。忠平や重臣たちは大友氏との決戦は不可避と考えるようになっていたが、鹿児島の義久は早急な開戦に反対し、一度撤退してからの談合を命じる。十月に鹿児島で開催された重臣談合では、義久の意向により、豊後進攻の是非を問う鬮(くじ)を来春引くことにし、それまで調略にあたることになったが、肥後に残った新納忠元から、豊後南郡の国衆入田氏が島津方に寝返ったとの情報により、急遽方針は一転し、豊後出陣が決定する。ただ、豊後進攻最強硬派の島津家久は、老中島津忠長との相論により鹿児島での蟄居を命じられる。なお、この直前、義久の承認により、家久二男東郷重虎と覚兼二女の婚姻が決定している。

十一月、家久が高知尾に派遣していた家臣田中筑前守が戻り、覚兼に国衆入田氏の手切れが決まったと伝え、それを大隅正八幡宮参詣中の義久にも報告する。この入田氏の手切れは、そもそも家久側が持ちかけた話であり、田中は義久に対して既に戦闘が始まっていると虚偽の報告をし、義久はそのまま豊後出陣を決定する。しかし、覚兼は田中の情報が不正確であることを通報し、義久は出陣を思いとどまる。この騒動は、蟄居を解除してもらい、豊後出陣を急ぎたい家久の策動であった。これにより義久は豊後出陣に、より慎重となる。

十二月、佐土原に戻った家久は、さらに覚兼に高知尾への派兵を持ちかけるが、覚兼は拒否する。しかし、同月二十五日、紙屋地頭稲富長辰が、阿蘇大宮司家家中の高森氏の襲撃を受け、命からがら逃げ帰ったとの情報が届く。これにより、大友氏の日向・肥後国境への調略活動が本格化していることが明白となり、覚兼は慎重姿勢を改め、日向勢を高知尾に出兵すべきと家久に提案し、両殿への談合開催要請を提案する。

現代語訳

上井覚兼日記3

天正十三年（一五八五）正月～
天正十三年（一五八五）十二月

天正十三年（一五八五）

正月条

一日、いつものとおり。雨が降ったので社参はしなかった。鎧の着始めをした。肴などは旧例のとおり。衆中が皆、挨拶に来た。城内の衆(1)二十人ほどと三献で挨拶。みんなから酒・肴などを頂戴した。銘々賞翫した。衆中全員に拙者が酌をして酒を飲ませた。終日、酒宴。慶賀など例年どおり。

今日、毎年やっている祝言の発句。今年は立春が遅いので、

越てだに春のま(待)たるゝ今年かな

〔（暦では立春はまだ来ていないので）年を越して正月となったのに、春が来るのを待ちこがれる今年であるよ〕

と詠んだ。

二日、古くからのしきたりどおりに、吉書始め(2)をおこなった。この日、弟鎌田兼政殿(3)、そのほか城内の衆中に対して挨拶に行った。どちらにも酒を持参。それぞれで、例年以上の饗応を受けた。父恭安斎様(4)に、いつものとおり賀札(5)と使者・酒を送った。新年の挨拶に来た衆は、数が多いので記すには及ばない。海江田(6)からも少々酒をいただいた。

三日、奈古八幡(7)へ社参した。参銭百疋を持参。宮での様式(8)はいつものとおり。

（1）**城内の衆**　宮崎衆中には、宮崎城内に居宅がある者と城の麓に居宅がある者がいた。そのうち、城内に居住する者をこのように称している。

（2）**吉書始め**　年始・代始めなどの時、初めて出す政務上の文書。ただ、内容は実質を伴わない儀礼的なものである。

（3）**鎌田源左衛門尉兼政**　覚兼実弟。鎌田壱岐守政実娘聟。

（4）**上井恭安斎**　董兼。覚兼父、上井為秋長男。

（5）**賀札**　年賀状。

（6）**海江田**　宮崎市大字加江田周辺の地名。覚兼の私領。

（7）**奈古八幡**　現在の奈古神社（宮崎市南方町御供田）。

（8）**宮での様式**　神事の作法。

（9）**毘沙門**　天正十一年（一五八三）五月三日に宮崎城内に完成した毘沙門堂。

（10）**節供**　節日に供する供御・おせち。

大宮司泉鏡坊に挨拶をした。いろいろともてなした。それから、集まっていた衆中に挨拶をした。帰ってから毘沙門(9)に参詣。その後、節供(10)の様子はいつものとおり。海江田の衆が皆やって来た。酒・肴など持参。佐土原(11)から二、三人酒を持参してきた。すぐに見参した。

この晩、満願寺(12)に挨拶に行った。いろいろともてなされた。酒を持参し、お酌をした。

四日、満願寺・本坊(13)・西方院(14)・金剛寺(15)、そのほか出家衆がお出でになった。いつものとおり、三献で挨拶。皆、酒をご持参になったので、それらを賞翫して、心静かに酒宴。また、山伏衆も皆やって来たので、これも同じようにもてなした。酒を皆からいただいた。社家衆もそれぞれやって来て、酒・肴など持参。海江田からもやって来た。町衆も皆やって来たので見参した。百姓も皆やって来た。これも見参した。

五日、善哉坊(16)がやって来た。旧例どおり、三献で寄り合った。酒をいただいたので賞翫。加江田の僧侶たちがやって来た。これも三献で寄り合った。銘々に酒を持参してきたので、賞翫。野村丹後守(17)・井野彦六左衛門尉(18)など酒を持参してきたので面会。広原(19)・跡江(20)などからも出家衆が多く挨拶に来た。新納久時殿(21)から、高崎備後守を使者として年頭の挨拶を受けたので面会。高崎が酒を持参し、綾衆中の池袋新介も酒を持参したので、一緒に寄り合った。

この日、家久公(22)に対し、「改年の祝言をみずから参って申すべきところですが、

(11) **佐土原**　宮崎市佐土原町。島津家久の本拠。
(12) **満願寺**　宮崎城東麓にあった寺院。住持は玄恵。
(13) **本坊**　竹篠山の中核寺院。現在の王楽寺（宮崎市大字瓜生野）。
(14) **西方院**　竹篠山の塔頭ヵ。
(15) **金剛寺**　宮崎市大瀬町に現存する臨済宗寺院。
(16) **善哉坊**　金剛密山妙光院善哉坊。現在の宮崎県東諸県郡国富町深年にあった修験寺院。近世には勝福寺と呼ばれた。慶応三年（一八六七）に廃寺。この頃の住持は面高真蓮坊頼俊で、天正八年（一五八〇）に島津家から「日州両院惣先達職」に任じられている。
(17) **野村丹後守**　『大日本古記録』は友綱に比定。
(18) **井野彦六左衛門尉**　詳細不明。
(19) **広原**　宮崎市大字広原。
(20) **跡江**　宮崎市大字跡江。
(21) **新納縫殿助久時**　一五四八〜一六〇七。日向綾地頭。
(22) **島津中務大輔家久**　一五四七〜八七。島津貴久四男。義久・忠平（義弘）・歳久の異母弟。日向佐土原領主。永吉島津家祖。唐名「中書」と呼ばれることが多い。

体調不良のため、まずは名代として鎌田兼政を派遣します」と伝えた。衆中のうち、二、三町衆(23)に対し、酒持参での参上を許すと伝えたところ、鎌田兼政が同道して皆参った。祝着であると返事した。

この晩、上井神九郎(24)がやって来たので、三献はいつもどおり。酒を持参してきたので、寄り合って賞翫。

六日、上井神九郎が帰った。恭安斎様への返事をお願いした。曽井(25)から肝付源八郎殿がやって来た。酒をいただいた。加治木但馬拯のところに挨拶に行っていたので、そこで面会した。

この日、竹篠本坊（王楽寺）・西方院・大門(26)・金剛寺などに挨拶に行った。それぞれに酒を恒例どおりに贈った。いろいろともてなされた。雑紙(27)をそれぞれから祝儀にいただいた。金剛主盟翁から試筆(28)の詩を見せられた。

一様春風両様吹
花添紅色髩添絲
老性羞被黒頭咲
又祝新年題悪詩

一様の春風　両様に吹き 花紅色を添え　鬢糸を添う 老性　羞づらくは　黒頭に咲はれんことを 又新年を祝ひ　悪詩を題す

（これを見て）黙っていられなくなり、即席で和韻(29)した。

(23) **二、三町衆** 知行が二〜三町の宮崎衆。これ未満の知行地の者は「無足衆」と呼ばれる。
(24) **上井神九郎** 覚兼末弟。父恭安斎とともに紫波洲崎城に居住している模様。
(25) **曽井** 宮崎市大字恒久。地頭は比志島義基。
(26) **大門** 竹篠山の塔頭ヵ。
(27) **雑紙** 粗末な紙。また、雑用に使う紙。
(28) **試筆** 新年に初めて毛筆で字を書くこと。書き初め。
(29) **和韻** 他人の詩と同じ韻を使って詩を作ること。

燦然句法副花吹
筆勢帯風似柳糸
案上一行舒又巻
沈吟未了袖芳詩

燦然たる句法　花吹くに副（そ）へ
筆勢　風を帯びて　柳糸（りゅうし）に似たり
案上一行　又　巻を舒（の）べ
沈吟（ちんぎん）未だ了へず　芳詩（ほうし）の袖

　このように詠んで、ようやく薄暮になって帰った。

七日、恒例どおり、蘇民将来（そみんしょうらい）(30)の御守りを懸けた。岩戸（いわと）(31)に参詣した。それから、堀四郎左衛門尉（ほりしろうさえもんのじょう）(32)殿・敷祢越中守（しきねえっちゅうのかみ）(32)殿に挨拶をした。いろいろともてなした。拙者も酒を持参した。敷祢越中守宅にいるうちに、鎌田政虎（かまたまさとら）(33)殿がやって来た。鎌田政近（まさちか）(34)の代理として挨拶に来たとのこと。城（宮崎城）にお出でになったのだが、拙者が留守だったので、面会しないわけにはいかないと考え、こちらに尋ねてきたとのこと。すぐに面会。酒などで寄り合った。城に酒を持参したとのこと。やがて帰宅した。

　この日、福永藤六（ふくながとうろく）(35)殿が酒を持参されたとのこと。佐土原からも出家衆が少々挨拶に来たとのこと。彼らそれぞれから酒をいただいた。野村安房守（のむらあわのかみ）(36)のところからも酒を持った使者が来た。

八日、祈祷始め。大般若経であった。満願寺・本坊・西方院・大門・沙汰寺（さたじ）(37)、このほか経衆は満願寺の同宿衆であった。彼らをもてなすため衆中を少々呼び寄せた。

(30) **蘇民将来**　疫病除けのための護符。家々の門口に「蘇民将来子孫の宿」と書いて貼ったり、木製六角形の棒に「蘇民将来」などと書いて、社寺で小正月に分与したりする。
(31) **岩戸**　現在の磐戸神社カ（宮崎市上北方町）。
(32) **堀四郎左衛門尉・敷祢越中守**　宮崎衆。宮崎城下に居住。
(33) **鎌田左京亮政虎**　一五六三〜八五。日向都於郡地頭鎌田政近の子。この年八月十日、花之山城（熊本県宇城市豊野町下郷）在番中に阿蘇大宮司家の攻撃を受け、討死（享年二十三）。
(34) **鎌田出雲守政近**　一五四五〜一六〇五。鎌田政勝嫡男。日向都於郡地頭。後年、老中となる。
(35) **福永藤六**　詳細不明。伊東家旧臣カ。
(36) **野村安房守**　詳細不明。伊東家旧臣カ。
(37) **沙汰寺**　宮崎市下北方町塚原にあった真言宗寺院。明治三年（一八七〇）に廃寺。現在は景清廟となり、祠や石塔が残る。

酒宴など。

　この日、倉岡地頭吉利久金(38)・忠富父子がお祝いのためいらっしゃった。衆中二、三人も一緒に来ており、それぞれから酒をいただいた。三献はいつもどおり。その後、湯漬け(39)をいただき、持参してきた酒など賞翫した。互いに酌をした。清武から（地頭の）伊集院久宣(40)からも使者にて祝言をいただいた。使者は春成殿(41)であった。酒をいただいたので、すぐに賞翫した。家久公から長倉名字の人を使者として、祝言をいただいた。三献で寄り合った。相応の返事を申し上げた。富田大宮司(42)・広原佐司など、ここかしこから酒・肴などを持参してきた。年頭の挨拶である。記すには及ばない。

九日、新名爪長福寺(43)が挨拶にやって来た。すぐに三献で面会。持参の酒でお酌をしていただき、賞翫した。山田有信殿(44)が挨拶に来た。衆中四、五人が一緒だった。すぐに三献で面会。やがて、茶の湯の座でもてなし、お茶。その後、表の座で、持参の酒を賞翫。衆中全員からと言って樽酒一荷を持参してきたので、賞翫していたところ、財部(45)から地頭の鎌田政心(46)の代理として、同名新介殿がやって来た。衆中四、五人も一緒だった。それぞれ酒を持参。どの酒も賞翫した。佐土原から弓削宗安(47)がやって来た。酒をいただいた。すぐに面会した。

十日、野村大炊兵衛尉殿(48)が茶の湯をやるというので、参加した。衆中が二人座に来ていた。いろいろと珍しい肴が出てもてなされた。夜前(49)に夢想で、

　梅が枝を待えてうたふ宮居かな

(38) **吉利山城守久金**　一五三〇〜一六一六。島津薩州家忠将の二男、母は島津一瓢斎（運久）長女・日新斎妹。日向入野（宮崎県東諸県郡綾町）地頭吉利忠澄は久金の甥（忠将長男久定の子）。

(39) **湯漬け**　湯を注ぎかけた飯。

(40) **伊集院美作守久宣**　一五三〇〜八七。日向清武（宮崎市清武町）地頭。天正十五年（一五八七）三月十五日、豊後高田（大分県大分市）にて討死。

(41) **春成殿**　伊集院氏の庶流春成氏の一族カ。

(42) **富田大宮司**　富田八幡神社（宮崎県児湯郡新富町富田）の宮司カ。

(43) **長福寺**　新名爪八幡宮（宮崎市新名爪）の別当寺。

(44) **山田新介有信**　一五四四〜一六〇九。日向新納院高城（宮崎県児湯郡木城町高城）地頭。

(45) **財部**　宮崎県児湯郡高鍋町。

(46) **鎌田筑前守政心**　？〜一五八六。日向財部地頭。天正十四年（一五八六）七月、筑紫広門攻めで討死。

(47) **弓削宗安**　佐土原在住の武士。家久家臣カ。

(48) **野村大炊兵衛尉**　『大日本古記録』は豊綱に比定。

〔梅の季節を迎えて、神社で歌を詠むことであるよ〕

と詠んだ。

この日、本庄(ほんじょう)(50)から河上又八郎(かわかみまたはちろう)(51)殿が挨拶に来た。酒をいただいた。すぐに三献で面会。衆中が二人ほど一緒だった。彼らからもそれぞれ酒をいただいた。一緒に賞翫した。

この晩、鎌田兼政殿が、上井兼成(うわいかねしげ)(52)のところに内々（覚兼室）が挨拶に行って、いろいろともてなされたと語ってくれた。野村大炊兵衛尉が、今朝の茶会参加への御礼にやって来た。〈安立徳利〉(53)という名の備前物を今朝見て、面白いと言ったところ、酒を入れて持ってきてくれたので賞翫。今朝は戯(たわむ)れに言ったまでのことなので、

御用にも安く立(たち)ぬと見えつるか今ハこなたのとくり成(なり)けり

〔「（安立徳利という名のとおり）手軽に人の役に立つに違いない」と思ったのだろうか。（安立徳利を持って来てくれて）今は私の徳利となり、私は得をしたものである〕

などと詠んでいるうちに、沈酔(ちんすい)(54)してしまった。

十一日、今日、父恭安斎がお越しになるとのことなので、早朝から立花(りっか)(55)などしてみた。木花寺(きばなでら)(56)が年頭の挨拶にやって来た。三献で寄り合った。酒をいただいたので賞翫した。恭安斎が今日お越しになるとのことだったが、腹中気(ふくちゅうけ)(57)ということで、延期する旨、使者から伺った。穂北(ほきた)(58)から地頭の平田宗張(ひらたむねはる)(59)殿が祝礼(しゅくれい)の

(49) **夜前**　きのうの夜。昨晩。
(50) **本庄**　宮崎県東諸県郡国富町本庄。地頭は川上翌久。
(51) **河上又八郎**　詳細不明。地頭川上翌久の一族ヵ。
(52) **上井右衛門尉兼成**　覚兼叔父。上井恭安斎弟。
(53) **安立徳利**　詳細不明。備前焼の徳利の一種ヵ。
(54) **沈酔**　酔いつぶれること。
(55) **立花**　生け花の形式の一つ。元亀三年（一五七二）頃、のちの華道家元につながる初代池坊専好が島津領内に下向しており、立花もこの頃伝わった可能性が高い。
(56) **木花寺**　法満寺。現在の木花神社（宮崎市大字熊野）境内にあった寺院。
(57) **腹中気**　腹の中が病んでいること。下痢、腹痛などの病気。
(58) **穂北**　宮崎県西都市穂北。
(59) **平田新左衛門尉宗張**　?～一五八七。日向穂北地頭。天正十五年（一五八七）三月十五日、豊後清田にて討死。

ためやって来たので、すぐに面会し、三献はいつものとおり。花園(60)の山伏が同心した。めしを食べながら面会。吉利忠澄(61)殿の使者木原常陸介も一緒に寄り合った。穂北衆中も二人一緒で、同じ座でもてなした。皆から酒をいただいた。互いに酌をした。心静かに酒宴をした。

この日、各地に年頭の使者を派遣した。高城(62)・財部には寺田壹岐守、穂北・富田には勝目但馬守、都於郡(63)には中村内蔵助、吉利殿（入野）・綾には和田刑部左衛門尉、穆佐(64)・蔵岡(65)に和田江左衛門尉、曽井・細江に高城雅楽助、清武・田野(66)に関治部少輔、長峯(67)・富吉(68)に山下弓介、飯田(69)・内山(70)には前田勘解由左衛門尉、木脇(71)・本庄には江田源七兵衛尉、下別符(72)には唐仁原藤七兵衛尉(73)であった。

十二日、各地に年頭の祝言のために派遣した使者が皆帰ってきた。恒例の祝いに喜んでいたとのこと。この朝、関右京亮(74)殿から招かれたので、赴いた。いろいろ珍しい肴などでもてなされた。衆中十人ほどがもてなすために座にいた。心静かに酒宴。

この晩、鎌田兼政から誘われたので、手火矢ねらい(75)に出かけた。水鳥を、一番はじめに一発で仕留めて帰った。すると、報恩寺(76)から招かれて、いろいろともてなされた。近隣の衆が酒をくれた。閑談して夜更けに帰った。

十三日、この日の夜明け頃、くさ(77)が振り付き、散々の状況。今福寺(78)がやって来た。酒を持参してきた。蔵岡・本庄から衆中十人ほどが来た。それぞれ酒を持参。都於郡の永明院(79)が来た。これも酒をいただいた。観千代(80)に会わせてもてな

(60) **花園** 花園寺。宮崎県児湯郡付近にあった修験寺。後年、帖佐（鹿児島県姶良市鍋倉）に移転。
(61) **吉利下総守忠澄** 一五四九～九五。日向入野・三城（門川・塩見・日知屋）地頭。覚兼妹聟。
(62) **高城** 宮崎県児湯郡木城町。
(63) **都於郡** 宮崎県西都市鹿野田。
(64) **穆佐** 宮崎市高岡町小山田。
(65) **蔵岡** 倉岡。宮崎市糸原。
(66) **田野** 宮崎市田野町。
(67) **長峯** 宮崎市長嶺。
(68) **富吉** 宮崎市富吉。
(69) **飯田** 宮崎市高岡町飯田。
(70) **内山** 宮崎市高岡町内山。
(71) **木脇** 宮崎県東諸県郡国富町木脇。
(72) **下別符** 大淀川河口左岸。
(73) **唐仁原藤七兵衛尉** 『大日本古記録』は秀元に比定。
(74) **関右京亮** 宮崎衆。
(75) **手火矢ねらい** 鉄砲猟。
(76) **報恩寺** 現在地不詳。『大日本古記録』は、宮崎市上北方町にあったとする。
(77) **くさ** 皮膚にできるできもの・湿疹などの総称。
(78) **今福寺** 伊満福寺。宮崎市古城町に現存。
(79) **永明院** 詳細不明。

し、帰した。

十四日、この日も気分が散々で、伏せっていた。福永宮内少輔殿[81]がやって来て、酒・猪巻[82]などいただいた。相応のもてなしをした。

この日、衆中揃って千句連歌[83]の準備、年頭雑掌[84]の用意について談合をさせた。この晩の祝言などはいつものとおり。

十五日、規式[85]は旧例どおり。衆中がそれぞれやって来たので、観千代を呼んで、酒を飲んだ。皆が揃って出席した。次に、番普請[86]について。きちんと出来ていないことは残念である旨、説明した。皆、もっともだと理解し、今後はしっかり果たすつもりだと返事した。

この日、番盛[87]などした。この晩、長野淡路守[88]・関右京亮・野村大炊兵衛尉・野村右衛門尉を茶の湯でもてなした。夜更けまで閑談。

十六日、山田有信殿に書状を送った。「来る二十二日に御前（義久）[89]のもとに出頭するよう鹿児島に参上すると約束していたが、今になって痔病が再発して散々な状態なので、延期する」と伝えた。三城[90]衆中から二人、酒持参で来た。観千代を呼んで、もてなして帰した。

この日、長野淡路守に招かれたので、腫れ物がひどい状況だったが、白衣[91]でもかまわないとしきりに言うので、そのとおりにして、いろいろもてなされた。茶の湯であった。伊集院久宣から上野伴介を使者として承った。「気分がとてもすぐれないので、鹿児島に参上することが今度はできないので、清武衆中は、

(80) **観千代** 覚兼長男、のちの経兼、天正十年四月一日生、四歳。
(81) **福永宮内少輔** 日向飯田（宮崎市高岡町飯田）の地頭カ。
(82) **猪巻** 猪丸（猪まるまる一頭）と同義カ。
(83) **千句連歌** 連歌とは、五・七・五の発句と七・七の脇句の長短句を交互に複数人で連ねて詠んで一つの歌にしていくもの。百句を一作品としたものを「百韻」と呼び、これを十集めたものが千句である。
(84) **年頭雑掌** 詳細不明。
(85) **規式** この場合、小正月の定まった作法のことカ。
(86) **番普請** 輪番制で宮崎城内の普請（整備）を行うことカ。
(87) **番盛** 普請輪番の編成。
(88) **長野淡路守** 宮崎衆。
(89) **島津修理大夫義久** 一五三三〜一六一一。島津本宗家当主。薩隅日三か国守護。「三州太守」と自称。忠平（義弘）・歳久・家久の兄。「太守」と呼ばれる。
(90) **三城** 門川（宮崎県東臼杵郡門川町）・日知屋（同県日向市日知屋）・塩見（同市塩見）の三城。
(91) **白衣** 白小袖に指貫や袴などだけを着て、直衣、素襖、直垂、肩衣などの上着をつけない下着姿。

あなた（覚兼）が参上する時に同心させるので、お頼みします」とのこと。「来る二十六日に鹿児島に到着し、二十七、八日頃機会をみて、義久様のもとに出頭するつもりである。そのような日程になるだろう」と返答した。伴介に会って、酒で寄り合った。それから長野淡路守がいろいろもてなしてくれた。酒宴で閑談。終日そうして暮らした。

十七日、弥右衛門尉(92)に酒を飲ませた。城内の衆中それぞれをもてなすため呼び寄せた。いろいろなもてなしをした。

この日は、自分の詠んだ句の中から選び抜いたものを里村紹巴(93)に送ろうかと考え、抜き句をした。その合間に、庭に懸かりの松(94)など植えさせた。あわせて、茶の湯の座から見える場所に常盤木(95)などをいろいろと植えさせて見物。この夜も夜更けまで抜き句をした。

十八日、腫れ物が散々な状態なので、観音への読経などはしなかった。むざむざと、ただ鑪そばで眠っていた。猿渡信孝殿(96)が昨日、鹿児島から帰宅したと言ってやって来た。義久様からのご返事は、「おまえが申すように、今年の新年は、諸方角とも例年以上に静謐であり、そうした状況を早々に言上してきたこと、祝着である」とのこと。寄合中（老中）からも同時に返事があった。

この日も抜き句などやった。懸かりの木を植えさせて見物して慰んだ。三城（門川・日知屋・塩見）から伊地知丹後守(97)・逆瀬川豊前掾(98)がやって来て、猪・狸など持参。めしを振る舞い、酒で寄り合い。

(92) **弥右衛門尉** 九比良弥右衛門尉ヵ。九平（宮崎市鏡洲）在住の者とみられる。

(93) **里村紹巴** 一五二五～一六〇二。この時代を代表する連歌師。上洛した樺山玄佐・喜入季久・島津家久らはいずれも彼と交流しており、島津家中との関係は深かった。

(94) **懸かりの松** 蹴鞠の庭の西北隅に植える松。

(95) **常盤木** 松・杉などの常緑樹。

(96) **猿渡大炊助信孝** 『本藩人物誌』によると、天正十一年（一五八三）頃、上井覚兼配下として宮崎に召し移されたという。後年、御使役（奏者）となり、薩摩羽月（鹿児島県伊佐市大口堂崎）地頭を兼務する。

(97) **伊地知丹後守** 『大日本古記録』は重政に比定。

(98) **逆瀬川豊前掾** 『大日本古記録』は武安に比定。

この晩、鎌田兼政夫婦、上井兼成夫婦をこちらに招き、いろいろと酒宴。夜更けにそれぞれ帰って行った。

十九日、海江田に赴いた。年頭の挨拶をする衆が、ここかしこからやって来た。それが落ち着いて、未刻（午後二時頃）出立（しゅったつ）し、夜になって木花寺に到着。いろいろともてなされた。それから吉日だったので、諏訪社（すわしゃ）[99]に参拝。座主（ざす）がやって来て、社頭での様子は恒例どおり。この夜は、内山[100]の山舎[101]に留まった。みんなが本郷[102]まで迎えに来てくれた。

二十日、父恭安斎様のところに伺うつもりだったが、上井神九郎を使者として仰るには、「早々に来るようにと言いたいところだが、あまりに悪日（あくにち）なので、明日、伊勢社[103]に参詣して、そこから直接、城（紫波洲崎（しわすざき）城）[104]に登ってくるのがいいだろう」とのこと。神九郎とめしを食べながら寄り合い、恭安斎への返事は、「とにかくお考え次第に明朝お伺いします」と伝えた。各地から（自分が）やって来たと聞いて酒・肴など持参してきた。平佐（ひらさ）[105]から義弟の桂忠詮（かつらただのり）殿[106]が年始の挨拶として使者を派遣してきた。女中（桂忠詮妻、覚兼妹）から酒、そのほかいろいろと頂戴した。円福寺（えんぷくじ）[107]から使僧が来て、酒を頂戴した。この日も、抜き句をし、また植木などさせて見物し、慰んだ。

二十一日、早朝、御伊勢に参詣。大宮司のところで旧例どおり三献。それが済んで、めしを振る舞われた。いろいろともてなされた。それから直接、城（紫波洲崎城）に登った。父恭安斎様のところでまず三献。その後、節供の寄り合い。

（99）**諏訪社**　宮崎市熊野にあった諏訪神社。
（100）**内山**　現在の宮崎市大字加江田、知福川沿いにあった内山寺ヵ。
（101）**山舎**　山小屋ヵ。
（102）**本郷**　宮崎市本郷北方・南方。
（103）**伊勢社**　加江田神社。この頃は加江田川右岸に所在。寛文二年（一六六二）外所地震の津波により流され、現在地（宮崎市学園木花台）に遷宮。
（104）**紫波洲崎城**　宮崎市折生迫（現在の城山公園）。上井恭安斎の居城。
（105）**平佐**　鹿児島県薩摩川内市平佐町。
（106）**桂神祇少副忠詮**　一五五八～一六一五。薩摩平佐地頭。室は上井恭安斎娘（覚兼妹）。
（107）**円福寺**　加江田に所在した寺院。現在の円南寺との関係は不明。

持参の酒でお酌をした。いろいろともてなされた。

　この日、清武より使者が来た。内容は、「清武衆中の鹿児島参上と雑掌など、宮崎と一緒にと、先日承りました。そして、覚兼が参上する日程も承知しました」とのこと。これに対し、「先日申しましたように、来る二十六日に鹿児島に到着するよう出発するつもりでありましたが、腫れ物が未だ良くないので、二月朔日頃になんとか参上できるのではないかと考えています。しかし、それではあまりに遅くなってしまいますので、あなたの判断次第で（清武衆は）先に参上されるのがいいでしょう」と返答した。

　この晩、中城(108)に参った。いつもどおりの規式であった。持参の酒でお酌した。

二十二日、早朝、日之御崎観世音(109)に参詣。それから、寺に挨拶した。旧例どおりもてなされ、拙者も酒を持参。帰る途中、中城（祖母）に招かれて、節供で寄り合った。いろいろともてなされた。加治木駿河守・同伊予介のところに挨拶に行き、どちらでもいろいろと旧例どおりのもてなしを受けた。

二十三日、蘓山寺(110)がやって来たので、酒で寄り合った。谷山越中守が酒を持参。宗琢(111)・源左衛門尉(111)が酒を持参。すぐに面会して賞翫。この日は、植木などさせ、いろいろと普請などさせて見物し、慰んだ。

　この晩、円福寺に挨拶に行った。いつものとおり酒を持参した。おもてなしは旧例どおり。今夜、月待(112)をすると聞いたようで、寺で待たないかとしきりに誘われたので、衆寮(113)にて月待をした。蘓山寺、そのほかの僧たちがたくさんやっ

(108) **中城**　紫波洲崎城内の曲輪の一つ。覚兼祖母＝恭安斎母の居所となっており、祖母のことも「中城」・「中之城」と呼んでいる。
(109) **日之御崎観世音**　現在の日之御崎観音寺（宮崎市折生迫）。
(110) **蘓山寺**　天正十一年には主に「祖三寺」と表記。曽山寺。宮崎市大字加江田にあった寺院。
(111) **宗琢・源左衛門尉**　外所（殿所）の住人。天正十二年（一五八四）五月十六日条に、この二人が「殿所町衆」だと記されている。
(112) **月待**　特定の月齢の日に集う民間信仰。
(113) **衆寮**　禅寺で座禅をする僧堂に対し、僧が経や語録を読み、修行を深める自習用の建物。

て来て、雑談した。住持は突然くさ気が出たと言って顔を出さなかった。本当に終夜酒宴であった。

二十四日、早朝から地蔵菩薩に看経など。円福寺が、くさが醒めたとのことで、顔を出し、斎(114)を振る舞われた。いろいろな肴で酒を飲み、閑談。「魯陵の米の物語(115)」などしてくれた。聞いて驚いた。青原(116)と対談しているような気分になった。その後、帰って追い酒。上井玄蕃助(117)が途中まで迎えに来て、いつもの挨拶に来るよう誘われたので、玄蕃助のところに行って、いろいろもてなされた。

　昨日、鹿児島に進上するため、犬山(118)に登らせた。大きな猪が獲れて、行司(119)のところに丸猪の状態で置いてあるとのことなので、重信兵部左衛門尉のところに立ち寄って見物。まことに近年これほどの大きさの猪は見たことがない。七、八人で持ち上げて見物。昨日は、猪二頭を犬が食った。

　この晩、長野(120)で猪を皆に振る舞った。今日は、腫れ物にヒル(121)を飼ってみた。

二十五日、天神に読経などした。この日、内山の河路で狩をさせた。天気が悪く、二つ鹿蔵(122)を狩らせ、猪・鹿を五つ獲った。

二十六日、安楽阿波介(123)が、いつもの挨拶をするので来てほしいと言うので、彼のところに行った。いろいろともてなされた。宮崎から加治木但馬拯がやって来た。鹿児島行きの計画について尋ねてきて、やがて帰った。衆中らにも、必ず自分は明日出立するので、皆もそのつもりで油断無く出立するように伝えた。安楽阿波介のところで終日酒宴。蘓山寺とかなりご無沙汰だったので、帰る途

(114) **斎**　僧侶や修行者が戒に従って、正午前にとる食事。
(115) **魯陵の米の物語**　『大日本古記録』によると、『五灯会元』（南宋代に成立した禅宗史書）巻第五「青原章」にみえるという。
(116) **青原**　中国の禅僧青原行思（？～七四一）。後世、禅の二大祖師の一人とされる。
(117) **上井玄蕃助**　覚兼の親戚ヵ。海江田に居住している模様。
(118) **犬山**　犬山狩。猟犬を使った狩ヵ。
(119) **行司**　狩を取り仕切った地元の有力者ヵ。
(120) **長野**　地名または長野（淡路守ヵ）氏の家を指すかは不明。
(121) **ヒルを飼う**　ヒルに血を吸わせる治療法ヵ。
(122) **鹿蔵**　狩場。
(123) **安楽阿波介**　海江田在住の者ヵ。

中に立ち寄った。三献はいつものとおり。あまりにあまりに沈酔してしまったので、しばらく蕪山寺で休んでいた。夜になって、半分酔って半分醒めた状態になったので、いろいろと雑談をした。小僧たちに〈句感(124)〉など言わせて、閑談して慰んだ。その合間に、また酒宴などして、夜更けに帰った。

二十七日、鹿児島に参上するため、出立した。山之口(125)までは行きたいと思っていたのだが、宮崎衆が遅れたため、田野に留まった。長蔵坊で一宿した。亭主が酒など振る舞ってくれた。宮崎から柏原左近将監殿(126)・長野淡路守殿・鎌田兼政殿・上井兼成殿などが来たので、彼らも寄り合って閑談。近所の寺主もやって来て、しばらく物語。酒で寄り合った。

二十八日、早朝に出立。右の衆を同道した。天気が悪く大変難儀した。山路の状況は言うまでもなく悪い。山之口にて破籠(127)をいただいた。それからようやく〈かうのむれ(128)〉に到着。桑幡殿(129)の家臣宅に宿泊。桑幡殿から紫波洲崎城に年頭の使者が来ており、その途上で行き合った。書状など見た。桑幡殿の役人が、高之牟礼に居合わせたので、いろいろご馳走になった。

二十九日、明け方に出立。あまりに寒風が激しくて、道中苦労していたところ、同道の衆中が〈愛酒〉などして戯れていた。荒神山というところで、紅葉ではない万木(130)など折って焼き、暖酒して寒さを忘れた。椎葉が盛ってあるのも焼いた。そうして、敷祢(131)に到着。敷祢頼元殿(132)に挨拶したい旨、案内を頼んだところ、少々差し障りがあるとのことで同名寒松斎が説明に来た。それから、敷祢休世斎(133)の

(124) **句感** 不明。句の感想ヵ。

(125) **山之口** 宮崎県都城市山之口町。北郷忠虎領。

(126) **柏原左近将監** のちに周防介、出家して有閑。宮崎衆。

(127) **破籠** 弁当。

(128) **かうのむれ** 高之牟礼、現在地不詳、都城市郡元町付近ヵ。

(129) **桑幡殿** 高之牟礼在住の有力者ヵ。天正十一年（一五八三）正月二十日条にも登場。

(130) **万木** 樹木。

(131) **敷祢** 敷根。鹿児島県霧島市国分敷根。敷祢休世斎領。

(132) **敷祢頼元** 一五六六～九八。敷祢休世斎の孫、敷祢頼兼の子。三郎五郎。覚兼室の甥。

(133) **敷祢休世斎** 一五一三～九六。頼賀。覚兼の母方の叔父で、覚兼の義父。

ところに参ろうと、〈瑞奇庵〉の門外を通り過ぎようとした時、ちょうど風呂を焼いていた。寒松斎がしきりに入っていくようにと言うので、無礼ではあったが誘いに応じて、旅行中の思いを語った。さて、休世斎のところに参った。三献は旧式どおり。その後、いろいろともてなされた。持参の酒でお酌して、酒宴。この夜は、俳諧などして夜更けまで慰んだ。敷祢頼元殿からも同名縫殿助を使者として、本日会えなかったことなどについて釈明があった。酒を頂戴した。

晦日（三十日）、早朝、向島[134]から迎えの船が来たので、乗船しようと思っていたところ、またまた敷祢休世斎殿からいろいろもてなされた。十八官[135]が酒を持ってきたので賞翫。やがて出船。白浜[136]に着船して、しばらく休憩。いろいろともてなされた。それから、鹿児島に着船。すぐに奏者の鎌田政広殿[137]に、ただいま参着した旨を伝えるとともに、明朝義久様への取りなしを頼む旨、上井兼成を使者として伝えた。鎌田からは、「到着されたとのこと、良かったです。そちらの宿舎に赴き、状況を伺いたい」とのこと。平田増宗殿[138]がやって来た。酒を持参。三献で対応し、持参の酒を賞翫していたところ、鎌田政広もやって来た。彼も酒を持参したので、賞翫。しばらく物語した。八代付近の支配について、また、鹿児島で協議中の談合内容など、事前に知っておくべきことを語ってくれた。詳しく書くべきだが、内々の件もあるので、書かない。

【解説】

（134）**向島**　桜島。

（135）**十八官**　敷根在住の医者董玉峯。

（136）**白浜**　鹿児島市桜島白浜町。覚兼所領。

（137）**鎌田刑部左衛門尉政広**　一五四〇～九三。日向志布志地頭と奏者を兼務し、日向申次役（日向国内からの訴えなどを老中に取り次ぐ担当）。

（138）**平田新四郎増宗**　一五六六～一六一〇。老中平田光宗の孫、平田歳宗の子。覚兼娘聟。

宮崎城で正月を迎え、諸行事、宮崎衆・忰者（上井家の家臣）、寺社からの挨拶を受けている。七日、蘇民将来の御守りをかけており、こうした風習が当地でも行われていたことが確認できる。正月明けの二十二日には、鹿児島の義久のもとに出頭する予定になっていたようであるが、十三日にくさが振り付き体調を崩している。十五日にはまた酒を飲み始めているが、十六日には、痔を理由に鹿児島参勤を延期する旨、高城地頭の山田有信に伝えている。この日は「腫れ物」が酷いとも記しており、どういった病気なのか判然としない。

十七日、島津家久も連歌を学んだ京都在住の連歌師里村紹巴に、みずからの句を評価してもらおうと、抜き句をしている。こうした京都との文芸交流が恒常的に続いていたようである。同日は、居住空間の庭に、蹴鞠用の松の木を植え、茶室前の庭にも植栽をしている。宮崎城内のプライベート空間を徐々に充実させている。

十九日には、覚兼領の海江田（加江田）に赴いて寺社に参詣し、二十一日には、両親や祖母が居住する紫波洲崎城に登城し、翌日にかけ祖母中城（なかのしろ）からのもてなしを受けている。二十四日には、昨日捕獲された鹿児島への進物用の猪を見物しており、七、八人で持ち上げるほどの大きさで驚いている。まさに「もののけ姫」に登場するような大猪を獲ることができる時代だったのである。

二十七日、ようやく鹿児島に向けて宮崎衆を連れて出発している。二十九日に恒例の敷根に立ち寄り、三十日には友人の十八官（董玉峯）と酒を飲み、鹿児島入りしている。

なお、中国地方では天下人となった羽柴秀吉と毛利輝元の和平交渉が難航していたが、この月、ようやく羽柴方と毛利方の国境が確定し、講和が実現している。この両勢力の講和がその後の九州情勢にも大きな影響を及ぼしていく。

天正十三年（一五八五）

二月条

一日、早朝に出仕した。旧例どおり、太刀と銭百疋を進上するため持参した。それから続いて、吉利久金殿・新納久時殿も太刀を進上した。拙者との三献での寄合は、旧例どおり。その後、宮崎衆中が進上した酒を、義久様のお目にかけた。樽酒五荷・水鳥・魚を、台に載せて進上した。拙者は、犬狩で仕留めた猪丸を進上した。拙者がお酌をした。それから、吉利久金殿・新納久時殿、そのほか義久様の御前に居合わせた衆は、出された酒をいただいた。

この日、伊集院忠棟(1)に挨拶に参ったが、留守だったので、むなしく帰った。平田光宗殿(2)のところに参った。三献はいつもどおり。拙者も酒を持参。平田増宗殿のところにも参った。同じく、本田親貞殿(3)のところにも参った。酒樽一荷を持参し、三献で寄合、女中が出てきた。衆中も同心した。出てきた酒を飲んだ。福昌寺(4)にも参った。中紙二十帖を贈った。いつもどおり、扇子をいただいた。いろいろともてなされた。談儀所(5)に参った。瓶子(6)を進上した。旧例どおりにもてなされた。白浜重治殿(7)のところに行った。酒を贈った。いろいろともてなされた。子息が大鼓など打ってくれて、酒宴。

この日、留守中の宿所に挨拶に来た衆は、浄光明寺(8)・〈遊行二之寮〉・福昌寺・

(1) **伊集院右衛門大夫忠棟** ?〜一五九九。老中、大隅鹿屋地頭。

(2) **平田美濃守光宗** 一五二九〜一六〇五。老中、大隅帖佐（鹿児島県姶良市）地頭。

(3) **本田下野守親貞** ?〜一五九六。老中、大隅吉田（鹿児島市吉田地区）地頭。

(4) **玉龍山福昌寺** 曹洞宗寺院。島津奥州家菩提寺。鹿児島市池之上町、鹿児島玉龍高校敷地。

(5) **談儀所** 大乗院。鹿児島市稲荷町、清水中学校敷地。

(6) **瓶子** 徳利。

(7) **白浜次郎左衛門尉重治** 一五四三〜?。薩摩大村地頭白浜重政の子。奏者。

(8) **浄光明寺** 鹿児島市上竜尾町（現在の南洲墓地）にあった時宗寺院。この時の住持は第十一代其阿西嶽。其阿は新納周防守久友三男。姉は新納祐久室・新納忠元の母。

伊集院久治(9)・本田董親(10)・本田信濃守(11)、このほか鹿児島衆が多く来た。それぞれから酒を頂戴した。この夜、幸若が来て舞ってくれた。夜更けまで慰んだ。

二日、いつものとおり出仕した。御料様(12)（義久三女亀寿カ）に酒を進上した。奥に呼ばれて見参し、三献で寄り合った。持参の酒でお酌したのは旧例どおり。すぐにまたお酌していただき、酒を下された。やがて退出。

この日、談儀所にはいつも正月十日に義久様がいらっしゃるところ、今年は虫気(13)のため延期となり、本日ご光臨となった。お供して、銭百疋を持参。談儀所からも銭百疋が進上された。席次は、客居に義久様、次に橘隠軒(14)・賀雲斎(15)、主居は、談儀所法印(16)・拙者であった。いろいろともてなされて閑談し、乱舞(17)など。衆徒らが皆出てきて、酒を下された。この留守中にも、鹿児島衆中が挨拶に来た。酒・肴などいただいた。

この晩、若衆中が多くやって来た。酒などいただいて、酒宴。一王雅楽助(18)が唄など歌った。

三日、毘沙門に看経などいつものとおり。御仮屋(19)に祗候した。酒樽一荷を進上した。三献で寄り合った。持参の酒でお酌をした。すぐにまたお酌で酒を下された。鮫島備後守(20)が取りなしてくれた。その後、殿中に出仕した。新納久時殿ご子息の元服であった。伊集院忠棟のところに参った。酒樽一荷を持参。すぐにお目にかかり、三献で寄り合った。明日、ご夢想連歌(21)があり、その連衆(22)に指名されたので、樺山玄佐(23)の宿所にて一順詠んでおくことになり、参上した。酒

(9) **伊集院下野守久治**　?～一六〇七。伊集院久通子息。奏者、日向福島（宮崎県串間市）地頭。

(10) **本田紀伊守董親**　一五〇五～?。薩摩永吉地頭。もとは大隅国守護代で、島津奥州家老中をつとめた家系であるが、天文十七年（一五四八）に島津貴久に敗れる。その後許され、各地の地頭をつとめた。

(11) **本田信濃守**　『大日本古記録』は盛親に比定。本田嫡流家十二代親貞の二男。

(12) **御料様**　御料とは、貴人、または貴人の子女。義久の三人の娘のうち、嫁いでいないのは三女亀寿（一五七一～一六三〇）だけである。この時、十五歳。

(13) **虫気**　腹痛を伴う病気の総称。

(14) **橘隠軒**　畠山頼国（?～一五八五）。畠山頼兼の子。母は近衛尚通の娘と伝わる（『本藩人物誌』）。

(15) **賀雲斎**　祁答院重加。祁答院氏庶流。嫡流の祁答院良重が亡くなったため、島津貴久の命により祁答院氏を継いだという。

(16) **談儀所法印**　大乗院四世盛久。

(17) **乱舞**　踊り狂うこと。入り乱れて舞うこと。能の演技の間に舞うものも乱舞と称した。

を贈った。不断光院(24)・高城珠長、(25)そのほかの連衆が揃って一順詠んだ。
この晩、浄光明寺に参り、酒を贈った。いろいろと旧式のもてなしがあった。
この日、高城珠長が挨拶に来た。そのほか挨拶の衆が多く来た。書き載せるには及ばない。

四日、殿中にて、ご夢想の連歌があった。夜中に出仕した。席次は、義久様、次に浄光明寺・高城珠長・拙者・岩永可丹、客居に不断光院（清誉芳渓）・樺山玄佐・智善・瀧聞宗運。準備は、〈御料所栫の衆〉(26)の分別によるもの。ご夢想の句(27)は、

鐘のこゑ（声）りしやう（利生）の上に石ありて

〔鐘の音が鳴り響いている。仏のお恵みの上には石があって〕

脇を義久様が詠まれ、酉刻（午後六時頃）連歌が成就した。
この晩、旧例により年頭の護摩(28)始めがあった。もちろんではあるが、鹿児島の談儀所が執行した。今朝、談儀所が拙宿に挨拶に来た。

五日、平田宗位(29)殿が新地に移られるので、祝言のための祈祷百韻興行をおこなった。招かれたので、参加した。発句は高城珠長がつとめた。

植添て待間も花のやどり（宿）かな　　珠長

〔新たに花を植えて、それが咲くのを待っている間も、この家には別の花が咲いている〕

春をみぎり（砌）の青柳の陰　　亭主宗位

〔春の庭の青々とした柳の陰にいる〕

(18) **一王雅楽助**　『大日本古記録』は河野通貞に比定。
(19) **御仮屋**　『大日本古記録』は島津忠平屋敷とする。
(20) **鮫島備後守**　『大日本古記録』は宗昌に比定。
(21) **夢想連歌**　夢に神仏の示現があって歌または句を感得した時、報謝のため人に披露し、これを本として作る連歌。
(22) **連衆**　連歌の座に列する人々。
(23) **樺山玄佐**　一五一三～九五、当時七十三歳。諱は善久。島津貴久の義兄、島津家久の舅、日向穆佐地頭樺山忠助の父。近衛稙家から古今伝授を受けた和歌の名手。
(24) **不断光院**　永禄五年（一五六二）、島津貴久が建立した浄土宗寺院。この場合、その開山である清誉芳渓を指す。清誉は、近衛家家司進藤長治の弟という（『本藩人物誌』）。京都では連歌師として知られ、島津貴久に招かれて鹿児島に下向した。
(25) **高城珠長**　島津家お抱えの連歌師。京都の連歌師里村紹巴の弟子とされる。
(26) **御料所栫の衆**　義久直轄外城の衆中という意味ヵ。

鶯の羽風より先おさまりて　覚兼

〔鶯が枝に止まり、羽ばたきで起きる風がまず治まった（風の無い穏やかな春である）〕

連衆は、主居に高城珠長・平田増宗殿・木脇大炊助殿(30)・亭主、客居は、拙者・岩永可丹・三原下総守殿(31)・高城左京亮殿(32)・和田玄蕃助殿・宅万与八左衛門尉殿であった。連歌が終わって、いろいろともてなされた。酒宴であった。

六日、いつものとおり出仕。護摩の道場(33)にお出でになって、しばらく聴聞された。宇土殿（名和顕孝(34)）から賀札が届けられた。中間(35)が持参した。常住の舞台で義久様のお目にかけた。中間が奏者をつとめた。土持（久綱(36)）殿から年頭の祝言の使者と賀札が届けられた。去年御侘(37)を申されたとのことで、披露状であった。御字(38)を去年の冬に下され、「久綱」と改名したとのこと。

来る十六日、拙宿に義久様がご光臨されることが決まった。それにつき、瀬戸口安房介(39)がやって来た。膳部(40)を準備するための段取りなど談合した。鹿児島衆が多く挨拶に来た。それぞれ酒を持参。書き載せることはしない。本田親貞がやって来た。酒をいただいたが、拙者は留守だった。上使蔭涼軒(41)が拙宿に挨拶に来た。京都の封紙(42)を過分に頂戴した。あわせて、衣鉢侍者(43)の総蔵主からは扇子五本を頂戴した。拙者は留守だったので、会えなかった。城一要(44)から年頭の使者が来た。川原名字の人であった。挨拶に来たので、すぐに面会した。一要からの賀書と中紙三十帖をいただいた。使者からも十帖頂戴した。土持久

(27) **ご夢想の句**　この場合、義久が夢で詠んだ句。

(28) **護摩**　密教で不動明王・愛染明王などを本尊とし、その前に作った護摩壇で護摩木を焚いて仏に祈る行法。

(29) **平田豊前守宗位**　宗祇とも。?～一六〇五。薩摩指宿地頭ヵ。

(30) **木脇大炊助**　『大日本古記録』は祐充に比定。島津貴久に仕えた木脇祐兄の嫡男。

(31) **三原下総守**　『大日本古記録』は重隆に比定。

(32) **高城左京亮**　『大日本古記録』は重説に比定。

(33) **護摩の道場**　護摩壇（護摩を焚いて修法する炉を据えた壇）のある建物。義久の居城御内にはこの建物があったようである。

(34) **名和伯耆守顕孝**　一五六一～一六〇八。肥後国衆。居城は宇土古城（熊本県宇土市神馬町）。本日記では「宇土殿」と表記される。

(35) **中間**　公家・寺院などに召し使われた男。身分は侍と小者との間に位する。

(36) **土持弾正忠久綱**　初名は高信（高綱とも）。天正六年（一五七八）四月、島津氏の従属国衆であった土持親成は大友義統に居城松尾

綱殿からの使者が挨拶に来た。樽一荷と肴をいただいた。若衆中が、多くこちらに居合わせたので、酒宴。八代の來迎院(45)がやって来た。木綿一つをいただいた。

この晩、若衆中十人ほどが寄り合って、夜更けまで俳諧などで閑談。

七日、不断光院で百韻連歌の興行があり、参加するよう清誉芳渓ご自身から誘われたので、参加した。樺山玄佐が発句をされた。

朝ぼらけ霞ハ花のふもと（麓）かな　玄佐
〔夜が明けてきた頃、花が咲き誇る山のふもとに霞がかかっているよ〕
かへる（帰）さおしき（惜）天津雁がね　芳渓
〔空を飛ぶ雁が（花の季節なのに）北へと帰っていくのが残念である〕
春のよ（夜）の月に小船をさしやらで　覚兼
〔春の夜の月へ向かって小船を進ませることもせずにいる〕

席次は、客居に浄光明寺・樺山玄佐・瀧聞宗運・木藤和泉守、主居に清誉芳渓・拙者・智善であった。いろいろともてなされた。連歌が成就して酒宴となった。この日も挨拶の衆が多かったと聞くが、留守だったのはやむを得ない。

八日、いつものように出仕した。上使蔭涼軒のもとに参った。興国寺(46)が宿所である。食籠肴(47)を進上した。すぐに面会し、持参の酒を賞翫された。いろいろと雑談をして、拙者にも酒を勧められた。（衣鉢侍者の）総蔵主も戯れ言(48)など。それから、拙者が和歌なども数奇だと聞いたようで、それなら義久様の詠んだ歌や、それへの和韻の詩など見せてくれた。そのほか、広済寺(49)にて詠んだ短冊や

城（宮崎県延岡市松山町）を攻め落とされ、殺害された。同年十一月の高城・耳川合戦により大友勢が日向から退去すると、親成の親族とみられる高信が領主として復帰した。

(37) **御侘** 侘言。嘆願・辞退などの申請。この場合、義久の偏諱を申請したようである。

(38) **御字** 偏諱（貴人などの二字の名の一方の字）。この場合、島津義久の「久」の字の拝領を土持高信が申請し、認められた。

(39) **瀬戸口安房介** 島津義久の庖丁人（料理人）。『大日本古記録』は重信に比定。

(40) **膳部** 膳にのせる料理。

(41) **蔭涼軒** 京都五山の一つである相国寺の塔頭鹿苑院の南坊にあった寮舎。将軍に近侍する僧が留守職（蔭涼職）をつとめた。『大日本古記録』は、この時の蔭涼職を清叔寿泉（?～一五七六）とするが、既に亡くなっている。前年天正十二年、相国寺住持・鹿苑僧録に西笑承兌（一五四八～一六〇七）が就いており、秀吉から鹿苑院の地を返還されている。

(42) **封紙** 手紙などを封じるのに使う紙。

連句を見せてくれて、ご自身も詠んでみせて、理（ことわり）を説明してくれた。また、京都五山衆(50)が紫陽（しよう）(51)に下向される際、見送りの時に詩を詠むことが多く、これらも見せてくれた。それからお暇（いとま）した。興国寺住持が年頭ということで面会し、恒例のもてなしを受けた。南林寺（なんりんじ）(52)に参った。恒例どおりにもてなされた。持参の酒でお酌をした。いろいろと閑談した。八木昌信（やぎまさのぶ）(53)のところに挨拶に行った。いろいろもてなされた。

この晩、中江周琳（なかえしゅうりん）(54)が酒を持参でやって来て、閑談。天草久種（あまくさひさたね）殿(55)がやって来て、酒と中紙三十帖をいただいた。

九日、いつものように出仕した。二日以内に上使が到着するとのことで、毛利（もうり）輝元（てるもと）殿の使僧がさきほど到着された。五戒坊（ごかいぼう）(56)という僧であった。そこで、上使の宿所やその従者への対応を〈御料所柞の衆〉に命じた。

この日、本田親貞邸に義久様がご光臨になった。樺山玄佐・赤星統家（あかほしむねいえ）殿(57)らが座に参られた。まず旧例どおりの三献があり、本田親貞が相伴（しょうばん）した。盃（さかずき）を頂戴した。やがて、太刀・銭百疋を進上した。これは持参したもの。終日おもてなしがあり、乱舞など。赤星殿が鼓（つづみ）を打たれた。点心（てんしん）などあれこれは旧式のままであった。問題なかった。

この夜、平田増宗殿と白浜重治殿・木脇大炊助殿などがやって来て、夜更けまで雑談。

十日、いつものとおり出仕。城一要殿からの使者を取りなし、義久様のお目に

(43) **衣鉢侍者**　住持や宗師家の侍者として、衣服、銭財などのことを執り扱う役名。この場合、蔭涼職の従者で、『大日本古記録』は龍伯集総に比定する。

(44) **城一要**　出田親基。肥後国衆、肥後隈本城主。天正十年（一五八二）に亡くなった肥後国衆城親賢の弟。親賢の嫡男久基が幼かったため一要が後見した。城氏の本拠は隈本城（熊本市中央区古城町）であり、この頃は島津勢が交替で在番していた。

(45) **來迎院**　熊本市中央区細工町に現存する阿弥陀寺。

(46) **興国寺**　太平山興国寺。のちの鹿児島城付近（鹿児島市城山町）にあった曹洞宗寺院。慶長七年（一六〇二）鹿児島城築城に伴い、冷水（鹿児島市冷水町）に移される。明治二年（一八六九）に廃寺。現在も広大な墓地が残る。

(47) **食籠**　料理を入れる器。漆器で丸形・角形がある。

(48) **戯言**　滑稽味のある和歌。

(49) **広済寺**　鹿児島県日置市伊集院町郡にあった臨済宗寺院。廃仏毀釈により廃寺となる。

(50) **京都五山**　京都にある臨済宗の五大寺。

かけた。城一要から太刀・織筋二つ(58)が進上された。使者は川原名字の者。大野殿(59)から鎧甲が進上された。どちらの使者も義久様と面会した。日州八幡の大宮司(60)が、お越しになった。樽一荷と肴を進上した。奈良原安芸守(61)が年頭の挨拶に参上した。太刀・銭百疋を持参した。

この日、鎌田政広殿に挨拶した。樽一荷と肴を贈った。いろいろともてなされた。白浜重政(62)に挨拶した。酒を持参。これもいろいろともてなされた。

十一日、諏訪(63)へ社参した。それから直接出仕した。この朝、護摩が成就した。談議所法印のもとに寄り合って、本田親貞が取りなした。所々に御札を送った。

この日、ここかしこに挨拶に行った。上原尚近殿(64)が拙宿に挨拶に来た。酒をいただいたので賞翫した。

この晩、平田増宗殿から招かれたので、行った。いろいろともてなされた。

十二日、薬師如来に特に読経した。いつものとおり出仕。今晩、上使（柳沢元政(65)）が到着するとのことなので、義久様から、宿舎への案内者を平田宗位殿が命じられた。到着祝いの使者を、吉田清存殿(66)が命じられた。このほかの準備など役人衆に堅く命じられた。

南林寺の客殿(67)造作のこと。日向国の担当となったので、ことごとく皆、拙者が差配することとなった。伊集院久治殿（福島地頭）・上原尚近殿（飫肥地頭）・山田有信殿（高城地頭）、これらの衆を特に作事奉行に任命した。白浜重政殿を使者として、老中本田親貞にこの件について申し入れをした。「右の件を命じ

(51) **紫陽**　熊本県玉名市石貫に現存する紫陽山広福寺ヵ。
(52) **南林寺**　鹿児島市南林寺町にあった曹洞宗寺院。島津義久の父貴久が開基で、貴久没後はその菩提寺となった。
(53) **八木越後守昌信**　義久右筆。
(54) **中江周琳**　意温斎。京都から鹿児島に下向したとみられる僧侶。
(55) **天草久種**　天草五人衆の一人。天草氏の当主。天草鎮尚の子。
(56) **五戒坊**　毛利家の使僧。この時、前年九月十二日付小早川隆景・吉川元春連署書状（『島津家文書』二―一一一一号）を持参している。
(57) **赤星統家**　肥後国衆。龍造寺勢が肥後に進攻した際に没落し、島津家に庇護を求めた。
(58) **織筋**　練貫の一種。横筋を太く織り出した絹織物。
(59) **大野殿**　詳細不明。天草五人衆の一人、大矢野種基ヵ。
(60) **日州八幡の大宮司**　詳細不明。
(61) **奈良原安芸守**　『大日本古記録』は延に比定。
(62) **白浜周防守重政**　?～一五八七。入来院氏庶流白浜氏。奏者、薩摩大村（鹿児島県薩摩川内市祁答院町）地頭。

られました。どうあっても御意に従いますが、この前、御対面所のことを本田親貞殿の指揮下で命じられ、いろいろとお手伝いしたところです。この時も、なかなかうまくいかず、ようやく完成したところです。特に日向国は遠方ですので、何かとうまくいかないでしょうから、辞退したい」と申し入れた。本田親貞からの返事は、「難しいのはもっともである。しかし、自分は新田宮[68]造営の件を引き受けた。島津忠長[69]と伊集院忠棟は、妙谷寺[70]を新たな場所に移し、造営する件を引き受けられた。だから、日向国が担当すべしということになった。あなた（覚兼）が辞退したとしても、誰かが引き受けることはあり得ない。この件を義久様のお耳に入れるのはいかがなものでしょうか。まずはお引き受けになるのがいいでしょう」とのこと。「そういうことなら、上意に従うほかありません。伊集院久治・上原尚近・山田有信に早々に作事奉行を命じてほしい。また、日州両院[71]で私が申次を担当している方々は、南林寺客殿造作の手伝いをするべきでしょう」と申した。上意もそのご意向であるとのこと。

この晩、白浜重治殿から招かれたので参った。いろいろともてなされた。子息（重綱カ）が大鼓など打ってくれて、酒宴。

この日、上使柳沢元政殿が鹿児島に到着した。上下二十五、六人であった。伊集院からやって来た。宿舎は、入来院重時殿[72]の仮屋であった。平田宗位が堅野[73]まで迎えに行き、宿舎まで案内者をつとめた。

この晩、義久様が使者吉田清存を上使の宿舎に派遣した。準備は代官所がつ

(63) **諏訪**　諏訪大明神。現在の南方神社（鹿児島市清水町）。島津氏久が康永二年（一三四三）頃に東福寺城を居城とした際、現在地に勧請したという。鹿児島五社の第一。

(64) **上原長門守尚近**　?～一五九二。日向飫肥地頭。

(65) **柳沢元政**　一五三六～一六一三。将軍足利義晴・義輝・義昭三代に仕えた家臣。前年には龍造寺政家のもとにも使者として赴いている。

(66) **吉田美作守清存**　奏者、薩摩阿多（鹿児島県南さつま市）地頭カ。

(67) **客殿**　寺院などで、客を接待するために造られた建物。

(68) **新田宮**　鹿児島県薩摩川内市宮内町の新田神社。

(69) **島津図書頭忠長**　一五五一～一六一〇。老中、島津尚久長男、島津義久従兄弟。大隅串良（鹿児島県鹿屋市串良町）領主。

(70) **妙谷寺**　覚照山妙谷寺。曹洞宗寺院。もとは上伊敷村不動院にあったが、この時、下伊敷村（鹿児島市下伊敷二丁目）に義久の菩提寺として移された。

とめた。

十三日、いつものとおり出仕。北郷忠虎殿(74)が出頭された。恒例の三献で寄り合った。田之浦殿(75)が出仕して、太刀・織筋二を進上した。

この日から、(義久の)庖丁人が皆拙宿に揃って、義久様光臨の準備にあたった。北郷忠虎殿に挨拶した。北郷殿も拙宿に挨拶に来た。

この夜、本田親正殿(76)・道正宗与(77)、そのほか若衆中がやって来て、夜更けまで閑談。時々酒宴、小唄など。

十四日、いつものとおり出仕。上使(柳沢元政)が、来る十八日に屋形(御内)に招かれ、(足利義昭の)御内書など(78)を受け取ることとなった。そこで、まずその日は、雑煮のお汁、または押之物など(79)で酒を二、三返寄り合う予定である。本当の寄合は、来る二十三、四日の間におこなうのがいいだろうとのこと。この件、早々に代官有川貞末(80)に命じるよう、白浜重治殿を使番としてお命じになった。あわせて、明日柳沢元政殿の宿舎に、義久様がご挨拶に伺うことになった。先方に内々に伝えるようにとのこと。出仕の帰りに、鎌田政広・長谷場純辰(81)・八木昌信が同心して、拙宿にて振る舞い、閑談。そのまま続いて、伊地知重秀(82)・伊集院掃部助殿(83)が酒持参でやって来たので、雑談などして酒宴。奏者の鎌田政広・吉田清存が、上使逗留中の宿元見舞い、そしていろいろと取りなしを担当するよう命じられた。

この日、上使の宿舎に参上。吉田清存を通じて申し上げた。内容は、「拙者ご

(71) **日州両院** 新納院から穆佐院。現在の宮崎平野一帯で、覚兼の担当地域。

(72) **入来院又六重時** 一五七三～一六〇〇。島津征久の二男。母は北郷時久長女。入来院重豊の養子。関ヶ原の戦いで討死。

(73) **堅野** 鹿児島市冷水町付近。

(74) **北郷弾正忠忠虎** 一五五六～九四。北郷時久二男。母は本田董親娘。日向庄内(宮崎県都城市)領主。

(75) **田之浦殿** 詳細不明。

(76) **本田弥六親正** 老中本田親貞の養子親孝の子ヵ。

(77) **道正宗与** 道正庵宗与。戦国期以降、畿内の政権と島津氏の取次・仲介者として活動していた。木下(道正庵)宗固の親類ヵ。

(78) **御内書など** 天正十二年九月四日付足利義昭御内書(『島津家文書』一―一〇一号)と同年九月十一日付真木島昭光・一色昭秀連署副状(『旧記雑録後編』一―一四四七号)のこと。

(79) **押之物** 酒宴などで種々の料理が出た後で、花鳥・山水などをかたどった作り物の台に盛って出す酒の肴。

ときがご挨拶するのもおこがましいのですが、宿舎近くに現在滞在しておりますので、ぶしつけながらご挨拶申し上げます」と。すると、原田佐渡守という人が応対してくれたので、祝儀として太刀一腰（金覆輪(84)）を進上した。拙者が渡し、原田殿が受け取られた。やがて、上使柳沢元政殿がお出でになり、押物で酒寄合。肴を二度いただいた。拙者も進献した。吉田清存・道正宗与も居合わせて、酒を給わった。この日も庖丁人が終日来て、諸事準備。

十五日、いつものとおり出仕。町田久倍(85)・鎌田政広を使者として、本田親貞と拙者に対し、義久様から〝御家之儀(86)〟について、内密の談合が命じられた。詳しくは、後日書き記すつもりである（二月二十一日・二十九日条）。

上使の宿舎に、義久様がご挨拶に伺った。柳沢元政殿は、庭で出迎えられ、しばらく挨拶があり、その後、座敷に義久様が入られ、挨拶などは恒例どおり。やがて、柳沢殿が太刀に刀を添えて本田親貞に渡されたのを、義久様が〈おりあい〉受け取られた。それから義久様はお帰りになった。上使が門外まで見送り、丁寧なご挨拶であった。明日の義久様のご光臨のため、家久公の御仮屋に拙者の宿を移した。そちらに庖丁人、そのほか諸細工職人を揃えて、終日準備。

この日、肝付兼寛(87)殿から珍しい肴を十種ほど合力としていただいた。また、敷祢殿からも五種合力していただいた。本田董親・本田親貞・白浜重政・有川貞末・市成掃部兵衛尉・長田石見守・津曲但馬守・桑幡道隆(88)・平田増宗・伊集院忠棟などからいろいろと珍しい肴・珍しい酒を合力のため持参いただいた。

(80) **有川長門守貞末**　?～一五九二。のち伊勢貞末を名乗る。有川貞則長男。弟は島津忠平の重臣有川貞真。

(81) **長谷場筑後守純辰**　一五三九～九三。

(82) **伊地知伯耆守重秀**　?～一五九四。奏者、大隅蒲生（鹿児島県姶良市蒲生町）地頭。

(83) **伊集院掃部助**　『大日本古記録』は伊集院忠棟三男春成に比定。『本藩人物誌』には、伊集院掃部介に「幸侃三男春成、一忠斎卜云」とあり。『庄内陣記』所収系図には、忠棟末弟として「掃部助忠成」の記述あり。

(84) **金覆輪**　刀や鞍などの縁飾りの覆輪に、金または金色の金属を用いたもの。

(85) **町田出羽守久倍**　一五五三？～一六〇〇。奏者、薩摩伊集院地頭。

(86) **御家之儀**　義久の後継問題。

(87) **肝付弾正忠兼寛**　一五五八～九〇。大隅加治木（鹿児島県姶良市加治木町）領主。肝付兼盛と島津貴久妹との間に生まれた。父兼盛は覚兼の従兄弟にあたり、覚兼は奏者の時、取次を担当していた。

十六日、義久様のご光臨が決まったので、適当な頃合いを見て殿中に出仕し、「ご光臨ありがとうございます」と、御側衆を通じて申し上げた。やがて、光臨する旨ご返事があった。午刻（午後十二時頃）、義久様がご光臨された。途中まで迎えに出て蹲踞した。少しご挨拶して、そのまま御座に着いた。まず義久様が、客居にお座りになったので、「上座へどうぞ」と申し上げた。その時、上席の〈延敷〉に着座された。そこで式三献。ご相伴に拙者が参上し、盃を頂戴した。すぐに太刀・銭百疋を進上した。みずから持参した。席次は、北郷忠虎殿・川上久辰殿(89)・拙者、客居に樺山玄佐・橘隠軒・本田親貞殿であった。三献目に一王大夫（河野通貞カ）が出てきて唄った。それから続いて乱舞。幸若与左衛門尉が祇候して一曲舞ってくれた。銭百疋を折紙(90)でやった。一王大夫にも同じく。春若寿(91)にも恒例どおり折紙を与えた。同朋衆(92)にも同様。点心はいつもどおり。本田董親殿が川上久辰殿に替わって座に着いた。道正宗与も末座に呼ばれた。終日、酒宴。拙者がお酌をした時、太刀・銭百疋を進上した。税所篤和殿(93)に頼んで披露した。薄暮になり、義久様はお帰りになった。お供して、忝いと申し上げた。

拙者悴者(94)の安楽阿波介が、義久様に呼ばれて酒を下された。また、北郷殿内衆も一人呼ばれた。樺山殿内衆は、義久様に会えるような人物がいなかったので、それはなかった。

十七日、出仕して、昨日のご光臨の御礼を申し上げた。この朝、町田久倍殿・

(88) **桑幡左馬頭道隆** 大隅正八幡宮四社家の一つ桑幡氏の当主。「桑幡系図写」（『鹿児島県史料 旧記雑録拾遺 家わけ一〇』所収「桑幡家文書」）によると、道隆は道延の子で「従四位下、左馬頭、豊後守」とある。その屋形は別当寺弥勒院（現在の宮内小学校）門前にあり、近年発掘調査も行われている。

(89) **川上左近将監久辰** 一五五九～一六二八。老中のまま永禄十一年（一五六八）に亡くなった川上忠朗の嫡男。薩摩谷山（鹿児島市谷山地区）地頭。

(90) **折紙** 進物の品物（銭の場合は額）を記した紙。

(91) **春若寿** 詳細不明。

(92) **同朋衆** 義久に近侍する諸芸に通じた僧体の者カ。

(93) **税所新介篤和** 奏者、薩摩山野（鹿児島県伊佐市大口山野）地頭。

(94) **悴者** 上井家の被官。

平田歳宗殿[95]・伊地知重秀殿・瀧聞宗運・岩永可丹・木脇大炊助殿と、めしで寄り合った。昨日は義久様のご機嫌が良かったことなど褒める言葉を、皆から承った。また、昨日お骨折りいただいた衆に対し、使者にて御礼を伝えた。庖丁人などへは、相応の引き出物を持たせて御礼を申し上げた。

十八日、早朝に起きて、観音に読経を特におこなった。それからいつものとおり出仕。殿中に上使柳沢元政殿が御内書などを持ってお出でになった。吉田清存が宿舎に参上し、案内者をつとめた。義久様は、縁まで出迎えられ、御座まで上使をお連れした。上使は一礼し、立ち上がって御内書を持ち、義久様に渡される時に文箱から取り出し、上包みは懐中に入れて、御内書だけを義久様に渡した。義久様はお受け取りになり、うやうやしく頭上に掲げて、押し板の上に置いた。それからまた柳沢殿は立ち上がり、表の座にて剣を渡した。町田久倍が受け取り、対面所の押し板の上に立てた。その後、鞍も渡され、これも町田久倍が受け取り、同じく座の上に置いた。それからまた柳沢殿は座に入られ、柳沢殿が太刀・馬を義久様に進上した。原田佐渡守という方が渡された。吉田清存が受け取り、義久様に披露した際、義久様が上使に対し、目礼された。そして、酒で寄り合いとなった。雑煮[96]・塩煮[97]などの肴であった。三返召し上がった。その都度、酒を加えた。初献で三、四度挨拶されたが、ひっきりなしなので、義久様が始めて、二献目に一度挨拶し、やがて柳沢殿が始めて、三献目にまた二、三度挨拶し、義久様が始めた。座は二人だけであった。橘隠軒が参上し、

(95) **平田左近将監歳宗**　?〜一五九八。老中平田光宗の嫡男。

(96) **雑煮**　烹雑とも呼ばれる儀式で出される料理。

(97) **塩煮**　塩味で煮た料理。

雑談を少々して、上使はお立ちになった。義久様は白洲(98)まで降りてご挨拶した。もちろん、上使は惣門(99)から出入りされた。柳沢殿からの目録(100)は、「御太刀一腰・御馬一匹、已上柳沢新右衛門尉元政、如斯」とあった。拝領の太刀は金作り、銘は「次康(101)」、一方に不動尊形、一方にくりから・梵字などが彫られていた。寸は三尺(102)ほどと思われる。鞘作りのものであった。延徳の年号(103)と判があり、御紋は、桐に山雀の紋と金貝(104)があった。紙縒で縛られていた。上使に対し、さきほどお出でいただいた御礼として、町田久倍を宿舎（入来院重時仮屋）に派遣した。太刀と馬を柳沢殿に進上した。目録に「御」の字を一字添えた。

　この日、平田増宗殿夫妻（妻は、覚兼長女）がこちらに来て寄合。平田光宗女中（増宗の祖母）もいらっしゃった。酒を頂戴した。

十九日、いつものとおり出仕。北郷一雲殿(105)の宿所に、義久様がご光臨。お供するよう、北郷一雲からたびたび誘われていたが、お供は義久様から命じられなかった。

　この日、伊地知重秀のところに挨拶に行った。いろいろともてなされた。

　この晩、有川貞末から招かれたので、参った。道正宗与も居合わせて、いろいろと雑談して酒宴。夜更けに帰った。

二十日、いつものとおり出仕。毛利輝元殿からの使僧五戒坊が、殿中に呼ばれた。内容は、「上使柳沢元政へのご案内および龍造寺政家(106)との和睦、喜ばしいことです」とのこと。毛利輝元殿からは縮羅(107)二十端、色とりどりが進上された。五

(98) **白洲**　庭先・玄関前などの白い砂の敷いてある所。

(99) **惣門**　屋敷の外囲いにある大門。

(100) **目録**　贈る品目を整理してならべたもの。

(101) **次康**　備中青江派の刀工「康次」のことカ。

(102) **寸三尺**　九〇センチほど。

(103) **延徳の年号**　一四八九〜九二。

(104) **金貝**　蒔絵にはりつける金・銀・錫・鉛など金属の薄片。

(105) **北郷一雲**　一五三〇〜九六。北郷時久。島津豊州家を嗣いだ北郷忠親の長男。日向庄内領主北郷忠虎の父。

(106) **龍造寺政家**　一五五六〜一六〇七。龍造寺隆信の長男。

(107) **縮羅**　縮羅織のこと。張力の異なる二種の経糸、または太さの異なる二種の経糸、あるいは二種の異なる組織を用いて縞状に織り、湯通しをして織物の表面に縮みや凹凸を表したもの。

(108) **杉原**　杉原紙。鎌倉時代以降、播磨国杉原谷村（兵庫県多可町）で産した紙。

戒坊からは杉原十帖(108)・轡(くつわ)一(109)が進上された。この使僧を義久様が引見した。押し物で酒を飲まれた。有馬鎮貴(ありましげたか)殿(110)が出頭。太刀（国重）(111)・馬一匹・鎧甲を進上。すぐに義久様に見参して三献で寄合。雑煮などが出た。こちらの渋谷一族(112)の三献と同じような形式。大村純忠(おおむらすみただ)殿(113)から太刀・緞子(どんす)二端が進上された。使者を義久様が引見した。出仕から帰る途中、税所篤和殿から招かれたので、参った。喜入季久(きいれすえひさ)(114)・上原尚近・道正宗与も一緒。いろいろもてなされた。それぞれと閑談し、酒宴。それから喜入季久が酒を持参して拙宿にやって来て、しばらく雑談。

この晩、伊集院忠棟から茶の湯でもてなすので招かれ、参上した。道正宗与と拙者であった。配膳は伊集院増喜殿(115)が担当。宗与も拙者も迷惑至極であった。お手前は、伊集院忠棟で、お茶の種類は「極無」であった。二人ともとても感動した。

二十一日、体調不良のため出仕しなかったが、「義久様からの御用があるので、なんとしてでも祗候するように」と、寄合中から命じられたので、すぐに出仕した。先日、町田久倍・鎌田政広を通じて諮問のあった〝御家之儀〟に関する密談について、再び諮問があった。老中伊集院忠棟・本田親貞のもとで万端協議をおこなった。後日詳しく書き載せるつもりである。また、義久様が談合条数(116)を記された。

この日、鎌田政心(かまたまさむね)・上原尚近・伊地知右京亮(いじちうきょうのすけ)(117)・田代備後守(たしろびんごのかみ)・鎌田政在(118)・鎌田政近らと、拙宿にて酒で寄り合い、閑談。有馬鎮貴殿が拙宿に挨拶に来た。

(109) **轡**　馬に手綱(たづな)をつけるため、馬の口にくわえさせる金具。

(110) **有馬鎮貴**　一五六七～一六一二。のちの久賢・晴信。肥前日野江城主（長崎県南島原市北有馬町谷川名）。島原半島を支配し、キリシタン大名として知られる。

(111) **国重**　刀工「長谷部国重」の作刀カ。

(112) **渋谷一族**　入来院氏、祁答院氏、東郷氏ら鎌倉御家人渋谷光重を祖とする一族。

(113) **大村純忠**　一五三三～八七。肥前国彼杵郡大村武部郷（長崎県大村市）を本拠とするキリシタン大名。天正十年、有馬鎮貴とともに天正遣欧使節を派遣したことで知られる。前年、龍造寺隆信の討死を機に大村に復帰。

(114) **喜入摂津守季久**　一五三二～八八。元老中。島津奥州家立久の子忠弘を祖とする喜入氏当主。薩摩喜入（鹿児島市喜入地区）領主。朝廷・室町幕府との交渉を担当していた。

(115) **伊集院増喜**　伊集院忠棟子息。のちの源次郎忠真（一五七六～一六〇二）カ。この年、十歳。増喜は幼名の可能性あり。

酒で対応。太刀・緞子一をいただいた。祢寝重張殿[119]が挨拶に来た。太刀・銭百疋をいただいた。吉田清親[120]・市来家守[121]・稲富長辰[122]・二階堂安房介が挨拶に来た。それぞれから酒をいただき、参会した。

二十二日、いつものとおり出仕。談合始めであった。喜入季久の宿所に挨拶に行った。いろいろともてなされた。不断光院らが居合わせて、雨が降っていたので雑談。鎌田政近の宿舎に挨拶に行った。ここにも一王雅楽助・松田和泉掾らが居合わせて、しばらく酒宴。

この晩、有川貞末が茶の湯でもてなしてくれた。上原尚近と拙者が客。もちろんではあるが、亭主の手前で、いろいろとあった。

二十三日、いつものとおり出仕。南林寺の客殿造営を特に指名された伊集院久治・上原尚近・山田有信・拙者にご命令があった。

この日、吉利忠澄の宿所に挨拶に行った。酒を持っていき、閑談。

二十四日、夜中に行水し、地蔵菩薩に看経し、特に念を入れた。いつものとおり出仕。有馬鎮貴殿が、官途と御字[123]を下賜してほしいと、奏者の吉田清存を通じて懇望してきた。「官途のことはご希望どおりになるが、御字免許については遠慮する。なぜなら、有馬殿は代々公儀[124]から『義』の字を賜っている。にもかかわらず、当家の字を与えるのはふさわしくないのではないか」と義久様がお考えになり、ご辞退なさった。しかし、「それは先代[125]のことであり、現在有馬家は本当に島津家に高恩を感じており、長く続けたい」と、しきりに懇望さ

(116) **談合条数** 老中ら重臣が集まる談合で協議すべき事項を列挙したもの。詳しくは、新名一仁「『上井覚兼日記』にみる戦国島津家の政策決定過程―島津義久と談合衆の関係を中心に―」(『鹿児島地域史研究』九、二〇一一年)。

(117) **伊地知右京亮** 『大日本古記録』は重則に比定。

(118) **鎌田加賀守政在** 永禄十年(一五六七)十一月二十三日に馬越城で戦死した鎌田大炊助政次の養子。佐多越後守忠増の実弟。

(119) **祢寝右近大夫重張** 一五六六～一六二九。大隅祢寝院南俣(鹿児島県肝属郡南大隅町)の国衆。父は祢寝重長、母は肝付兼続娘。

(120) **吉田若狭守清親** 大隅吉田院郡司吉田氏当主。父は吉田若狭守位清、母は伊作善久娘・島津日新斎姉。

(121) **市来美作守家守** 日向野尻(宮崎県小林市野尻町)地頭。室は新納忠元妹。

(122) **稲富新介長辰** 一五三六～一六二九。のちの相良長泰。日向紙屋(宮崎県小林市野尻町紙屋)地頭。

(123) **御字** 偏諱。この場合、義久の偏諱である「久」の字のこと。これにより、鎮貴を改め「久賢」

れているとのこと。そこで、御字「久」を与え、官途「左衛門大夫」に補任した。

この日、殿中にて上使との寄合。席次は、主居に義久様・伊集院忠棟、客居に上使柳沢元政殿、次に毛利輝元殿の使者五戒坊・本田董親であった。寄合では湯漬けが出た。終日、酒宴。乱舞などあったらしい。拙者は体調不良で出席しなかったので、詳しくは知らない。概要を書き載せておく。

二十五日、護摩所にて連歌。この朝、拙宿にて伊集院忠棟を茶の湯でもてなした。有川貞末・道正宗与も同席。しばらく閑談。伊集院忠棟から酒をいただいたので、賞翫。吉利忠澄殿が挨拶に来られた。酒をいただいた。鎌田政広から、（覚兼が）蘭を欲しがっていると聞いたとのことで、頂戴した。日州に持っていくとのこと。

この日、伊地知右京亮殿から招かれたので、参った。いろいろともてなされた。席次は、主居に伊集院久治・亭主、客居に拙者・上原尚近であった。酒宴であった。

この夜、阿多忠辰[126]・平田増宗殿・長谷場純辰・矢野出雲守・道正宗与・為阿[127]などやって来て、閑談。時々酒宴・茶など。

二十六日、いつものとおり出仕。談合があった。本田正親殿[128]と拙者家景[129]との間で、向島（桜島）の二俣[130]と白浜[131]の境相論が二年ほど前から続いている。その件について、平田豊前守・木脇大炊助・三原下総守に対して、「明日そちらに渡海し、両方の百姓から言い分を聴取し、また論地の状況を確認してほしい」と、本田と拙者の二人で依頼した。殿中にて日州諸名の検地帳[132]を検討し、公役について

と名乗る。なお、前名の「鎮」は、大友義鎮（宗麟）の偏諱を拝領したものであった。

(124) **公儀**　この場合、足利将軍家。

(125) **先代**　鎮貴の父有馬義貞（一五二一～七七）。将軍足利義晴から偏諱を賜っている。

(126) **阿多掃部助忠辰**　御納戸役、薩摩川辺（鹿児島県南九州市）地頭ヵ。

(127) **為阿**　為阿弥。野間宗員（政商）。勝阿弥政定の子。祖父野間喜庵忠政は島津相州家運久の実子、忠良（日新斎）の異母弟。母の名字を名乗り、同朋衆（芸能・茶事・雑役を行った僧体の者）となる。為阿弥は義久の命で上洛し、将軍家の同朋衆歳阿弥から有職故実を学び、千宗易から茶事を学んだという（『本藩人物誌』）。

(128) **本田刑部少輔正親**　奏者、薩摩加世田（鹿児島県南さつま市）地頭ヵ。

(129) **家景**　家中。家臣、被官。

(130) **二俣**　鹿児島市桜島二俣町。

(131) **白浜**　鹿児島市桜島白浜町。

(132) **日州諸名の検地帳**　日向国内の島津家直轄領、名ごとの田数を記したものヵ。公役（軍役・夫役）の賦課基準になっていたとみられる。

書き記した。

この晩、山田有信殿・稲富長辰殿が来た。長谷場純辰もやって来た。「『玉藻前の草子』[133]が真名（漢字）で書かれているのを、仮名で書いてほしい」と、御料様（亀寿カ）から命じられたのだが、分からないことがあったので、拙者に相談したいとのこと。これを読んでやった。

二十七日、いつものとおり出仕。この日も談合があった。伊集院左京亮殿・鮫島土佐守殿[134]が挨拶に来た。酒で対応。

この日、有馬久賢（鎮貴）殿のところで寄合。まず、有馬殿が出仕されて、御字を賜ったことへの御礼と、官途拝領の御礼を義久様に申し上げた。拙者が取りなして、折肴[135]・樽三十荷・白鳥・鶴・鮭、このほかいろいろと献上された。進物は、御字の御礼に太刀・黄金二十両・鈍金二端であった。また、官途の御礼として、太刀・白糸五十斤・南蛮頭巾、そして〈南蛮かはん〉[136]といって、蓑のように雨が降っても問題ない打ち掛けのようなものを進上された。右の品々を義久様に披露して、席次は、中座に義久様、客居に有馬久賢・橘隠軒・伊集院久治、主居に喜入久道[137]・頴娃久虎[138]・拙者であった。めしをいただいて、三返目に有馬久賢殿が持参の酒をいただいた。久賢殿が酌をされて、すぐに義久様もまた酌をされた。やがて有馬殿が退出され、刀を持参した。「一文字[139]」であった。吉田清存が受け取り、上覧に備えた。そこで義久様はご覧になって腰に差し、それまで差していた腰の物を久賢に下賜した。久賢は拝領して、すぐに腰に差

(133) **玉藻前の草子**　御伽草子「玉藻の草紙」。玉藻前とは、平安後期に鳥羽上皇の寵愛を受けたとされる伝説上の美女。天竺や中国で王法や仏法を破壊したのち、日本に渡来した妖狐の化身で体から妖光を発することから、玉藻前と呼ばれた。陰陽師の安倍泰成に正体を見破られ、那須野（栃木県）で武士の三浦介に射殺され殺生石となる（『朝日日本歴史人物事典』）。

(134) **鮫島土佐守**　『大日本古記録』は宗豊に比定。

(135) **折肴**　檜の薄板を折り曲げて作った箱に入った酒の肴。

(136) **南蛮かはん**　『大日本古記録』は「かんは」の誤記と判断し、「南蛮合羽」と理解している。「かっぱ」はポルトガル語である。南蛮頭巾とともにイエズス会宣教師やポルトガル人商人がもたらしたものだろう。

(137) **喜入式部大輔久道**　一五五九～一六〇〇。喜入季久長男。

(138) **頴娃左馬助久虎**　一五五八～八七。薩摩頴娃（鹿児島県南九州市頴娃町）領主。居城は頴娃城。

(139) **一文字**　一文字派が作刀したもの。

した。それからいろいろと酒宴。乱舞などあった。点心などはいつものとおり。有馬殿舎弟の新八郎[140]も御前に出て、一献酌をされた。若衆だったので、座中で戯れ言などされた。安富徳円[141]・大村兵部大輔[142]、京都から下向してきた医者の竹田入道[143]も同席した。彼らも、太刀・目録を進上した。医者は、織筋一・杉原・扇を進上した。未刻（午後二時頃）から夜に入るまで、酒宴。

去る月、硫黄島[144]にて唐船が難破した。それにつき、銀子一貫目ほどが殿中に届いた。税所篤和が硫黄島の役人だったので、我々に銀五十目を持ってきた。

二十八日、夜中に行水をして諸神、特に荒神に読経などおこなった。いつものとおり出仕。この朝も談合があった。平田宗張の次男[145]が、三原名字の養子になって元服した。

この日、殿中にて終日談合。南林寺新地の普請始め。川田義朗殿[146]の差配で、鎌田政広と協議の上、鍬初めをおこなった。この晩、川上翌久殿[147]・比志島殿らが拙宿に同心してやって来たので、酒を振る舞った。俳諧などで閑談。

二十九日、いつものとおり出仕。有馬久賢殿宿所にご挨拶のため、義久様が光臨された。有馬殿が途中まで出迎え、義久様が忝いと仰った。その後、有馬殿は殿中に参られ、忝い旨申し上げ、太刀と刀を進上した。刀は鞘張り[148]であった。

この日、吉田清存を使者として、有馬殿に鎧甲・馬（川原毛）が下賜された。祝言のためとのこと。

この日、殿中で終日談合。鵜戸別当[149]からご挨拶を受けた。あわせて、酒をい

（140）**新八郎**　詳細不明。有馬久賢には三人の弟が確認できる。

（141）**安富左兵衛尉徳円**　有馬久賢の母方の叔父。居城は肥前安徳城（長崎県島原市南崩山町）。

（142）**大村兵部大輔**　『大日本古記録』は純照に比定。

（143）**竹田入道**　『大日本古記録』は「定加ヵ」とする。竹田定加（一五四六～一六〇〇）は京都の医者で、のちに豊臣秀吉に仕える。正親町天皇や宮中の女官を治療したことで、法印の称を許される。

（144）**硫黄島**　鹿児島県鹿児島郡三島村の島。平安末から、日本有数の硫黄産出地として知られる。

（145）**平田宗張次男**　三原重房の養子となり「重時」と名乗る。

（146）**川田駿河守義朗**　？～一五九五。島津家軍配者。

（147）**川上備前守翌久**　一五二〇～九六。川上忠塞四男。日向本庄（宮崎県東諸県郡国富町本庄）地頭。

（148）**鞘張り**　皮などを張った鞘の意ヵ。

（149）**鵜戸別当**　鵜戸山別当。現在の鵜戸神宮（当時の名は、鵜戸山大権現）とその別当寺である仁王護国寺。仁王護国寺は明治五年（一八七二）に廃寺。

ただいた。この晩、拙者も鵜戸別当の宿舎に挨拶に行った。酒を持参。

この日、〝御家之儀〟について、飯野[150]の島津忠平[151]に使書を送るのに、使者は島津忠長殿・町田久倍・伊地知重秀がいいだろうと決した。

【解説】

先月末に鹿児島に出仕した覚兼は、この月ずっと鹿児島に滞在している。一日、義久に見参して正月の挨拶を行い、海江田で仕留めた「猪丸」（一頭まるまる）を献上している。その後、重臣や寺院に挨拶回りを行い、翌二日には、御内の「奥」に居住する「御料様」（義久三女亀寿カ）に見参している。

三日から七日にかけては、連歌が続いており、島津家お抱え連歌師の高城珠長や古今伝授を受けている樺山玄佐、京都から下向してきた近衛家とつながりのある不断光院住持清誉芳渓らと交流している。六日には、肥後の宇土（名和）顕孝・城一要、日向縣の土持久綱、八日には肥後の天草久種といった「幕下」と呼ばれる島津家の従属国衆から年頭の挨拶に使者が来ている。なお、六日、京都の蔭涼職とその侍者から挨拶を受け、七日の連歌にも同席している。これ以前に鹿児島に下向してきたようであり、前年九月二十八日付の島津義久宛て近衛信輔書状（『島津家文書』一―二九三号）を持参している。

(150) **飯野** 宮崎県えびの市飯野地区。

(151) **島津兵庫頭忠平** 一五三五〜一六一九。のちの義珎・義弘。日向真幸領主。居城は飯野城（宮崎県えびの市大字原田）。唐名「武庫殿」と呼ばれることが多い。

九日には、毛利輝元の使僧五戒坊が、鹿児島に到着し、まもなく将軍足利義昭の使者が到着することを伝えている。五戒坊は、前年九月十二日付の伊集院忠棟・喜入季久宛吉川元春・小早川隆景書状（『島津家文書』二―一一一一号）を持参している。これは、大友家に圧力をかけるため、防長両国（現在の山口県）の軍勢で豊筑境目（豊前・筑前境）に進攻することを伝え、島津家の日向出陣を求めたものである。二十日に五戒坊は島津義久に見参しており、龍造寺政家との和睦を喜ぶ毛利輝元の意向を伝えている。毛利家は、龍造寺・島津両家も巻き込んで、大友家包囲網構築を持ちかけたようである。それは、足利義昭の意向でもあった。

十二日に足利義昭の上使柳沢元政が鹿児島に到着している。元政は前年九月四日付の義久・忠平宛足利義昭御内書（『島津家文書』一―一〇一・一〇二号）を持参しており、十八日、元政が義久の居城御内に赴き、御内書を渡している。この日の御内書の受け渡しやその後の饗応の模様を、同席していた覚兼は詳しく記している。なお、御内書には詳しい内容を記さず、元政が口頭で述べるとする。九月十一日付で伊集院忠棟・喜入季久に宛てた真木島昭光（まきしまあきみつ）・一色昭秀（いっしきあきひで）書状（『旧記雑録後編』一―一四四七号）がこの御内書の副状であり、防長勢（毛利勢）が九州に進攻するので、その際は龍造寺家とともに豊後に乱入するよう求めている。

十六日、義久が覚兼の仮屋に光臨している。その準備は十三日から進められ、前日に覚兼は島津家久仮屋に移っている。この場には、北郷忠虎、樺山玄佐、本田親貞ら重臣、蔭涼職の僧とともに京都から下向していた道正庵宗与も同席しており、細かな式次第を記している。

十五日、義久から覚兼と本田親貞に対して、「御家之儀」について内密の談合が命じられる。これは、天正十二年六月二十四日条にみえる「隠密之条」と同じ内容で、未だ男子が誕生していなかった義久の後継問題である。二十一日にも覚兼は義久から御内に呼び出され、この件について諮問があり、老中伊集院忠棟・本田親貞とともに協議している。二十九日には結論が出たようであり、島津忠平に対して義久の意向を伝える使者として老中島津忠長と奏者の町田久倍・伊地知重秀の派遣を決めている。ただ、この内密の談合内容は事前に漏れており、二月六日、伊集院忠棟は忠平に書状を送り、義久が忠平を「名代」とし、「肥州表惣別之御見廻」を依頼するつもりである旨伝え、その受諾を求めている（『旧記雑録後編』二―一一号）。義久の意向を受けた伊集院忠棟主導で、談合は進んでいたようである。

二十四日には、有馬鎮貴（ありましげたか）から義久からの偏諱（へんき）拝領と官途補任が申請され、「久」の字を下賜するとともに「左衛門大夫」に任じている。これ以後、「有馬久賢（ひさかた）」と名乗っている。この時、有馬氏当主が足利将軍家から「義」の字を与えられていることから（鎮貴の父は義貞）、島津家の偏諱下賜がふさわしくないのではないかとの意見が出ていることは興味深い。

天正十三年（一五八五）

三月条

一日、いつものとおり出仕。義久様が伊作(1)にお出でになった。八幡宮(2)に参拝するためとのこと。それから市来(3)にお出でになり、〈屋嶽之御狩〉をされるとのこと。

この日、拙宿にて南林寺客殿造営の切符盛(4)をした。伊集院久治・上原尚近・山田有信・本田正親・伊地知重秀・長谷場純辰などであった。終日、皆いらっしゃった。時々酒など。

二日、昨日の衆が揃って、切符盛など。山田有信殿を使者として南林寺に伝えた。「客殿作事のこと、我々に命じられましたので、まず切符盛をしました。参上していろいろと談合すべきなのですが、〈木時(5)〉なので、切符を急ぎました。諸事の談合は、初秋（七月頃）、我々がそちらに参上しておこないます。もちろんですが、すべては住持のご協力が一番大事です」と伝えた。返答は、「先日、上井殿のところで伺ったように、客殿作事の件、日州衆に命じられたようで、ありがたいことです。精一杯精魂こめてお頼み申し上げます」とのこと。

この日、市来掃部兵衛尉(6)を使者として本田正親殿に伝えた。「白浜(7)と二俣(8)の境相論について、先日、平田宗位・三原下総守(9)・木脇大炊助殿に依頼して、

(1) **伊作**　鹿児島県日置市吹上町。
(2) **八幡宮**　現在の大汝牟遅神社（鹿児島県日置市吹上町中原）。伊作氏の崇敬が厚い神社で、文安元年（一四四四）以降の棟札が残るという。
(3) **市来**　鹿児島県日置市東市来町。地頭は比志島国貞。
(4) **切符盛**　材木など造営負担の割り当て。
(5) **木時**　陰陽五行説の「木」という意味カ。
(6) **市来掃部兵衛尉**　家繁カ。?〜一六三六。奏者・使番。
(7) **白浜**　鹿児島市桜島白浜町。
(8) **二俣**　鹿児島市桜島二俣町。
(9) **三原下総守重隆**　『本藩人物誌』には、「兵道ヲ善クス」とあり。

検者（けんじゃ）をやってもらいました（二月二十六日条）。そこで、向島地頭川上久侶殿[10]の諸役人とともに、白浜・二俣の百姓の言い分を聴取し、その上で論地[11]を実見し、〈とひ石〉というところから浜を直接見渡して、境界を定めました。しかし、『本田正親の内衆（うちしゅう）が納得せず、その日のうちに落着しなかった』と、昨日の夕方、平田・木脇両名が来て語ってくれました。これについては、先日、あなた（正親）と拙者が一緒に検者三人に依頼した時、どのような結果になっても検者のお考え次第に落着させることが大事とのことでした。にもかかわらず、正親の内衆が反対したから落着しなかったということでしょうか。もっともなお考えがあるのなら、詳しくご説明されるべきでしょう。拙者は、三人のお考え次第と言った以上、あれこれ言うつもりはありません。本田正親の判断により落着するのが良いと思います。明日宮崎に帰りますので、このようにご説明申し上げます」と伝えた。本田正親からの返事は、「あなた（覚兼）が申したように、三人の検者に一緒に依頼した時、どのような結果になっても検者の判断に従うと言った以上、自分から文句を言うことはあり得ません。自分の悴者（かせもの）が反対したため、その日に落着しなかったとは困ったことです。私の本心は、検者の裁定に異議はありません。検者のお考え次第に落着させるのが、一番だと思います」とのこと。その上で、拙者役人に対し、「二俣から山に登る道が白浜を通っており、この通行を止められては困るので、それについてはお願いしたい」とのことであった。

（10）**川上源五郎久侶**　?〜一五九五。川上左近将監久辰の実弟。叔父川上源七郎の養子。

（11）**論地**　相論となっている場所。

この晩、平田宗位・木脇大炊助が拙宿に来た。三原下総守は、義久様のお供で留守とのことで、まず先に二人に伝えた。「白浜・二俣境のことは、先日見定めたとおりということで本田正親も納得しましたので、ありがとうございます」と伝えた。

三日、（桃の節句の）お祝いはいつものとおり。南林寺から使僧が来た。昨日、山田有信殿を派遣したことに対する御礼とともに、客殿の指図(12)を持ってきた。長谷場純辰殿を雇って、伊勢貞知(13)への返書をしたためてもらった。貞知に沈香一斤、蔭涼軒に沈香一斤、総蔵主に沈香一斤を贈った。

本田正親に対し、市成掃部兵衛尉を使者として、「白浜・二俣境の件を検者の判断に従い落着したことありがたい。また、それに関して道についての申し出、こちら側が通行を止めるようなことはしません」と、伝えた。平田増宗殿・長谷場純辰から酒をいただいたので、賞翫。

この日、向島（桜島）に渡海。伊集院忠棟・本田親貞に使者を遣わし、「義久様が出立される朝（三月一日）のうちに、白浜重治殿を通じて、『鹿児島での談合が終了次第、義久様がお留守中にお暇申し上げます』と伝えてあります。もし日州に御用などあればと思い、申し上げました。早々に宮崎への帰宅を認められましたので、帰宅いたします」と説明した。

この晩は、白浜にて、太郎三郎(14)からもてなされた。いろいろとあり、酒宴。

四日、早朝、白浜から出船。加治木(15)に挨拶のため着船。すぐに肝付兼寛から使

(12) **指図**　設計図。
(13) **伊勢因幡守貞知**　近衛前久家司。
(14) **太郎三郎**　詳細不明。
(15) **加治木**　鹿児島県姶良市加治木町。覚兼従兄弟の子肝付兼寛の居城がある。

者が来て、招かれたので伺った。いろいろともてなされた。拙者も酒を持っていき、賞翫した。肝付蔵人殿[16]のところを宿とした。そちらに兼寛殿が挨拶に来た。また、肝付氏の一家衆・役人衆らも酒を持参してきた。しばらく酒宴となり、閑談。

この夜、敷祢に着船。十八官（董玉峯）のところに宿を取った。敷祢休世斎から使者が来た。招かれたが、夜更けだったので行かなかった。亭主がいろいろともてなしてくれた。

五日、早朝に休世斎が城から下って来られた。十八官がまたいろいろともてなしてくれた。それから出発し、野々三谷[17]に到着。亭主は、大隅清水[18]生まれの人で、我々のことを知っており、昔の話をしてくれた。いろいろともてなしてくれた。

六日、早朝に出発。天気が悪くて、ようやく〈さり川[19]〉に到着。

七日、〈ねらひ[20]〉でもしようかと登って慰んだ。

八日、〈さり川〉を出発して帰宅した。粟野神社[21]の大宮司が坂迎え[22]をしてくれた。いろいろともてなしてくれた。この晩、宮崎に到着。

九日、帰宅したということで、衆中が皆やって来て、閑談。酒・肴などをいただいた方もいる。金剛寺がお出でになって、酒をいただいた。賞翫した。心静かに語ってくれた。茶の湯などで楽しんだ。

この日、一万座[23]の準備を、綾[24]・佐土原・縣[25]に命じた。佐土原には、野村甚介を使者として伝えた。この晩、こちらの庭にて若衆たちが蹴鞠をした。野尻[26]から、

(16) **肝付蔵人** 肝付兼寛曾祖父兼固の弟兼恒の孫蔵人頭兼朝ヵ。肝付兼固は覚兼の母方の祖父にあたる。
(17) **野々三谷** 宮崎県都城市野々美谷町、北郷忠虎領。
(18) **大隅清水** 鹿児島県霧島市国分清水。
(19) **さり川** 宮崎市高岡町去川ヵ。現在は「さるかわ」と読む。
(20) **ねらひ** 鉄砲狩。
(21) **粟野神社** 宮崎市高岡町高浜に現存する神社。
(22) **坂迎え** 人を出迎えて、酒などを出してもてなすこと。
(23) **一万座** 一万座の祈祷。
(24) **綾** 宮崎県東諸県郡綾町。地頭は新納久時。
(25) **縣** 現在の宮崎県延岡市。土持久綱領。
(26) **野尻** 宮崎県小林市野尻町。地頭は市来家守。

自分が帰宅したということで使者が来た。

十日、いつものとおり。西方院（さいほういん）・本坊・沙汰寺（さたじ）が、長らく見参していないということで、お出でになった。それぞれ酒をくれた。参会して賞翫。大乗坊（だいじょうぼう）[27]が酒を持参してきた。一緒に衆中が酒・肴を持参して、帰宅したというのでやって来た。碁・将棋などさせて見物し、楽しんだ。粟野神社の大宮司父子が、先日立ち寄った御礼のためやって来た。酒を持参。新名爪（にいなづめ）役人[28]が酒を持参してきて、ついでに縣に命じた万座祈祷の準備について、詳細を承知しましたと返事をした。詳しく説明しておいた。

十一日、久しく留守にしていて馬に乗っていなかったので、庭乗りなどさせて見物。竹篠山の遍照院（へんじょういん）が〈花之具[29]〉を採ったと言って来られたので、立花（りっか）を一瓶立てて楽しんだ。碁・将棋などもさせて見物して暮らした。福永宮内少輔（ふくながくないのしょう）から、先日飯田を通過した際、よそに出かけており、会えなかったのが残念だと、使者が来た。美々津（みみつ）[30]町の者が一人やって来た。久しくご無沙汰ということで、樽を持参。

十二日、薬師如来に特に読経（どきょう）。吉利忠澄（よしとしただずみ）殿（入野地頭）から使者が来た。「高城（たき）珠長（しゅちょう）が近日中に（入野に）来られるので、立願の千句連歌をやりたいと考えています。あなたにも参加してほしい」とのこと。「長らく千句連歌に参加していなかったところ、折良くやられるのでしょうか。本望であります」と返答した。本庄（ほんじょう）の萬福寺（まんぷくじ）[31]がやって来た。先代住持良存（りょうぞん）が昨年冬以来病気で、先月死去した

（27）**大乗坊** 住吉社（現在の住吉神社、宮崎市塩路）の大宮司。

（28）**新名爪役人** 新名爪（宮崎市新名爪）は、縣の土持久綱領であり、久綱の代官であろう。

（29）**花之具** 生け花用の花の意ヵ。

（30）**美々津町** 宮崎県日向市美々津町。

（31）**萬福寺** 宮崎県東諸県郡国富町本庄の天台宗寺院。

とのこと。「海江田の浄瑠璃寺は(32)、先代住持に合力されていました。この寺については、あなたに返還したい旨（先代が）末期に言い残されたので、その旨を伝えに来た」とのこと。酒を持参してきていた。返答は、「先代住持が死去とのこと、残念なことであります。浄瑠璃寺については、間違いなく良存に合力していました。返していただけるのはもっともであります。今年については、先代住持への志として合力しますが、来年からはこちらの所管とします」と、鎌田兼政を通じて伝えた。

この晩、若衆たちが蹴鞠をしたので、彼らに酒を振る舞った。それから夜更けまで乱舞や茶などで楽しんだ。敷祢休世斎から、今年無沙汰しているとのことで、使者が来た。酒と肴をいただいたので、賞翫。

十三日、虚空蔵菩薩に特に看経。この日の暮れ、満願寺の庭にて蹴鞠をするため、城を下った。蹴鞠が済んで酒宴。山田有信殿から使者が来て、「五日前に宮崎に行くつもりでいましたが、体調不良のため、まずはご連絡いたします」とのこと。（それに対し）「南林寺客殿の切符盛についてはあなたをお待ちしておりますので、早々にお越しください」と伝えた。この夜、加治木雅楽助の宿舎にて若衆中が謡曲(33)の稽古をしたので、行って聞き、いろいろともてなしてやった。

十四日、関右京亮殿が鹿児島番役から帰ってきたので挨拶に来た。蔭涼軒からの書状を届けてくれた。許三官(34)から薬十七日煮(35)をいただいた。これも一緒に持ってきてくれた。

(32) **浄瑠璃寺** 内山（宮崎市加江田）付近にあった寺院（天正十三年四月三日条）。内山寺と同一寺院ヵ。

(33) **謡曲** 能の詞章だけを唄う芸事。

(34) **許三官** 許儀後。明出身の医師。元亀二年（一五七一）倭寇に捕えられたが、島津義久の侍医となりそのまま帰化したとされる。高樋氏を名乗る。

(35) **薬十七日煮** 十七日間煎じる分の薬という意味ヵ。

新納忠元[36]から去年の冬に歌書[37]二巻を借りていた。ちょうど書き写し終わったので、丸田玄蕃助が鹿児島に行くついでに、書状を添えて返却してもらうことにした。

　この晩、竹篠大門にて蹴鞠をやり、それが済むといろいろもてなされ、酒宴。夜更けに帰宅。

十五日、衆中が皆やって来たので、見参。佐土原の井蔵[38]八町のこと。二年ほど前、糸原名[39]の替え地として、市来家守（野尻地頭）の〈栫[40]〉とする旨、鹿児島から命じられた。しかしながら、一向に知行できない。なぜなら、いままでいろんなところの掛け持ちとなっており、そうした状況がはっきり分かっていないので、検地をするようにと鹿児島から指示を受けた。宮崎からも検地衆を同行させるようにとの指示だったので、岩崎刑部少輔・江田源七兵衛尉を派遣した。野尻からは、長名字の者が来た。

十六日、いつものとおり。造作などさせて見物。この日の暮れも蹴鞠などした。

十七日、いつものとおり。野村大炊兵衛尉殿が茶の湯でもてなしてくれた。終日、〈たてのき[41]〉などで楽しんだ。倉岡から使者が来た。（地頭の）吉利久金殿が、市来での義久様の狩にお供しており、ようやく帰宅した。「先日は鹿児島でお目にかかりましたが、その後無沙汰しております」とのこと。

十八日、観音に特に看経など。町口普請[42]の談合などした。状況を普請奉行に見せた。西俣七郎左衛門尉がやって来たので、手火矢（鉄砲）細工など依頼した。

（36）**新納武蔵守忠元**　一五二六～一六一一。新納祐久子息。薩摩大口（鹿児島県伊佐市）地頭。
（37）**歌書**　和歌に関する書物。
（38）**井蔵**　宮崎市佐土原町伊倉・宮崎県児湯郡新富町伊倉。
（39）**糸原名**　宮崎市大字糸原。
（40）**栫**　所管という意味カ。
（41）**たてのき**　樹木を植えることカ。
（42）**町口普請**　宮崎城の周囲には柏田など複数の町場があったとみられるが、どの町なのか詳細不明。

そこで、鉄砲など射て楽しんだ。諸細工などいろいろさせて見物した。

十九日、いつものとおり。この日も細工をさせて見物。また、手火矢吟味などして楽しんだ。碁・将棋・蹴鞠などやる衆もいた。

　この晩、蓮香民部少輔の庭にて蹴鞠。ちょうど、敷祢休世斎がやって来たので、民部少輔がいろいろともてなしてくれた。夜更けまで酒宴。

　この朝、本田治部少輔殿がやって来て、酒を持参。茶の湯でもてなした。光教寺[43]が挨拶に来た。雑紙十帖と茶をいただいた。茶の湯の座にてもてなした。

二十日、山田有信殿の来訪が遅れているので、山内采女佑を使者として、「早々にお越しください。待っております」と伝えた。（山田からは）「いままで体調不良のため行けませんでした。必ず今日、行くつもりです」とのこと。

　敷祢休世斎に『平家物語』を聞かせたいと思い、四ノ巻を読んだ。また、碁など打ってみた。満願寺がいらっしゃったので、酒で対応。

二十一日、町口普請をさせて見物。この日も山田有信殿は来なかった。

二十二日、敷祢休世斎がお帰りになった。早朝、山田有信殿が到着。終日、切符盛をやった。その暇々に酒と茶の湯。山田殿も酒を持参され、賞翫。

　この日、吉利忠澄殿から使者が来た。「先日、千句連歌の約束をしていたところ、『山田有信殿が来て、南林寺客殿の切符盛をやっているので参加できない』とのこと、残念です。そこで、千句連歌を二日ほど延期します」とのこと。返事には、「切符盛のことは、今日終了するでしょうから、お待ちいただけるの

（43）**光教寺**　宮崎県東諸県郡国富町八代南俣字門前、現在廃寺。

でしたら、必ず明日参ります。先日、千句連歌の発句賦（ほっくふ）[44]の時、拙者には鶯（うぐいす）のお題をいただき思案しておりましたが、とても参加できないだろうと思い、送っておりませんでした。また参加させていただくことになりましたので、発句を書き付けてお送りします。高城珠長とご相談の上、（どちらかに）お定めいただけるとありがたいです」と伝えた。

鶯にか（交）はせ五葉の松のこゑ（声）

〔鶯の鳴き声と気持ちを通い合わせなさい。風に吹かれて鳴る五葉松の音よ〕

鶯にか（和）すや若葉の荻のこゑ

〔鶯の鳴き声に応えているのだろうか。荻の若葉が風にそよぐ音は〕

このように伝えて、使者を帰した。

二十三日、満願寺から招かれたので、参った。いろいろともてなされた。山田有信殿が今朝帰って行った。吉利忠澄殿から書状を頂戴した。「昨日は使者を遣わしたところ、ご参加いただけるとのこと、ありがとうございます。しかしながら、不参加とのことでしたので、早くも一順・再篇をおこなったところです。連衆（れんじゅ）もあなたの名代（みょうだい）を遠慮されました。一順・再篇に遅れて出座（しゅつざ）してくださいとは言えません。とにかくあなたのお考え次第です。発句の件も、あなたは不参加とのことでしたので、高城珠長に名代をお願いしました。あなたのご意見に同意いたします。感心しております」とのこと。必ず今晩参加しますと、

（44）**発句賦**　句に特定の事物の名を読み込むこと。

返事した。
　この晩、吉利殿のところに参った。夜更けになったので、宿所には行かないと、しきりに伝えたのだが、強く招かれたので、参上した。いろいろともてなされた。

（補書）
鶯をやど（宿）してかはせ松のこゑ
〔鶯を枝にとめて、鶯の鳴き声と気持ちを通い合わせなさい。風に吹かれて
　鳴る松の音よ〕

　これは高城珠長が拙者の名代として読んだ。

二十四日、千句連歌が始まった。夜中に皆揃った。連衆の席次は、客居に弥阿・高城珠長・但阿（たんあ）・稲富長辰（いなとみながとき）・定庵（じょうあん）・意閑（いかん）、主居に拙者・世安（よあん）・吉利忠澄・長野（ながの）筑前守（ちくぜんのかみ）・珠翌・城沢（じょうたく）・宗真（そうしん）、これらの衆であった。

二十五日、同前。拙者が酒を出して、皆で賞翫。

二十六日、同前。

二十七日、この朝、千句連歌が成就した。いろいろともてなされた。この晩に帰宅した。瓜生野（うりゅうの）(45)にて鴛川壹岐掾（おしかわいきのじょう）が坂迎えをしてくれたので、彼のところに泊まった。

二十八日、また鴛川壹岐掾がいろいろもてなしてくれた。柏原周防介（かしわばるすおうのすけ）殿・鎌田兼政をもてなすために呼び寄せ、酒宴。その後、やがて帰宅。

　この日、穂北（ほきた）から使者が来た。伊集院荘厳寺(46)が相論のために出奔したらしく、

(45) **瓜生野**　宮崎市大字瓜生野。

(46) **伊集院荘厳寺**　鹿児島県日置市伊集院町猪鹿倉にあった真言宗寺院。廃仏毀釈で失われたが、歴代住持の墓が残る。

（穂北に）来られているとのこと。「そういうことですか。相論については私もまったく知りません。しかし、もしや事情を聴取する可能性もあるので、そちらに抑留するのがいいでしょう」と回答した。この晩、こちらの庭にて蹴鞠。南林寺の切符盛を所々に送った。

二十九日、早朝から南林寺の切符を各地に送った。

【解説】

一日、島津義久が伊作の八幡宮（大汝牟遅神社）に詣でている。二月六日付の島津忠平宛伊集院忠棟書状（『旧記雑録後編』二―一一号）には、忠平の「名代」指名の是非を伊作八幡の鬮を引いて決めるとの義久の意向を記している。同日、南林寺客殿造営のための材木調達のためであろうか、日向衆にこれを割り付ける〝切符盛〟を実施している。二日には、前月二十六日条に記された覚兼領桜島白浜と奏者本田正親領桜島二俣の境界相論について、経緯が記されており、覚兼・本田両者の同意の上で、桜島地頭川上久侶に仲裁を依頼したが、二俣住人の不同意で落着しなかったようである。この件はのちのちまで尾を引いている。

三日に伊集院忠棟・本田親貞に帰国する旨伝えた覚兼は、その日のうちに白浜に渡り、四日には加治木の肝付兼寛のもとに立ち寄って、敷根の十八官のもとに泊まっている。翌日敷根を発つと、八日夜に宮崎城に帰宅している。その後は、一万座祈祷の準備や立花や蹴鞠など忙しくしている。十四日には、鹿児島番役を務めた宮崎衆の関右京亮が戻り、島津義久の侍医として知られる帰化明人許三官から、十七日分の薬を届けている。鹿児島滞在中に診察を受け、処方されていたのだろう。

十五日、野尻地頭市来家守の所領である井蔵（佐土原町伊倉・新富町伊倉）の検地を行うよう鹿児島から指示があり、覚兼も検地衆を出すよう命じられている。戦国島津氏が領主からの指出（さしだし）ではなく、検地衆を派遣して直接検地を行っていることがうかがえる貴重な事例である。

十八日には、町口普請の談合をしている。町口が宮崎城下の町の入口を指すのか、町から宮崎城に入る口のことを指すのかよく分からない。同日、手火矢（鉄砲）細工を宮崎衆の西俣七郎左衛門尉に依頼している。鉄砲の表面を美しく飾る細工なのか、命中度をあげるための微調整・修理なのかは不明であるが、西俣は手先が器用だったのだろう。

十九日には、覚兼の舅敷祢休世斎が宮崎に遊びに来ており、翌日、覚兼が『平家物語』四の巻を読み聞かせしている。

なお日記には登場しないが、三月十五日、羽柴秀吉と毛利輝元の講和交渉に尽力した安国寺恵瓊（あんこくじえけい）が、義久に書状を出している（『旧記雑録後編』二―一五号）。羽柴秀吉と毛利氏の和睦が成立したことを伝えるとともに、秀吉の要請で豊後に下向しており、秀吉から島津家に対して鷹を所望している旨伝えている。間接的ながら秀吉から島津家へのファーストコンタクトである。大友義統は天正十一年五月の段階で既に秀吉に接近しており、秀吉が毛利家の使僧である安国寺恵瓊を豊後に派遣したのは、毛利家と大友家の和睦仲介を模索しているのだろう。この書状がどの段階で義久のもとに届いたのか不明である。こうした秀吉を中心とする外交の変化を、島津家がどの程度理解していたのか、気になるところである。

天正十三年（一五八五）

四月条

一日、看経などいつものとおり。紫波洲崎城に逗留した。この朝、二楪(1)と特に寄合があり、いろいろともてなされた。肝付兼寛殿から、先日加治木に立ち寄ったことへの御礼の使者が来た。樽一荷といろいろと肴が添えられていた。すぐに使者に会い、賞翫した。円福寺から使僧が来て、酒をいただいた。同じく、木花寺・祖三寺（蕪山寺）が酒を持参してきた。お目にかかって賞翫。肝付源八郎殿(2)が、狩のため拙者がやって来ていると聞き及び、夕方、加江田まで到着された。狩を延期した旨伝えたところ、見参のため城に登ってきたとのこと。すぐに見参して、酒を飲みながら会った。「そういうことなら、せめて〈落とし(3)〉をさせて見せてやろう」ということで、山に一緒に登った。鹿二頭を獲り、拙者が一つ射た。

この晩、父恭安斎がいろいろもてなしてくれた。肝付源八郎殿も一緒に恭安斎の館に宿泊した。

二日、内山(4)の鹿蔵で狩をやった。肝付源八郎殿ほか、曽井から来た衆中四、五人が参加。宮崎からの衆中三、四十人が参加。朝、鹿蔵で猪・鹿六つを獲り、一つ拙者が射た。柴屋(5)にて皆に酒とめしを振る舞った。雑掌ら、いろんな人が

(1) **二楪** 『大日本古記録』は覚兼母に比定。肝付兼固の娘。

(2) **肝付源八郎** 詳細不明。

(3) **落とし** 落とし穴を使った猟カ。

(4) **内山** 宮崎市加江田字内山。

(5) **柴屋** 柴葺きの粗末な家。

持参したが、記すには及ばない。次の鹿蔵にて猪・鹿を三つ獲った。それから、明日九平良(6)にて狩をするために集まっているので、加江田に右の衆と一緒に行った。隈江右京亮のところに宿を取った。いろいろもてなされた。本田治部少輔殿・敷袮越中守殿・柏原周防介・長野淡路守・勝目但馬守・関右京亮・鎌田兼政殿・上井兼成など集まって酒宴。このほか宮崎衆中に酒を振る舞った。夜に入ってから、俳諧などで閑談。

三日、早朝出発。九平良に登った。雨が降ってきたので、浄瑠璃寺でしばらく休んでいたところ、天気が晴れたので、また出発し、九平良に登って一鹿蔵で狩をした。それからまた降り出したので、猪・鹿を三つようやく獲って、この夜は九平良に泊まった。また、右の衆も同宿していろいろ酒宴などで雑談。

四日、天気が良かったので、犬山(7)でもと考えていたところ、無粋なことに雨が降ってきたので、むなしく帰った。穂村(8)の瀬戸山藤内左衛門尉から招かれたので、彼のところに行き、いろいろもてなされた。大乗坊(9)ら穂村衆中が多くやって来て、もてなされた。連歌の稽古をみんな心がけていると、大乗坊が話してくれた。そのついでに、拙者がお暇なら、『伊勢物語』(10)を読み聞かせてほしいとのことだったので、「それはやったことがないので出来ない。ただ、拙者（伊勢守）が話すことこそ〝伊勢物語〟だ」と冗談を言って、ひと笑い起きたところ、狩装束を入れておいた物のなかに、〈たちあけ〉・ひっしき物(11)などに混じって、双紙(12)のような物が見えたので、よくよく見たところ、『伊勢物語』であった。

（6）**九平良**　宮崎市鏡洲字九ノ平。

（7）**犬山**　猟犬を使った狩ヵ。

（8）**穂村**　現在の宮崎市住吉地区。塩路付近一帯。

（9）**大乗坊**　住吉社大宮司、山伏ヵ。

（10）**伊勢物語**　平安時代の歌物語。作者未詳。在原業平（八二五〜八八〇）らしき男性が主人公。

（11）**ひっしき物**　引敷物。

（12）**双紙**　綴じてある本。

これはちょうどいいところにと、取り出して一、二段読んで、その場の座興（ざきょう）とした。それから、「いゑとうし[13]にかわらけ[14]取らせよ、さらすハ[15]飲まじ」（『伊勢物語』六十段より）などと亭主に難しく申しかけて酒宴となった。さて、皆が帰宅した後は、「酔酒而臥之経文（さけによいてふすのきょうもん）」（「法華経」五百授記品）そのままとなった。

五日、早朝、大乗坊に、今年に入って無沙汰しているので挨拶をした。三献はいつものとおり。やがて斎（とき）を振る舞われ、いろいろともてなされた。あわせて、茶の湯などで閑談していたところ、大乗坊が、

　あひにあひぬ問（とう）ハ鶯（うぐいす）花の宿

〔会いたい一心で、ついに鶯に会った。花の咲く家を訪ねて〕

　この発句（ほっく）を二つ吟じて記したものを取り出してきて見せてくれた。よくよく見て、「〝今日こそが相（あい）に合（あい）たる茶飲み〟だな」と冗談を言ったところ、「もっともではあるが、鶯と花に茶飲みのたとえはひどい」と亭主がおっしゃった。私もそう思うが、茶の異名であろうか、「鶯舌（おうぜつ）」という言葉があるそうだ。それなら相応であろうと申した。亭主は、これ（鶯舌）はそうであろうが、花はどうだろうかと疑念を示した。また拙者が、「花中鶯舌美ならずして香（かちゅうおうぜつびならずしてかんばし）[16]」ではないかと申したところ、「おのずから鶯（うぐいす）というところに花はあるものではないか」と、亭主が外して大笑いした。これも酒旗風（さかばたかぜ）[17]にひともみもまれた故であろう。そうこうして、ようやく大乗坊を退出し、沙汰寺（さたじ）[18]に参詣。ここでまたいろいろ

(13) **いゑとうし**　家刀自。一家の主婦。
(14) **かわらけ**　土器。素焼の盃。
(15) **さらすハ**　然らずば。そうでなければ。
(16) **花中鶯舌美ならずして香**　これは「花中の鶯舌は花ならずして香（かんば）し」という諺。『日本国語大辞典』に「（花のなかで鳴くウグイスの声は、花でもないのにかぐわしく感じられるという意から）周囲の環境がいいと、自然にそのなかにいるものもよくなることのたとえ」と記されている。
(17) **酒旗風**　酒屋の看板に掲げる旗をなびかせる風。
(18) **沙汰寺**　宮崎市下北方町、現在の景清廟。

もてなされたのは言うまでもない。だんだん沈酔して、沙汰寺一つが四十八寺あるように見えるようになり、本当に、「煙雨之中」(19)のようになってしまい、ようやく宮崎城に帰着した。すると樺山玄佐から、二日前に使者を送ったが拙者がいなかったので、またまた遣わしたとのこと。内容は、「高城珠長が明日穆佐に到着します。そこで、かねてから千句連歌を計画していたので、興行したいと思います。あなたも出座するように。発句の題は〝時鳥〟なので、考えておくように」とのこと。「千句連歌を興行されるとのこと、喜ばしいことです。誘われなくても押しかけたいところですが、吉利忠澄殿から三城（門川・日知屋・塩見）にて狩をやるので来るようにとの先約があり、明日出立するつもりですので、参加できません。発句のお題もお返しいたします」と、こちらから使者を立てて、御礼を玄佐に申し伝えた。

この晩、こちらの庭にて蹴鞠。それから夜に入って、いつものめしなど食べた。この間、ずっと沈酔していたので、気分がいつもどおりではない。二年前にとても苦しんだ、その時のような状況で、なんとも困ったことである。そこで、「顔色が変わらない竹葉（酒）などあれば、そっと飲むのだが」と申したところ、居合わせた者どもが、「それでも濃いものだと腹には良くないので、いかにも薄く薄く醸して飲むべき」と言うのを聞いて、あまりのおかしさに耐えられず、

　情なくしほらせてのむ身のはて（終）やつゐにハ野べ（辺）のかすミ（霞）とならまし

〔風情に欠けても薄い酒を醸してでも飲むこの身の果ては、ついには「野

(19) **煙雨之中**　晩唐の詩人杜牧の漢詩「江南春」からの引用。

辺の煙」（火葬の煙）ではなく、「野辺の霞」（霞は酒の異称）にでもなって
しまうのだろうか〕

と、俳諧一首を戯れに詠んで、酒を飲んだ。まことに、賛仏乗(20)の縁であろうか。

六日、三城へ狩のため出発。本田治部少輔殿(21)がこれを聞きつけ、「自分の宿所に寄ってほしい。いい〈おとし〉の場があるので見せたい」とのことだったので、まずそちらに向けて出立。佐土原を通過する時、弓削太郎左衛門尉を使者として、島津忠豊殿(22)に申し上げた。「こちらを通過します。そちらに祗候すべきですが、家久公がお留守とのことなので、ご帰館の際参ります。お城近くを通りましたので、まずはお知らせいたします」と伝えて通過した。右松の沙汰所にて右松衆が集まって坂迎えをしてくれた。いろいろともてなされた。本田治部少輔殿がそこまで迎えに来てくれた。それから、本田治部少輔のところに参った。穂北地頭の平田宗張殿もお出でになり、城(23)に招かれた。「参上すべきですが、今回は急いでおりますので、ご遠慮します」と申して、治部少輔殿のところに行った。やがて、平田宗張も一緒になった。治部少輔殿からいろいろともてなされ、拙者も酒を持参。平田宗張はやがて帰宅した。その後、風呂を焼いてくれたので、入って楽しんだ。寺社家衆や穂北衆中が少々酒を持参してきた。それぞれ賞翫した。

七日、狩をするとのことであったが、天気が悪くてできなかった。またまた、平田宗張が城に登るよう言ってきたので、ご挨拶に参った。太刀・銭百疋を進

(20) **賛仏乗**　仏法を称賛して人々を教化すること。

(21) **本田治部少輔**　穂北衆。

(22) **島津又七郎忠豊**　のちの豊久。一五七〇〜一六〇〇。前年四月十四日、肥後八代にて元服。

(23) **城**　穂北城（宮崎県西都市穂北）。

上した。まず三献。その際、銭百疋をいただいた。それからいろいろともてなされた。やがて、高城に急いでいたが、途中で一鹿蔵狩をおこない、猪・鹿三を獲った。柴屋があったので穂北衆中の差配でもてなされた。それから高城に到着。山田有信殿が途中まで出迎えに来て、宿舎まで案内してくれた。濵田右京亮のところに宿を取った。今晩、山田有信殿のところに挨拶に参上した。太刀一腰・銭百疋を進上した。まず三献はいつものとおり。銭百疋をいただいて、いろいろともてなされた。宮崎衆中二、三人も座に呼ばれ、高城衆も二人呼ばれた。

八日、早朝、山田有信から、「昨夕、あなたから宇治の名茶を頂戴した。これを一服して賞翫したいので、城[24]に登ってきてください」と再三誘われた。しかし、「吉利殿に必ず今晩、平岩[25]に到着すると約束しているので、急ぎます。このため城には登れません」と伝えた。それから、山田有信が拙者の宿に挨拶に来て、自分も三城に同心したいとのこと。

この朝、高城の寺社家衆中からたくさん酒をいただいた。それを賞翫し、座が過ぎてから、山田有信殿を同道して出発した。名貫[26]の沙汰人（地元の役人ヵ）のところで、山田有信殿からいろいろともてなされた。それから美々津に到着。吉利忠澄殿から使者が来た。「お約束では今晩平岩にて落ち合うということでしたが、鹿蔵を取り違えていましたので、塩見[27]に来てほしい」とのこと。「さては、塩見の方でとお考えでしょうか。分かりました。しかし、天気が悪い上

(24) **城**　山田有信の居城である新納院高城。
(25) **平岩**　宮崎県日向市平岩。
(26) **名貫**　宮崎県児湯郡都農町川北。
(27) **塩見**　宮崎県日向市塩見。

に、夕陽が迫ってきましたので、平岩までたどり着くのがやっとだと思います。明朝、案内者を早朝に寄こしていただければ、狩り場に直接参ります」と返事した。美々津の大学坊(28)のところでしばらく休んで、もてなされた。それから平岩に向かおうとして、吉利忠澄殿内衆(うちしゅう)の田中市佑(たなかいちすけ)のところに宿を取った。いろいろともてなされた。今回の狩の日程を吉利忠澄に約束していて急いでいたところ、各地でもてなしを受けて遅れてしまい、出発が遅くなって困惑していたとき、あまりのことに、

今ぞ知(しる)くるしき（苦）物ととゞまらぬ（留） 客をバいそぎ（急）たて（立）べかりけり

〔今になって知った。（長々ともてなしを受けることが）苦しいものであると。留まることのない客（次の予定がある客）は急いで帰らせるべきだったのだ〕

などと言いながら、友人ひとりふたりと相語らい、道のほとりの木陰に降りて、干飯(ほしいい)(29)など食べた。干飯の上に雨が落ちて柔らかくなってしまい、良くなかった。それから進んで、美々津に到着。平岩まで行こうとすると、早くも日が暮れてしまい、船に乗るよう言われるがまま、船に乗った。平岩でと、吉利忠澄と約束していたのに塩見に変更になったのは、もしかすると平岩に宿が無かったからかもしれないと、船中の人々がこっそり話していたので、

名にしおハゞ聞(きき)て答(こたえ)よみゝ（美々）津なる むかひに宿ハ有(あり)やなしやと

〔「耳」という名を持つなら美々津よ、私の質問をその耳で聞いて、答えておくれ。美々津の向こうの平岩に宿は有るのか無いのか〕

(28) **大学坊** 詳細不明。山伏カ。

(29) **干飯** 天日で乾燥して携帯用とした飯。

などと、ふざけている間に平岩に到着。吉利忠澄の使者が来て、「天気が悪いのですが、塩見まで是非来てほしい」とのこと。「あまりに雨が降っているので、明日必ず参ります。今晩はここに留まります」と返事した。使者は、椎宮内左衛門尉であった。吉利忠澄が義久様に進上された鉄砲を、（義久が）鹿児島で射てみたものの、まったく当たらないので、吉利忠澄秘蔵のものと聞いていたので、また返すことになった。拙者に、届けるようにとのことで、宮崎まで届けられたので、こちらに持ってきた。明日の狩にきっと持って行かれるだろうと、吉利の使者に渡した。

九日、天気が悪くて狩はなかった。吉利忠澄から逆瀬川豊前掾を使者として連絡があった。「今日は雨が降って狩ができません。残念ですが、早々に塩見にお越しください」とのこと。吉利久金殿も狩のため同心していたので、朝食を一緒にとった。逆瀬川も同心。それから塩見に参る旨伝えて、逆瀬川豊前掾を帰した。天気が少し晴れてきたので出発し、塩見に向かった。衆中が途中まで迎えに来て、吉利忠澄は、たれの口(30)まで出てきて、小宿まで案内してくれた。逆瀬川豊前掾のところを宿とした。吉利忠澄から招かれたので、城(31)に登った。まず三献はいつものとおり。銭百疋をいただいた。拙者もご挨拶として太刀と銭百疋を贈った。それから終日もてなされて酒宴。衆中からも多くの酒をいただいた。

十日、早朝から狩に登った。朝、鹿蔵にて鹿一つを獲った。柴屋にてもてなさ

(30) **たれの口**　「たれ」は「垂」とも書く。門のような防御施設の一種とみられる。城下の入口や城の入口にあった。

(31) **城**　塩見城（宮崎県日向市塩見）。

れた。日知屋(32)・塩見の衆中が思い思いに食籠肴で酒をいただいた。美々津の衆らも酒をくれた。山中(33)から俣江氏・坪屋氏などが来られた。狩人は千人ほどであった。さて、夕方、鹿蔵が済むと皆帰って行った。猪・鹿全部で五十ほど獲れた。逆瀬川豊前掾が拙者をもてなしてくれた。吉利忠澄殿・吉利久金殿・山田有信殿なども一緒で、いろいろとあった。それぞれ夜更けに帰って行った。それから風呂を焼いた旨、吉利忠澄から聞いたので、入って楽しんだ。今日、狩り場にて思い出して、次のように詠んだ。

もしもやと若葉がくれ（隠）の桜がり（狩）

〔「ひょっとしたら」と思って若葉の陰に桜の花を探し求める〕

十一日、細島(34)にて〈たち〉(35)をさせて見せたいとのことだったが、雨が降って、なかった。しかし、少し晴れたので、はた浦(36)で狩をした。鹿一つが獲れた。鎌田兼政殿が射止めた。細島衆が桟敷を構えてもてなしてくれた。いろいろとあった。播磨国室(37)の弥太夫という船頭が、ちょうど当津（細島港）に逗留しているとのことで面会した。杉原二十帖と樽一つをくれた。その座が済んだ後、井尻祐貞(38)から日知屋に招かれたので、吉利忠澄そのほかと同心して、日知屋に行った。樽と挨拶として銭百疋を持参。いろいろともてなされた。薄暮になり、塩見に帰った。

十二日、薬師如来に特に看経。衆中十人ほど銘々に酒を持参してきた。あわせて、光厳寺(39)が挨拶に来た。酒・肴を持参。面会して賞翫。土持久綱殿から使者

(32) **日知屋**　宮崎県日向市日知屋。
(33) **山中**　現在「入郷」と呼ばれる耳川上流域の山間地域。椎葉村・諸塚村・美郷町・日向市東郷町。
(34) **細島**　宮崎県日向市細島。
(35) **たち**　詳細不明。
(36) **はた浦**　宮崎県日向市日知屋の畑浦山、細島港の東側。
(37) **播磨国室**　兵庫県たつの市御津町。瀬戸内海航路における風待ちの港として古くから栄えた。
(38) **井尻伊賀守祐貞**　日知屋地頭。
(39) **光厳寺**　富高村（現在の宮崎県日向市中心部）にあった瑞雲山光厳寺。明治三十四年（一九〇一）に無住となり、熊本県水俣市天神町に移転。

が来た。新名美作守（にいなみまさかのかみ）[40]であった。酒・肴をいただいた。使者にめしを振る舞い、いただいた酒など賞翫した。井尻祐貞が昨日の御礼に来た。切符を一通くれた。細島衆が銭百疋を祝言（しゅうげん）としてくれた。才介と宗介という細島衆であった。酒を持参し、杉原・鳥子（とりのこ）[41]を十帖ずつくれた。どちらにも面会して返礼した。右松備（みぎまつびん）後守（ごのかみ）[42]から招かれたので、行った。吉利忠澄・吉利久金殿・山田有信殿が同心。いろいろともてなされた。拙者が酒を持参した。それから小宿に帰って支度し、山影（やまげ）[43]に向けて出立しようとしたところ、逆瀬川が祝言として、また酒を振る舞ってくれた。息子を懐に抱いて見せてくれたので、祝言として脇差しをあげた。そうしていたところ、吉利忠澄から、拙者がこちらにはじめて来てくれたことを感謝して、刀をくれた。右松備後守が先ほどの御礼としてやって来た。銭百疋をいただいた。吉利忠澄と一緒に出立し、〈ねらひ〉に登った。

川上久侶殿[44]から書状が宮崎に来て、それがこちらに届いた。途中で読んだ。内容は、「去る春、あなたが鹿児島に参上した際、向島（むかいじま）（桜島）の白浜と二俣の境界相論がおおかた決着しました（三月二日条）。しかし、二俣の百姓がことごとく皆、退出してしまいました。これはきっと、一途の事[45]になるでしょう。そこでご意見を得たく連絡しました」とのこと。返事は、「相論のことは、検者を依頼して見てもらいました。川上久侶殿も渡海していただき、ご覧いただきました。その上で、市成掃部兵衛尉（いちなりかもんひょうえのじょう）を使者として（相手方の）本田正親（ほんだまさちか）殿とも、これで決着とすることを細かく取り決めたところです。問題はないはずです。

（40）**新名美作守**　土持氏家臣。詳細不明。

（41）**鳥子**　鳥の子紙のこと。雁皮・ミツマタを主材料とした上質の和紙。

（42）**右松備後守**　塩見地頭カ。

（43）**山影**　山陰（宮崎県日向市東郷町山陰）。

（44）**川上源五郎久侶**　向島地頭。

（45）**一途の事**　一大事、あるいは罪科に問われる事態。

にもかかわらず、（本田正親領の）二俣の百姓が退出したのは、想定外のことです。こちらは遠方なので、どうしてこうなったのか分かりません。状況を調べていただき、ご説明いただけると理解できるのですが」と伝えた。

この夜は、〈土うち〉[46]という村に泊まった。吉利忠澄が仮屋にていろいろともてなしてくれた。

十三日、狩をやるとのことだったので、早朝拙者の宿で吉利忠澄・吉利久金殿、そのほか十人ほどに振る舞った。それから狩に出発し、一鹿蔵を引き回ったところ、雨が降ってきて皆むなしく帰った。しかしながら、鹿十ほど獲った。吉田右衛門佐（よしだうえもんのすけ）[47]殿が桟敷を構えてくれて、もてなしてくれるとのことだったが、大雨が降って難しくなり、吉利忠澄の宿所に持ってきていろいろともてなされた。それからそれぞれ集まり、俳諧などで閑談。薄暮にそれぞれの小宿に帰って行った。拙者は、吉利忠澄が連歌を見せたいとのことなので、彼の宿にしばらく残って、本当に不相応であるが、不審の点など正直に指摘した。夜更けに自分の宿に帰った。

十四日、早朝から狩に出た。猪・鹿二を射た。猪はことのほか大きく、拙者が射たところ、吉利忠澄殿に襲いかかってきたところを捕獲した。忠澄は、三か所噛みつかれたが、痛くないとのこと。長野淡路守（ながのあわじのかみ）・拙者の三人で仕留めた。この夜は、広瀬[48]という村に泊まった。

十五日、帰る旨伝えたところ、吉利忠澄が、「昨日猪に食われたから急いで狩

（46）**土うち** 現在地不詳。

（47）**吉田右衛門佐** 『大日本古記録』は清長に比定。

（48）**広瀬** 宮崎県日向市東郷町山陰乙広瀬カ。

を終えたとなれば、外聞が良くない。少しも痛くないので、今日はこちらに逗留していただき、明日帰っていただけないか」とのこと。それから、〈ひたう〉[49]という村に行って泊まった。山影衆中五、六人が酒・肴を持参。吉利忠澄からも酒・肴が来た。吉田右衛門佐殿が酒・肴を持たせて使者を寄こしてきた。「明日、狩をやると約束していたところ、急ぐので今回は中止するとのこと。しかしながら、帰る途上の鹿蔵を一つ、二つ犬山狩をしませんか」とのこと。そういうことでしたら、とにかく地下（じげ）の考え次第と答えた。鎌田兼政が、この晩、ねらいで猪を射止めた。それを皆で賞翫して、一夜酒を飲みながら閑談。

十六日、早朝、吉田右衛門佐殿がやって来た。それから、逆瀬川豊前掾・井尻太郎四郎などが続いて、狩人多数と登った。三鹿蔵で狩をおこなった。拙者は鹿一を射た。それから破籠（わりご）[50]の酒を狩人に振る舞った。吉田右衛門佐殿、右松備後守、逆瀬川などが酒・肴など持参したので、賞翫。この夜、高城の領内、そや原（ばる）[51]という村に泊まった。亭主が酒を振る舞ってくれた。宮崎から同心した衆が寄り合って、夜更けまで酒など飲みながら語り楽しんだ。拙者と同心衆で猪・鹿合計二十五、六を一連の狩・ねらいで仕留めた。

十七日、早朝、そや原（征矢原）を出発。都農の松原の木陰でしばらく休んで、破籠を食べた。面白い松原だと皆から聞いたので、狂言で、

　昨日迄（まで）心にかけしさをしか（小牡鹿）の　つの（都農）ゝ松原けふ（今日）ぞ過行（すぎゆく）

〔昨日まで狩りをしていて、牡鹿（おじか）のことばかり考えていた。その牡鹿の角

(49) **ひたう**　日田尾（宮崎県日向市東郷町山陰乙日田尾カ）。

(50) **破籠**　弁当のこと。

(51) **そや原**　宮崎県児湯郡都農町川北上・下征矢原。

ではないが、都農という地の松原を今日は通り過ぎて行く〕

などと戯(たわむ)れながら急いだので、午刻（午後十二時頃）、財部(たからべ)(52)に到着。衆中が途中まで出迎えに来た。久米田(くめだ)名字のところに宿を命じたのでと、鎌田政心(かまたまさむね)が出てきて案内してくれた。しばらく休憩した。衆中十人ほどが酒を持参してきた。亭主も酒を振る舞ってくれた。それから鎌田政心の館(53)に登った。まず三献はいつものとおり。銭百疋をいただいた。拙者も太刀・銭百疋を進上した。女中(54)は親類なので、酒を進上した。表の座でいろいろともてなされ、衆中からも樽を数荷いただいた。表の座のことが済んで、裏の座でまたおもてなしがいろいろ。女中がお出でになり、拙者が持参した酒を賞翫。それからやがて出発。宮崎衆敷祢越中守・長野淡路守・野村大炊兵衛尉(のむらおおいひょうえのじょう)・鎌田兼政も同心した。また、自分の宿で寺家(じけ)衆などから酒をいただいた。鎌田政心も途中まで見送ってくれた。

この晩、佐土原に到着。弓削太郎左衛門尉のところに宿を取った。家久公がちょうど鹿児島から帰宅されていると聞いたので、今晩にでも明朝にでもお伺いしますと、長野下総守(ながのしもうさのかみ)(55)に伝えさせた。やがて、家久公から参るようにとのことだったので、参上した。島津忠豊殿がお出でになり、寄合。長野淡路守・野村大炊兵衛尉も同心した。家久公の御座に呼ばれた。鹿児島から珎阿(ちんあ)(56)がやって来ており、彼も参上した。いろいろともてなされた。家久公は遠路でお疲れであり、また、くさ（湿疹）が出たとのことで、お目にかかれないとのこと。拙者は、猪一丸・樽一荷を進上し、賞翫した。この夜、拙宿に忠豊殿がやって

(52) **財部**　宮崎県児湯郡高鍋町。

(53) **鎌田政心の館**　財部城ヵ、現在の高鍋城（宮崎県児湯郡高鍋町南高鍋）。

(54) **女中**　鎌田政心室。詳細不明。

(55) **長野下総守**　家久重臣。『本藩人物誌』には、三納地頭、広原地頭、豊久家老と記されている。

(56) **珎阿**　田中国明。刀などの細工職人。

来て、酒を下された。そうしたものを賞翫した。夜更けまで酒宴。

十八日、早朝、鎌田政虎殿(57)が佐土原にやって来た。鎌田政近の使いとのこと。昨日、鎌田兼政から政近に注進したところであった。政近からは、「あなたが今日、都於郡に来られるとのこと。ありがたいことですが、いままで三城方面に逗留しておられたのなら、今回は直接帰宅するのがいいのではないですか。何はともあれ、落ち着いてからお越しください」と。それに対する拙者からの返答は、「ご挨拶に参るとの連絡をお聞きになったようですね。それにつき、ご子息（政虎）をこちらに遣わされたこと、ありがとうございます。とても慇懃な対応で言葉もありません。とにかくすぐ今にでも参上しますので、直接お目にかかってお話ししましょう」と伝えた。

　この朝、弓削太郎左衛門尉が拙者に振る舞ってくれた。それが済んで、都於郡に向けて出立した。徳雲寺(58)に宿を取った。やがて、鎌田政富殿(59)が案内者として来られたので、政近館(60)に登った。まず、宿舎に都於郡衆中が五、六人酒など持参した。亭主も酒を振る舞った。別枝・世安なども居合わせて雑談。政近の座で三献はいつものとおり。太刀・銭百疋をいただいた。拙者も太刀・銭百疋を贈った。いろいろと馳走を受けた。

　この日、鹿児島から書状が到来。内容は、「談合すべき案件があります。鎌田政近と山田有信と同心して、必ず来る二十三日に参着するよう、出発するように」とのこと。すぐに鎌田政近に伝えた。高城にも書状で伝えた。いろいろ

(57) **鎌田左京亮政虎**　一五六三～八五。都於郡地頭鎌田政近長男。

(58) **徳雲寺**　詳細不明。

(59) **鎌田甚五郎政富**　一五六七～九八。政近二男。

(60) **政近館**　都於郡城（宮崎県西都市鹿野田）内にあるとみられる。

と酒宴などでもてなされた。それから宿に帰った。自分の宿に政近父子三人と、そのほか衆中が多数、酒を持参してきた。それぞれと賞翫した。天気が悪いので、しきりに泊まっていけと言われたのだが、「一、二日中に鹿児島に祗候するので、急ぎます」と言って帰宅した。直接、金剛寺に参詣して風呂に入った。いろいろもてなされた。夜に入って、城（宮崎城）に帰宅した。

十九日、帰宅したというので、衆中が皆やって来た。猪など振る舞った。山での物語などした。曽井から地頭比志島義基殿(61)の使者が来た。ちょうど伊集院忠棟から内々の書状が届いたとのこと。その内容は、「忠平様が守護代に決まったとのことなので、祝言を申し上げることになるでしょう。どのように準備するか尋ねたい」とのこと。返答は、「この件、春に参上した際、聞かされておりました。さては、そのように決まったのでしょうか。めでたいことです。忠平様のご子息(62)が、ちょうどご元服とのことなので、真幸(63)に祗候した際に祝言を申し上げようかと考えていたところ、鹿児島から参上せよと命じられましたので、まずはその命に従い、鹿児島にて相談して、もろもろの祝言を申し上げるつもりです。現時点では、どのような祝い物を準備するかは決めておりません」と答えた。

この晩、山田有信殿から使僧が来た。先日参上したことへの御礼と、鹿児島参上について、明日出発するとのこと。詳しくは鹿児島にて承りたいとのこと。

二十日、拙者が帰宅したとのことで衆中らが皆やって来た。細工などさせて見

(61) **比志島式部少輔義基** 一五三七～一六〇三。伊集院忠棟実弟、比志島義弘養子。日向曽井（宮崎市大字恒久）地頭。

(62) **忠平ご子息** 『大日本古記録』は久保・忠恒に比定しており、四月二十五日に元服している。長男鶴寿丸（一五六九～七六）は既に早世しており、久保が長男、忠恒が二男となっている。

(63) **真幸** 宮崎県えびの市・小林市。島津忠平領。

物した。明日鹿児島に参上する支度をした。上井恭安斎が、今年は体調不良で未だこちらにお越しになっていなかったのだが、拙者が鹿児島に行くと聞いたらしく、不意にやって来た。まず、三献はいつものとおり。それからいろいろともてなしした。この夜、伊地知大膳亮が酒・肴をいろいろと持ってきた。衆中などと会って賞翫した。夜更けまで酒宴。

この日、谷口和泉掾(64)の三男が、「日州居留(65)と同様に、城戸の番(66)をさせてほしい」と訴えてきたので、これを受け入れた。衆中たちにも相談してこのように決定した。御礼のため酒と銭二百疋を持参してきた。鹿児島に肥州の三池殿(67)から使書が届いた。あわせて、我々にも織筋一と書状が届いた。鹿児島仮屋(68)から持ってきたので披見した。あちら境は今のところ何事もないとのこと。

二十一日、いつものとおり。上井恭安斎と会った。それから拙者は出立した。田野で少し休んで、長蔵坊・山本筑後守と会った。柏原周防介・関右京亮を同道した。破籠を一緒に食べて、海江田からの供衆を待ち、それから〈さり川〉まで行って泊まった。

二十二日、早朝出立。都城の元服の渡し(69)というところでしばらく休んで酒など飲んだ。右の二人も同道。この晩、敷祢に到着。敷祢休世斎のところにすぐ参上した。いろいろともてなされた。休世斎の宿所に泊まった。敷祢頼元殿も城から下ってきてもてなしてくれた。

二十三日、また休世斎が振る舞ってくれた。柏原周防介・関右京亮も一緒。や

(64) **谷口和泉掾**　新別府の有力者。前年八月から十二月にかけて和知川原新町の建設に従事。

(65) **日州居留**　日向国に配置された衆中。島津家直臣という意味ヵ。

(66) **城戸の番**　宮崎城の城戸番、あるいは宮崎城下の城戸番ヵ。

(67) **肥州の三池殿**　筑後国衆三池鎮実。天正七年（一五七九）、龍造寺勢の攻撃により筑後を出奔して、肥後に亡命中の模様。

(68) **鹿児島仮屋**　鹿児島の覚兼屋敷。

(69) **元服の渡し**　宮崎県都城市五十町、都城城下の西側境界。

がて、出船して白浜に到着。白浜での経営(70)があり、帖佐亀泉院(71)の東堂（住職）が渡海してきて居合わせた。お目にかかって、閑談などして酒。それからまた出船して、鹿児島に申刻（午後四時頃）、着船した。寄合中からの問使に対し、「今日必ず到着するようにとの書状が届いたので、そのように参着しました。ご報告します」と伝えた。平田光宗殿には、みずから参上したのだが、体調不良とのことでお目にかかれなかった。善哉坊（面高頼俊）が拙宿に来て、これまでこちら（鹿児島）に長々と逗留し、難儀していることを語ってくれていたところ、鎌田政広殿(72)がいらっしゃった。「鹿児島への参着、喜ばしいことです」とのこと。そして、このたび我々を呼び寄せたのはいかなる件のためなのか、まったく知らないと語ってくれた。また、春に〝御家之儀一ヶ条〟を忠平様へご要請し、このたびご了承されたので、寄合中から祝い物など進上されるといった話を語ってくれて閑談。「明朝、出仕の帰りに宿所に来てください。肥後から珍しい酒が到来したので」とのこと。未だ御礼さえしていないのに、お呼ばれするのはと、ためらったが、参りますと返答した。

二十四日、早朝、地蔵菩薩に看経など特におこなった。いつものとおり出仕。義久様にお目にかかった。義久様から直に、「早々に参上したな」と仰っていただいた。町田久倍殿・伊地知重秀殿を使者として、鎌田政近・山田有信・拙者の三人に、義久様から仰せ聞かされた。「忠平に対し、『八代に移り〝名代〟となって、〝国家之儀〟を取り仕切るように』と要請した。すると、数度ご遠

(70) **経営** お堂の普請のこと。
(71) **帖佐亀泉院** 鹿児島県姶良市鍋倉宇都にあった寺院。
(72) **鎌田政広** 奏者、日向担当の申次役。

慮されたが、強く要請されたのでご了承された。そういうことなので、老中衆や御使衆、(73)また地頭衆も、御用によっては八代に移り、さまざまな案件処理に当たるべきだと思う。これについてどのようにあるべきか、それぞれに尋ねたい」とのこと。拙者がまず申し上げた。「条々ご説明いただき、詳しく承りました。談合衆がこれから参上しますので、徐々に談合していくことになるでしょう。まずは、春に参上した際、詳しくご説明いただきました。そのとおりに忠平様がご了承されたとのこと、おめでたいことと存じます」と申し上げた。出仕帰りに、鎌田政広のところに参上した。いろいろともてなされた。山田有信・鎌田政近が同心した。彼らに、拙宿に来るよう申して、御礼をした。酒でもてなし閑談。五島(74)の宇久大和守(75)から使者貞方右衛門佐がやって来た。我々も書状と太刀・馬・織筋一ずつを頂戴した。書面は、「遠くて音沙汰無く失礼しております。今、各地で島津家のお考えどおりになっているようですね」とのこと。

二十五日、早朝、天神に特に読経した。それから出仕した。月例の連歌会であった。義久様は虫気とのことで、ご出席されなかった。そこで、特にやるべきこともなかったので、帰宅した。町田久倍が挨拶に来たので、閑談。先日、忠平様への一ヶ条要請の使者は、島津忠長・町田久倍・伊地知重秀がつとめた。忠平様も人を介して要請を知っていた。それは、喜入季久・有川貞真(76)・上井秀秋(77)であったと語ってくれた。

　忠平様ご子息元服の様子、理髪役を家久公がつとめたことを聞いた。（元服後

(73) **御使衆**　奏者のこと。

(74) **五島**　長崎県五島市。

(75) **宇久大和守**　『大日本古記録』は純玄に比定。宇久（五島）純玄（一五六二〜九四）は、五島列島を本拠とする国衆。のちに豊臣秀吉に従って豊臣大名となり、名字を五島に改めている。

(76) **有川雅楽助貞真**　有川貞則二男。忠平老中。のちに兄伊勢貞末とともに伊勢氏を称する。

(77) **上井次郎左衛門尉秀秋**　?〜一五九二。覚兼弟、島津忠平老中。

は）又一郎殿(78)となったとのこと。忠平様ご次男(79)の元服は、忠平様の仮屋に義久様がお出でになった際と聞いた。理髪は、町田久倍がつとめたとのこと。名前（仮名）は、又八郎殿に決まったとのこと。又一郎久保殿への引き物は、お酌の時に刀を進上したとのこと。義久様から御腰物を賜られたとのこと。又八郎忠恒殿は鎧甲を進上し、これも御腰物を賜られたとのこと。進物の酒・肴などについては書き載せるに及ばない。だいたい、語ったのはこのようなことであった。

この日も当所衆がやって来て、閑談。酒で対応した。

二十六日、いつものとおり出仕。一乗院(80)が今日まで祈祷に来られていた。お帰りになるとのことで、挨拶にいらっしゃった。宇土殿（名和顕孝）からの使僧が、片色(81)二を義久様に進上した。小代親泰殿(82)からの使者は、博多酒樽二十荷を進上。右は、それぞれ拙者が義久様に取りなした。

この日、拙宿に新納忠元・高城珠長・山田有信・伊地知重秀・八木昌信が挨拶に来た。酒で対応し、閑談。新納忠元から酒をいただいた。すぐに賞翫した。

この日、明日向島で（義久が）馬追をするので、お供するようにと、白浜重治殿を使者として命じられた。

二十七日、早朝、いつものとおり出仕。上使柳沢元政殿との寄合は明日ということであったが、あまりに悪日であり、その上、請文が未だ出来ていないので、明後日がいいということになった。そういうことなら、殿中にて請文を渡すのがいいだろうとのこと。浄光明寺（其阿西嶽）から、「明後日、義久様が

(78) **島津又一郎久保** 一五七三〜九三。幼名万寿丸。忠平二男であるが、長男鶴寿丸の夭折により、長男として扱われている。

(79) **忠平ご次男** 一五七六〜一六三八。米菊丸、元服後は又八郎忠恒。後年、徳川家康の偏諱を賜り、家久と名乗る。当時十歳。

(80) **一乗院** 鹿児島県南さつま市坊津町にあった真言宗寺院。この頃の住持は典瑜。

(81) **片色** 練貫（生糸と練糸の織物）の一種で、縦糸と横糸の色が異なる織物。

(82) **小代親泰** 肥後北部の国衆。居城は筒ヶ岳城（熊本県荒尾市府本）。

お越しになることが決まっておりましたが、これを延期して来月二日にお越しになられるよう、ご説得いただきたい」とのことだったので、「分かりました。お考え次第でいいでしょう」と答えた。

この日、向島での馬追に義久様が渡海された。お供するようにとのことだったので、従った。まず、桟敷にて三献はいつもどおり。盃は、川上久倶殿が地頭なので、お祝いに頂戴した。それから、御牧苙[83]に籠もった。この野に狼[84]が頻出していたため放牧が中絶していたのを、去年以来また牧として召し立てたので、馬の数はようやく十六疋になった。捕れた駒は一疋、印を押したのは一疋であった。苙出に若衆などがそれぞれ乗馬して出た。義久様がこれをご一覧になった。その後、網曳き[85]をやって、さまざまな鱗が多く入ったので、上覧に供した。お召し上がりになった。席次は、上座に義久様、客居に川上久隅殿[86]・町田久倍殿・拙者、主居に本田董親殿・川上久侶殿であった。いろいろともてなされた。酒を一、二篇いただいた時、前の網に入った鯛を一懸ついでに料理するようにというので、瀬戸口安房介が御前で調理した。「大草殿[87]の直弟と名乗る巧者の腕前はひとしおだ」と言って、義久様がひと笑いされた。やがて、先ほどの魚を肴にいただき、酒を飲んだ。島中の役人衆らが酒を大量に進上した。お供衆も皆呼ばれて酒を給わった。それから、御鷹野に登られ、我々もお供した。鷹狩りで雉三を獲った。小鷹二と隼一を使っていた。拙者の食籠を肴に酒を進上した。途中でご賞翫いただいた。川上殿・本田董親殿、このほか

(83) **御牧苙**　囲いのある牧。
(84) **狼**　十九世紀に絶滅したニホンオオカミのことだろう。
(85) **網曳き**　地引き網漁。
(86) **川上上野守久隅**　一五三二〜一六一一。川上昌久子息。薩摩川上村（鹿児島市川上町）領主、薩摩藺牟田（鹿児島県薩摩川内市祁答院町）地頭。
(87) **大草殿**　足利将軍家の庖丁人（料理人）として「大草流包丁道」を継承した一族。

お供衆・鷹衆などに振る舞いがあった。それから、ご帰帆になった。まだ日が暮れないうちにお着きになった。

二十八日、荒神（こうじん）に特に看経。いつものとおり出仕。この日、新納忠元・山田有信と終日、拙宿にて閑談。忠元と碁などやった。次に物語した。先日、吉利忠澄殿のところで詠んだ千句のうちに、

　見せてしもこそ拾（ひろう）かひあれ

〔見せてこそ、貝（碁石）は拾う甲斐があるのだろう〕

という前句に、

　乱碁（みだれご）に打（うち）む（向）かふ外（と）の友もがな

〔乱碁の遊びに付き合ってくれる友が他にもいてほしいなあ〕

と詠んだ。今ここで山田有信殿にご覧いただき、

　拾ふかひしたたかにある

〔拾うべき貝（碁石）がたくさんある〕

と戯（たわむ）れに詠んでみた。新納忠元は、右の句より今の切り返しの方が至極結構であると言ってくれて、慰（なぐさ）んだ。

　この晩、右の衆と夕食を共にした。夜更けまで心静かに物語などした。この夜中から少し悩（わずらい）(88)が出て散々の状態であった。

二十九日、未明に許三官（きょさんかん）を呼んで、脈を診てもらった。熱気が出ているとのことで、薬を調合してくれた。すぐに服用した。それから、だんだん気分が良く

(88) **悩**　病（やまい）。

なってきた。

この日、殿中にて上使柳沢元政殿と義久様の寄合があった。請文も屋形にてお渡しすると決まった。席次は、いろいろあって出席しなかったので知らない。

この日、皆が、拙者が体調不良であると伝えたため、義久様からお尋ねがあった。琉球国から、かなりご無沙汰しておりご挨拶のため、また、肥後・肥筑両三ヶ国（肥後・肥前・筑後）を支配下に収めたお祝いを申し上げるため、使僧(89)の船が着津したとのこと。「まず、本田親貞殿が琉球口の担当なので、彼から白浜重政を使者として、使僧の宿舎に派遣するのがいいでしょう」と説明すべきと答えた。

川上久政殿(90)・川上久侶殿が使者としていらっしゃった。内容は、「二俣百姓がことごとく皆退去したので、本田正親から、『前からこのようなことになるのではと覚悟して、論所（白浜と二俣の境界相論）については検者の考えに従うということで決着した。しかし、今のような状況では公役も負担できない。困ったことである。どうにかして久侶殿に取りなしをお願いしたい』とのこと。そもそも白浜との相論なので、あなた（覚兼）の意見を承りたい」とのこと。拙者の返事は、「本田正親と面談して、何があっても検者の意見に従うのでお願いするということで、久侶殿にもご覧いただいた。その上でしっかり落着した論所のことなので、いまさら拙者から道理にはずれるようなことは申しません。御老中から聴取があれば、その時は自分の意見を申します」と、柏原周防介を

(89) **使僧**　『大日本古記録』は天王寺祖庭に比定。天王寺は沖縄県那覇市にあった臨済宗寺院。祖庭は、中山王歴代の菩提寺円覚寺の住職も兼ねていた。

(90) **川上日向守久政**　一五三五～一六一九。川上久謂長男。

通じて答えた。

【解説】

一日から紫波洲崎城に滞在しており、母二楪からもてなされている。その後、加江田の内山や九平良で狩を楽しんでいる。

四日には、穂村の瀬戸山藤内左衛門尉に招かれ、住吉社宮司の大乗坊ら穂村衆と交流している。その際、大乗坊から『伊勢物語』の読み聞かせをリクエストされた覚兼は、「伊勢守である俺の話こそ、伊勢物語だ」とふざけているが、折良く『伊勢物語』が見つかり、一、二段読み聞かせつつ酒宴となっている。瀬戸山藤内左衛門尉はおそらく、伊東氏がこの地域を支配していた頃からの土豪とみられ、こうした者たちと日常的に交流し、懐柔しておくことは、侵攻してきて統治者となった地頭として重要な仕事だったのだろう。四日条以降、言葉あそびに関する記述が多く、覚兼の酒落っ気がうかがえる。ただ、連日の飲み過ぎで腹を壊している。

六日には、島津領北端の三城（塩見・日知屋・門川）を統轄する吉利忠澄からの招きで、宮崎衆や高城地頭山田有信とともに狩に出かけている。狩は天候に恵まれなかったが、十日から十六日にかけて、吉利忠澄の主催で塩見城（日向市塩見）周辺にて行われた。この狩には、塩見から耳川をさかのぼった「山中」（宮崎県山間部の入郷地区）から狩人千人ほどが参加する大規模なものであった。この地域は、天正六年（一五七八）に大友勢が日向に進攻した際、これに呼応して蜂起した地域であり、伊東氏旧臣が多い地域である。狩を通じて彼らと交流し、掌握を図ろうとしたのであろう。

十四日、大猪が吉利忠澄を襲い、忠澄・覚兼・長野淡路守の三人がかりでようやく仕留めたが、忠澄は三か所を噛まれて負傷している。現在でも猪に襲われて大怪我を負う事故は多く危険である。翌日、忠澄は痛くて狩を止めたとあっては「外聞」に関わるとして、狩の継続を覚兼に要請している。未だ十分心服していない山中の狩人たちが見ているなかで、この地域の統轄者である吉利忠澄は、武威を示す必要があったのだろう（拙稿「戦国島津家の『外聞』と痛み」『日本歴史』八六〇号、二〇二〇年）。

なお、この狩の最中である十二日、桜島地頭川上久侶から書状が来て、覚兼領白浜と相論中の本田正親領二俣の百姓が退出（逃散）してしまったとの情報がもたらされている。

十八日には、鹿児島から重臣談合開催の通知があり、都於郡地頭鎌田政近・高城地頭山田有信とともに二十三日までに到着するよう出頭が命じられている。その翌日には、伊集院忠棟から実弟の曽井地頭比志島義基に書状が届き、忠平が「守護代」に決まったとの情報が覚兼のもとに届いている。この「守護代」とは不正確な情報であり、正確には「名代」就任であった。

なお、折良く忠平の子息が元服するようであり、そのお祝いについても相談されている。この子息とは、二十五日条から忠平長男久保（正確には二男）と二男忠恒（正確には三男）のことである。

二十日、新別府の有力者で、和知川原新町の建設に尽力した谷口和泉掾の三男が、宮崎城の「城戸（きど）の番」を願い出ている。城戸の番は、「日州居留」が務めるものだったようであり、これは島津家中で宮崎に召移しとなった者の意だろう。つまり、島津家中に取り立てられることを意味すると思われ、覚兼は宮崎衆中に相談した上で、これを許可している。

二十一日に重臣談合参加のため宮崎を発った覚兼は、敷根・白浜経由で二十三日に鹿児島入りしている。二十四日、義久から覚兼・鎌田政近・山田有信に対して、正式に忠平が「名代」となって肥後八代に移り、「国家之儀」を取り仕切ることを受諾したと伝え、これに伴い老中や奏者（使衆）、地頭の一部を八代に移すべきではないかとの諮問をしている。

二十七日、義久は覚兼らを伴い、向島（桜島）で馬追いや地引き網（網曳）をしている。向島に狼がよく出ていたという。現在、絶滅種とされているニホンオオカミは、この頃は多く生息していたようである。

二十八日夜から覚兼の病が発症し、翌日には義久の侍医許三官の診察を受けている。この日は、足利義昭の上使柳沢元政が御内に来て、義久が義昭への請文を渡すことになっていたが、病のため覚兼は同席していない。

天正十三年（一五八五）

五月条

一日、体調が良くないので出仕しなかった。この日も衆中が挨拶に来た。伊集院久治が談合のため、昨日（鹿児島に）参着した。体調不良とのこと残念ですと言って、見舞いにやって来た。新納忠元・鎌田政近も同心。終日、伊集院久治と新納忠元が碁を打っていた。酒など振る舞った。祁答院賀雲斎が本田名字の者を養子に取られた。お目にかけたいとのことで、やって来た。中紙二十帖をいただいた。

二日、許三官が来て、脈を取って診察してくれた。薬を飲んだ。

　この日、上使柳沢元政殿が加治木に向けて出立された。献上品は、黄金百両・馬三匹・鷹一連とだいたい聞いた。それぞれへの返礼品については詳しく聞いていない。乗船されたが、風雨が良くならず、柳沢殿は陸路で加治木に向かわれた。毛利輝元殿の使僧五戒坊も一緒に出立した。

　この日、雨が降っているので若衆中が多くやって来て、閑談。そのうち、冗談で、このたびの上使である柳沢元政殿は特に索[1]をよくなわれていたと、宿所の者がしっかり目撃した。その上、商売人のように見えたと発言した。これは言語道断の誹謗であり、ためにならないぞと止めさせた。あまりのことに、

（1）**索**　縄・綱。

進上の馬の綱引するからや　上使のないしなハたちぬらん
〔将軍へ進上される馬が人に引かれまいと抵抗するからだろうか。上使が綯った縄が断たれる（縄が切れる）のは。その「縄断つ」ではないが、上使の「名は立つ」（上使のことが噂になっている）のである〕

と言って、大笑いした。他国への使者は遠慮すべきような人物なのだろう。

三日、また許三官がやって来て、脈を診てくれた。今日も静養していた。平田光宗の館で本日は談合であった。参加すべきであるが、療養中のため遠慮する旨、伝えた。白浜重政がやって来て、閑談。本田信濃守も一緒だった。

この日、敷祢殿(2)から使者が来た。脇本三河掾と湯脇佐渡掾だった。十八官（董玉峯）に不慮の事件が起きたとのこと。島津征久(3)のご家景(4)である渡瀬平内左衛門尉という人と口論となり、それからいろいろあって十八官のところに、渡瀬平内が切り入ってきたので、十八官が二、三度棒で打って追い出した。しかし、平内は狂ったように斬りかかり、手負いもあったようである。それだけでは終わらず、馳せ参じた衆が平内を殺害してしまった。それから、十八官に対応するため塚脇氏を番に派遣したところ、油断してしまい、十八官が逃げてしまった。そこで、塚脇氏に腹を切らせようと考えたが、庄内(5)に向けて逃走してしまった。十八官は、拙者家景がいる向島白浜を頼って渡海したとのこと。「是非とも、十八官を返してほしい。敵人(6)として廻(7)に引き渡すので」とのこと。返答は、「玉峯（十八官）に不慮の事態が起きたとのこと、残念に思います。彼

(2) **敷祢殿**　敷祢休世斎、もしくは頼賀。
(3) **島津右馬頭征久**　一五五〇～一六一〇。島津貴久の弟忠将の嫡男、義久の従兄弟。大隅清水（鹿児島県霧島市国分）領主。右馬頭の唐名「典厩」と呼ばれることが多い。
(4) **家景**　家中、家臣。
(5) **庄内**　都城盆地、北郷時久領。
(6) **敵人**　訴訟の相手方。
(7) **廻**　鹿児島県霧島市福山町。島津征久領。

は間違いなく拙者の所領である白浜に頼ってきております。返すようにとのことで、どうあってもあなた（敷祢殿）のご意向に沿うよう、話し合ってみますが、昨日使者を派遣して未だ到着していないようです。『妻子は、白浜に留めて、あなた（十八官）は寺に謹慎するのがいいのではないでしょうか。なぜなら、あなたのようなやっかいな科人を拙者が引き受けても、後日のためにならない』と強く伝えたところです。あちらは海路で行く必要があり、彼は今もまだ白浜にいるのでしょうか。あるいは、拙者が伝えたようにどちらかの寺に蟄居したのではないでしょうか。未だはっきりしません。まとまったお答えはできませんので、身柄を返すこともできません」と、伝えた。

四日、出仕しなかった。療養のため家にいた。またこの日、敷祢殿から同名衆が一人、昨日の使者とともにやって来た。「是非とも、玉峯を返してほしい。そうしないと、島津征久との公事(8)で釣り合いがとれない」とのこと。返事は、「早々に寺への蟄居を頼んだので、どうすることもできない」と伝えた。

この日、大山肥前守殿(9)が、（義久の）使いとしてやって来た。趣旨は、「市来野(10)の栗毛の駒を覚兼に下す。少々肩を痛めているが、もし肩が平癒しなかったならば、紫波洲崎で牧(11)を仕立てて、そこで父馬(12)などにするのがいいだろう」との思し召しであった。すぐにありがたい旨申し上げ、拝領した。また、春山野(13)の母駄(14)も下された。これもまたこの日、日州に向けて連れて行かせた。

五日、療養できたので、端午の節句の祝言に出仕した。まず、粽で寄合。席次

(8) **公事**　訴訟、裁定。
(9) **大山肥前守**　『大日本古記録』は綱秀に比定。
(10) **市来野**　鹿児島県いちき串木野市川上から同県日置市東市来町にかけて設定された牧。
(11) **牧**　馬を放し飼いにするところ。牧場。
(12) **父馬**　種牡馬。
(13) **春山野**　鹿児島市春山町の桟敷原一帯にあった牧。
(14) **母駄**　種牝馬。

は、主居に義久様、次に平田光宗・本田親貞、客居に川上久隅殿・拙者であった。酒を一篇加えて飲み、それから恒例どおり、次の間に出仕。皆に粽を下されて退出した。

この日、殿中にて京から下向してきた蜘蛛舞(15)があった。いろいろ〈曲術〉があったが、書き載せるのは難しい。まことに貴賤ともに群集して見物。銭千疋下された。折紙(16)は猿楽などと同様のものにみえた。吉田清存を舞台に派遣された。蜘蛛舞一座の大夫が頂戴した。義久様の御座でも、供饗(17)に入った酒を一篇いただいた。不断光院（清誉芳渓）などに酒を賜られた。拙宿などに衆中が今日の祝言に来た。

この晩、敷祢殿からまた使者が来た。脇本三河掾・湯脇佐渡掾・塚脇和泉・岸本新兵衛尉であった。内容は、「玉峯を返してほしい。廻衆上山長門守が言うには、『玉峯を〝敵人〟として差し出せば、大安寺(18)と相談の上、身の安全は保証するし、相論も終わりにする。ある方（島津征久カ）にも内々に相談している』とのこと。是非とも寺家に匿われているとしても、覚兼の判断で身柄を返してください。領地などもこれまでと変わらず敷祢においたままとします」とのこと。拙者の返事は、「廻に内々に相談し、相論を終わりにするようにしたのでしょうか。それは良かったです。しかし、玉峯については、先日愚領内に参りましたが、妻子だけ引き取り、本人は寺家を頼るべきだと申して、今は南林寺にいます。ですから、私が意見することはできません。直接、使者を玉峯に送って内々

(15) **蜘蛛舞** 細い綱を渡る姿をクモに見立てていう綱渡りの一種で、室町時代から江戸時代初めにかけて流行したもの。

(16) **折紙** 進物の品物（銭の場合は額）を記した紙。

(17) **供饗** 白木の折敷の下に台をつけたもの。三方・四方。

(18) **大安寺** 廻城近くにあった曹洞宗寺院。廻城攻めで討死した島津征久の父忠将の菩提を弔うために創建。幕末に廃仏毀釈により廃寺となる。

に協議し、彼を納得させるのがいいでしょう。または、南林寺のご判断次第でしょう」と、返答した。南林寺住持からも使僧が来た。「鹿児島に来られたにもかかわらず、ご無沙汰しております。いままで、安楽の湯[19]に湯治に行っており、昨日寺に戻りました。すると、留守中に十八官に不慮の事件があり、寺を頼って走り入ってきました」とのこと。「私がよく存じている者なので、大切にしてください。敷祢などから返すよう申し入れがあっても、引き渡したりはしないでください。お心得ください」と返答した。

この朝、義久様から指示があった。「肥筑方面（肥前・筑後）からいろいろと雑説[20]が届いている。ちょうどいい機会で談合衆が集まっているので、皆でしっかり対応を協議するように。また、伊集院忠棟が鹿屋[21]に逗留している。早々に帰宅し、皆で打ち合わせて談合に専念するよう、早々に書状を送るように」とのこと。すぐに書状をしたためて、鹿屋に送った。

六日、いつものとおり出仕。福島道場[22]が、義久様に夏問い[23]にいらっしゃった。お茶と麺を進上され、義久様に見参した。

この日、琉球使僧（天王寺祖庭）に対し、本田正親・白浜重政を使者として、琉球口の取次である本田親貞の口上を伝えた。「長く無沙汰していたのは曲事であり、また、琉球からの進物が次第次第に軽微になっており、三司官[24]の書状にも判が無い。国王の勅札でさえ印判があるのに、三司官の判が無いというのは、不愉快である」と伝えた。

(19) **安楽の湯**　安楽温泉（鹿児島県霧島市牧園町宿窪田）。現在も湯治場として知られる。

(20) **雑説**　謀叛の噂。

(21) **鹿屋**　鹿児島県鹿屋市北田町の鹿屋城カ。伊集院忠棟の居城。

(22) **福島道場**　宮崎県串間市西方にあった時宗寺院昌福寺カ。

(23) **夏問い**　暑中見舞いカ。

(24) **三司官**　琉球王国の官職で三人制の役職。

この日、新納忠元の宿所に挨拶に行った。それから新納忠元と一緒に、不断光院（清誉芳渓）のところに参った。茶二斤を進上した。新納忠元と碁を二、三番打って、清誉芳渓もご覧になった。山田有信・長谷場純辰も一緒に酒など振る舞ってくれた。それから、本田親貞に無沙汰しているので参った。すぐに会ってくれて、酒で寄り合い。

この晩、市来野の駒（五月四日に義久から拝領）に湯治をさせて肩の養生をさせ、見物して楽しんだ。この夜、本田親正殿が無沙汰していると言って、やって来た。酒で参会し、夜更けまで閑談。

七日、いつものとおり出仕。雪窓院(25)住持が夏問いにいらっしゃって、義久様に見参。肥後の大野殿(26)から注進があった。「先月二十八日、豊後衆（大友勢）が筑後方面の城島(27)に攻めかかったところ、城兵が固く防戦し、豊後勢の歴々の者ども一、二百ほどが討ち取られた。このため、豊後衆は、高良山(28)に引き退いた」とのこと。また、田尻鑑種殿(29)からも同様の注進状が到来した。

この日、高城珠長に挨拶に行った。稽古連歌を一順している衆と居合わせた。拙者が酒を進上した。そうしたものを賞翫して閑談した。そこから帰る途中、伊集院久治の宿所に挨拶に行った。新納忠元らが居合わせて、いろいろともてなされた。俳諧・碁などで終日楽しんだ。

八日、伊集院道場(30)から夏問いの酒が進上された。伊集院忠棟が、夕方帰宅したということで、出仕した。天気が悪いのだが、今日、琉球からの使僧（天王寺祖庭）

(25) **雪窓院** 鹿児島県日置市伊集院町大田にあった寺院。故義久母・貴久室の菩提寺。
(26) **大野殿** 天草の大矢野種基ヵ。大矢野城（熊本県上天草市大矢野町中字城本）が居城。
(27) **城島** 福岡県久留米市城島町城島、西牟田氏の居城。
(28) **高良山** 福岡県久留米市御井町。古代以来の霊山であり、筑後国一之宮の高良大社が鎮座する。
(29) **田尻鑑種** 筑後鷹尾城（福岡県柳川市大和町鷹ノ尾）を居城とする国衆。この頃既に龍造寺氏に従属しているとみられる。
(30) **伊集院道場** 伊集院にあった時宗寺院ヵ。詳細不明。

との寄合があったとのこと。祇候しなかったので、詳しくは知らない。しかしながら、聞いた範囲で少々書き付けておく。使僧は宿舎から殿中に入られ、路次の案内者は丹生備前守、大門は開いていたが、小門より入られた。雨が降ってくるまで、白浜重政が呼ばれて、座への奏者をつとめた。雨が降っていたので、殿中の小評定所にて使僧は支度をした。立ち居振る舞いは正しいものであったとのこと。琉球の勅書を本田親貞が受け取った。対面所の押し板に置かれた。進物などは、それぞれ近づいて受け取り、義久様のお目にかけた。そして、義久様が使僧と対面した。まず、御礼のお茶が出され、その後、斎で寄り合った。（義久の）次に川上久隅・本田親貞、客居に天王寺祖庭・祁答院賀雲斎であった。点心は三番菜まで出た。いつもどおり義久様が出した酒は、使僧のお供の一人墨習が飲んだ。持参の酒をいただく時に、墨習が義久様にお酌をしたとのこと。終日、乱舞があり酒宴。琉球国王(31)からの進物注文は、焼酎蛮甕(32)二・食籠一（赤地に絵は花鳥、下台あり）・唐盤(33)一束（大小二十枚、内は白漆で緑赤に塗る、絵は花鳥で外は青漆）・紅花百斤・白糸十斤・織物三十端・絹子二十端・蚕碧糸(34)五十把・太平布(35)百端、以上である。天王寺個人からの進物は、綿織物十端・唐名香七種・唐墨二挺・方盆一枚・唐紙二百枚、以上である。

琉球からの勅書は次のようなもの。

（31）**琉球国王**　琉球国第六代国王尚永王（一五五九〜八九）。
（32）**焼酎蛮甕**　ルソン壺のような南蛮製甕に入った焼酎ヵ。
（33）**唐盤**　詳細不明。
（34）**蚕碧糸**　詳細不明。絹糸の種類ヵ。
（35）**太平布**　琉球産の麻織物。

承聞、近年如用霍去病、鏖凶奴於皐蘭、下陳搏定属猪之天下於笑中、亦不足比矣、残党帰服幕下不日乎、於此方何大慶如焉哉、仍為伸喜悦、差遣天王祖庭和尚者也、軽微之土宜録于別楮、恐惶不縷、

萬暦十二年甲申季冬廿有三日

［意訳］聞くところによると、近年（漢の武帝が）霍去病(36)を用いて匈奴を皐蘭(37)で倒したように、敵陣を下し〝猪の天下〟を笑中に帰属させたとのこと。これに満足せず、残党が（島津家の）幕下に帰服するのも近いうちでしょう。こちらとしても大変喜ばしいことであり、その気持ちを伝えるべく、天王祖庭和尚を派遣します。軽微ではありますが、お土産を別紙に記しております。

琉球三司官からの書状は次のようなもの。

態用短書令啓、承聞、両三年間征伐肥之六国、服于幕下、残党亦不全也、依之為伸喜悦之深旨、被差遣天王祖庭和尚、自今已後亦不違旧規、可被修隣好事所庶幾、曲折猶付于和尚之舌頭、不腆之方物、蚕碧糸廿五把・太平布五十端進献之、恐惶謹言、

大里

(36) **霍去病** 紀元前一四〇～紀元前一一七。前漢の武帝期に匈奴を討伐したことで知られる武将。

(37) **皐蘭** 中国蘭州市の皐蘭山。

萬暦十二年甲申季冬廿有三日　国上　在珠印
那呉

〔意訳〕お手紙をお送りします。聞くところによると、ここ二、三年の間に肥の六か国（薩隅日三か国に肥前・肥後・筑後を加えた六か国の意ヵ）を征伐して幕下に服属させ、残党も弱体しているとのこと。その喜びの深さを伝えるため、天王祖庭和尚を派遣します。今後も旧例どおりに、隣好（友好関係）を保っていくことを望んでおります。細かなことは和尚が口頭で述べます。つまらないものですが、蚕碧糸二十五把と太平布五十端をお贈りします。

右の太平布と蚕碧糸は、寄合中が五人（伊集院忠棟・平田光宗・本田親貞・島津忠長・上井覚兼）いるので、等分した。親貞が琉球口の取次なので、丹生備前守に持たせて届けてくれた。

この日、天気が悪かったので、平田増宗（ひらたますむね）殿のところに参って、終日閑談。拙者が酒を進上した。村田経宣（むらたつねのぶ）(38)から、『源氏物語』六巻の注釈を借用して読んでみた。寿信（じゅしん）(39)の自筆本なので、書き写しますと約束した。拙者は、『萬聞集』(40)を御礼に村田経宣に貸した。大喜びとのこと。

九日、いつものとおり出仕。談合でいろんなことが出た。山田有信を八代方面に召し移すようにと、義久様から命じられたので、いろいろと詫び言を申し

(38) **村田雅楽助経宣**　田代清宣の子、村田経威養子。大隅末吉地頭ヵ。その子息は三郎右衛門経昌。

(39) **寿信**　『大日本古記録』は村田運綱に比定。

(40) **萬聞集**　詳細不明。

た。しかしながら、御両殿[41]が内談した結果であり、たくさん召し移すのであり、彼一人だけではないので、是非とも（山田を）召し移すようにとの上意であった。

この日、殿中にて若衆中が稽古連歌した。次席に高城珠長・伊集院忠棟・平田増宗・喜入久正[42]・白浜重治・川上雅楽助・為阿、客居に祁答院賀雲斎・川上久辰殿・拙者・町田五郎太郎・瀧聞宗運・本田正親・村田経宣・八木昌信であった。会前は祁答院賀雲斎・三原下総守・木脇大炊助であった。発句は、賀雲斎が担当した。いろいろとおもてなしがあった。

この朝、伊集院忠棟から我々が呼び出された。客居に、新納忠元・鎌田政近・伊集院久治・柏原周防介・道正庵宗与、主居に拙者・伊集院忠棟・山田有信・関右京亮であった。いろいろともてなされた。届いた酒を皆で賞翫した。

十日、昨日、琉球使僧の天王寺が挨拶に来られたと、柏原周防介が申した。島織物三端・線香二把をいただいた。連歌に出席していると聞いて帰ったとのこと。

この日の朝もいつものとおり出仕。「御談合衆の協議もたいがい終わったのではないか。遠方の衆を召し寄せるのは、毎回大変なことであろう。もう一両日だけ祇候して、肥後方面、そのほか諸方面について細かな談合をするように」と、伊地知重秀を通じて義久様から命じられた。出仕の帰りに道正庵宗与から、「茶の湯をやるので来ませんか」と誘われたので、税所篤和殿と同心して彼の宿舎に行った。いろいろと珍しい様子であった。茶の湯が済んでから、やがて

(41) **両殿** 義久・忠平（義弘）。忠平の「名代」就任以降、二人に対する敬称として用いられる。

(42) **喜入大炊助久正** 一五五〇〜一六三二。喜入季久の弟忠道（天正二年に戦死）の養子。実父は川上久光。

帰った。

この日、殿中で談合。我々が出席した。義久様は、福昌寺の開山忌(43)に参加され、いろいろ例年のとおりであった。本田親貞がお供した。

この晩、平田光宗から招かれたので従った。鎌田政近・税所篤和なども一緒。いろいろともてなされた。皆帰ったのだが、拙者は、少し用事があるとのことで、光宗のところに留まった。本田正親殿家景と拙者領地の相論についてであった。我らが正当であるとのお考えのようであった。それにつき、本田正親が先日の決着(44)を後悔しているとのこと。そこで、二俣の所領を返上する心づもりであるとのこと。もしやこの件で拙者に考えがあるのではと思い、尋ねたとのこと。拙者の考えを申した。「この件は、本田正親と談合し、見者（検者）を立てて判断を頼み、その衆の判断に従うと決めました。そのとおりに落着しましたのに、百姓が他出したことは、容赦できないことではないでしょうか。とにかく、拙者が聞いたことは、本田正親から伝わった話ではないと思います。特に、二俣を返上するという件は、御老中が受け取るという判断をされても、拙者は納得できません。もし、二俣を返上すると申してきたならば、まずは受け取らず、私の意見を聴取していただくよう、お願いします」と申した。

十一日、看経を特におこなった。いつものとおり出仕。談合であった。山田有信の八代への召移のことは、山田自身が移ることはできない旨、数回申し上げたが、強い上意であるとのことで、「それならとにかく、ここはひとつ義久様

（43）**福昌寺の開山忌**　開山石屋真梁（一三四五～一四二三）の命日。

（44）**先日の決着**　三月二日、検者による裁定。

の意向に従います」と答えられた。詳しくは書き載せるには及ばない。

琉球の円覚寺(えんかくじ)(45)より、伊集院忠棟に対し、付け状にて申し出があった。その書面には次のようにあった。

頓首再拝、茲伸亀手呵氷硯、不顧其憚、擘朶雲一封、承聞、肥之六国如泰山之壓卵、湯武討桀紂吾会聞之、大鵬之呑大龍、昔聞之而今又聞之、九萬里之外、誰争其雄乎、塞垣草木聞威風皆偃、今也天下無敵矣、愚在遠島伝之聞之、欣々然述愚懐、至祝至祷、雖軽少之至、明燭百丁献之於殿下、宜預御披露、誠恐誠惶頓首再拝、

琉之円覚寺也

大明萬暦十有二年蜡月念五日　　宗長判

［意訳］ひび割れた手を伸ばし、凍った硯(すずり)の水をあたためて、あなたからの手紙をささげもっております。聞くところによると、肥の六か国を泰山圧卵(たいざんあつらん)(46)のように湯武(とうぶ)(47)が桀紂(けっちゅう)(48)を討罰(とうばつ)したようであったとのこと。大鵬が大龍を飲み込んだと、昔聞いたことを今また聞きました。遥遠くにおいても、誰が（島津家と）雄を争うことができましょうか。辺境の草木も（島津家の）威風を聞き、皆ひれ伏します。今や天下無敵です。私は遠島にあってこれを聞き、大喜びして私の気持ちを伝え、お祝いいたします。軽少ではありますが、明燭(めいしょく)（蝋燭）

(45) **円覚寺** 沖縄県那覇市首里当蔵町にあった臨済宗寺院。尚氏の菩提寺。太平洋戦争の沖縄戦で全て失われた。

(46) **泰山圧卵** 強い者が弱い者を圧倒することのたとえ。または、さまざまなことを苦労することなく成し遂げることのたとえ。

(47) **湯武** 殷(いん)の湯王と周の武王。ともに暗君を放伐して国を治めたとされる。

(48) **桀紂** 古代中国の夏(か)の桀王と殷の紂王。ともに暴虐な君主。転じて、暴君のこと。

百丁を殿下に献じます。よろしく御披露ください。

右の円覚寺住持は、薩州河辺（かわなべ）[49]の住僧であった。渡海して今は琉球に寄寓（きぐう）している。

この朝、出仕帰りに、皆に拙宿に同心してきてもらった。席次は、客居に伊集院久治・平田増宗・税所篤和・白浜重治殿・絮阿（じょあ）、主居に阿多忠辰殿・拙者・鎌田政近・長谷場純辰・為阿であった。心静かに酒宴。明日、稽古連歌を一順することになった。この日も殿中にて終日談合。

十二日、いつものとおり出仕。薬師如来に明け方から看経。この日の朝もいろいろと談合があった。おそらく、忠平様は六月には八代にお越しになるであろうから、その際のお供衆を家景中から出すため、五番の輪番で盛（もり）[50]をした。皆出仕から急いで帰って、お稽古連歌に出席した。席次は、川上久隅・拙者・鎌田政近・山田有信・瀧聞宗運・平田増宗殿、客居に不断光院・新納忠元・伊集院久治・佐多忠増（さたただます）[51]・喜入久正・伊地知重秀であった。平田増宗殿の調儀（ちょうぎ）[52]でおこなった。非時食（ひじじき）[53]をいただいた時、瀧聞宗運・佐多忠増・喜入久正・伊地知重秀は、〈影でおこなわれた〉[54]。ほかの方々は座に居られた。義久様から琉球焼酎がそれぞれに下された。珍しい酒なので、ありがたいと申し上げて賞翫した。

十三日、いつものとおり出仕。この日の朝もいろいろと談合があった。天草のことなどであった。談合衆は皆、この日にお暇を下された。肝付兼寛（きもつきかねひろ）から、し

(49) **薩州河辺**　鹿児島県南九州市川辺町。
(50) **盛**　番編成。
(51) **佐多宮内少輔忠増**　一五六二〜一六四一。薩摩百次（鹿児島県薩摩川内市百次町）地頭。
(52) **調儀**　この場合、準備・用意の意味カ。
(53) **非時食**　正午過ぎから翌朝までの食事。
(54) **影でおこなわれた**　隠れて食べたということカ。

きりに拙者に所用があるので来るよう誘われていたので、加治木に向けて出船。佐多忠増殿・存長坊が加治木まで同心すると言って伴った。白浜にこっそり船を着けて、いろいろともてなされた。それから、加治木に順風が吹いたので、たやすく着岸した。船本まで、兼寛殿から使者が来た。隈本治部少輔であった。すぐに参るようにとのことなので、その使いに連れられて城(55)に登った。茶の湯でもてなされた。拙者・佐多・亭主の三人の座であった。珍しい様子であった。その後、八畳敷きの座にて拙者が持参した酒を賞翫。また、拙者同心の衆にも酒を振る舞った。この夜、肝付蔵人殿のところを宿とした。

十四日、早朝、肝付兼篤殿(56)が酒を持参してきた。お目にかかって賞翫した。あわせて、中之坊という者からも酒をいただいた。これまたすぐに賞翫した。蔵人殿がこの日の朝、いろいろともてなしてくれた。兼寛は、夕方にだいたい訳を話してくれた。今、特に気分が悪く、起きることすらままならないとのこと。そこで、無沙汰していると隈元淡路守を通じて説明があった。もてなされた後、宮内(57)に向けて打ち立った。未刻（午後二時頃）、浜之市(58)に着船。しばらく小宿で休んだ。別当(59)が聞きつけて、酒を持参。すぐに見参し、賞翫した。それから桑幡殿(60)のところに参った。まず三献はいつものとおり。いろいろともてなされた。拙者が持参の酒など賞翫された。大円坊(61)などやって来て、物語した。

十五日、早朝から看経などいつものとおり。正高寺(62)が食籠肴で酒を持ってきた。すぐに見参して賞翫。留守殿(63)が酒・肴を持ってきて挨拶。これも同じように対応。

(55) **城**　加治木城（鹿児島県姶良市加治木町反土）。
(56) **肝付小五郎兼篤**　一五六二〜一六〇九。肝付兼盛二男、兼寛弟。慶長四年（一五九九）、庄内の乱で失脚した兼寛養子兼三に代わって家督を継承。
(57) **宮内**　正八幡宮、現在の鹿児島神宮門前。
(58) **浜之市**　鹿児島県霧島市隼人町真孝。
(59) **別当**　湊もしくは町の有力者・管理人。
(60) **桑幡殿**　大隅正八幡宮四社家の一つ桑幡氏の当主道隆カ。
(61) **大円坊**　大隅正八幡宮別当寺弥勒院の僧侶カ。
(62) **正高寺**　鹿児島県霧島市隼人町内山田にあった真言宗寺院。貞和四年（一三四八）の開基で、正八幡宮の本地所であった。
(63) **留守殿**　留守式部大輔藤景（？〜一五九〇）カ。大隅正八幡宮四社家の一つ留守氏の当主。

政所殿(64)に挨拶。酒を持参。大円坊から招かれたので、行った。中紙を持参。いろいろともてなされた。めしが済んでから茶の湯。養邏のお手前であった。それから直接出立した。桑幡殿父子が見送ってくれた。犬飼の滝(65)近くを通るので、立ち寄って見物。今日は晴天だったが、これまでの雨で水が増えており、白糸が繰り乱れているようで、言葉に表すことができないほどであり、あまりのことに、

曇なく日かげうつろふ晴間にも　さみだれ増る瀧の白糸

〔曇りが無く、日の光が移ろう晴れ間ではあるが、五月雨で水量が増して白糸のように流れる瀧である〕

このように詠んで楽しんだ。犬飼の村にて夫丸(66)をすべて先に行かせたので、「早々に通過しましたか」と里人に尋ねさせたところ、まだ夫丸は通過していないとのこと。さては別の道を行ったのだろうか、我々はこの村で休憩した。来た道を戻らせて事情を聞くため、一両人派遣した。酉刻（午後六時頃）まで無駄に待っていたが、ちょうど里の犬が吠えた時、あとからやって来たのだろうと喜び合い、

をくれつる友待方に一声を　聞もうれしき犬飼の里

〔遅れている友を待つことに耐えられずにいると、犬の鳴き声が聞こえてきて、その一声を聞くのも嬉しく感じる犬飼の里である〕

このように詠んで喜んだが、来たのはまったく知らない通行人であった。彼

(64) **政所殿**　詳細不明。四社家の残り、沢氏か最勝寺氏ヵ。

(65) **犬飼の滝**　鹿児島県霧島市牧園町下中津川に現存する滝。

(66) **夫丸**　荷物運びの人夫。

に尋ねたところ、「別道がたくさんあるので、横川に行く道だろう」などと答えた。そういうことなら、このまま適当な宿も無いと思っていたところ、本田正親殿の仮屋がこの川上にあるとのことなので、そのあたりまで行って泊まった。来た道に夫丸を探しに派遣した者たちも戻って来なかった。もちろん、夫丸たちも来なかったので、何も無い状態であることは言うまでもない。柏原周防介・関右京亮を同道して、なかなか物笑いが止むことがなかった。いろいろと戯れ言のついでに、

　家にてハけ(笥)に盛飯を草枕 旅にしあれバ椎のは(葉)にもる(盛)

〔家では笥（食器）に盛る飯であるが、草を枕にする旅の途中なので、椎の葉に飯を盛るのだ〕

など古歌(67)にもあるので、昔も旅行はさびしいものだったのだろう、などと申して、ひと笑いしたところ、「それは椎の葉に盛る物があればこそ歌を詠まれたのであろう。今夜は椎の葉も松の葉も必要そうにない」と言って、疲れた者同士、慰め合った。おかしさのあまり、

　椎の葉にもるといひこしいにしへを 羨ほどの草枕かな

〔「椎の葉に盛る」と飯を詠んだ昔のことを羨ましいと思うほどの、今回の私の旅である（椎の葉に盛る飯すら無い）〕

などと戯れて楽しんでいたところ、悴者のうちに、「能因法師(68)の五文字(69)を売っている人がいたので買いました。無駄な楽しみのために」と申す者がいた。驚

(67) **古歌** 「万葉集」巻二に収録された有間皇子（六四〇～六五八）の歌。謀反の疑いをかけられた有間皇子が護送の旅の途次、詠んだ歌とされる。

(68) **能因法師** 九八八～一〇五〇。平安中期の僧侶・歌人。

(69) **五文字** 和歌・俳諧・連歌などで、五音から成っている句。

いて、さて、どの歌を買ったのかと聞いたところ、「色かへぬ竹の葉」と答えて、持参してきたものを見たところ、濁り酒であり、言葉に表すことができないほど面白かった。皆で寄り合って賞翫した。そこで、

飛鳥川渕よりふかきなさけだに　せにかハりぬる事ぞ悲き

〔飛鳥川の淵（深い所）よりも深いはずの人情でさえ瀬（浅瀬）に変わってしまうように、扶持よりも深いはずの人情が銭に変わってしまったことが悲しい〕

このように雑談して寝てしまった。

十六日、雨がよく降った。夫丸は未だ来たらず、冬のような状況で外にも出ず、休んでいた。宿のあたりにあった庵室に行って、閑談でもしようかとしていたところ、人足ども(70)は、昨日、栗野(71)まで行っていたらしく、地下の案内者を付けて、蓑・笠など持ってきてくれた。それから皆で喜び合って、栗野に向けて出立した。別当のところに宿を取った。亭主が酒など振る舞ってくれた。

十七日、早朝に出立した。ちょうどその時、雨がかなり強く降っていたので、「雲老樹を埋空山」(72)などと思い出していたところ、杜鵑が軒近くで鳴いて、香山舘(73)に一宿しているのかなと疑うほどであった。この風景にまた会いたいなと思い、

又爰にかへらバしかじ郭公

〔またここに帰って来るに越したことはないだろう、ホトトギスよ（ホトトギスの異名「不如帰」を踏まえたもの）〕

(70) **人足**　荷物の運搬など、力仕事に従事している人。

(71) **栗野**　鹿児島県姶良郡湧水町旧栗野町域。地頭は川上忠智。

(72) **雲老樹を埋空山**　中唐の詩人・竇常の漢詩。「雲は老樹を埋〈うず〉む空山の裏〈うち〉」。

(73) **香山舘**　前出の漢詩が詠まれた場所、中国河南省洛陽市の南、竜門山の東にある山の旅館。「香山館に子規〈ホトトギス〉を聴く」。

と詠んで、伴った衆に物語して楽しんだ。急いだので、未刻（午後二時頃）、飯野に到着。すぐに有川貞真殿（忠平老中）に参上した旨、上井里兼(74)に頼んで伝えてもらった。やがて忠平様に披露するとのことであった。忠平様から、「祗候したとのこと、ありがたく思う」と、土持外記殿を使者として連絡があった。忝いと申し上げた。

この晩、忠平様のもとに罷り出て、すぐにお目にかかった。持参した太刀と馬を進上した。本田親商殿(75)が奏者であった。やがて寄合となった。（忠平の）次に山田有信(76)、客居に拙者・有川貞真であった。いろいろと丁寧な対応であった。御曹司ご兄弟(77)（久保・忠恒）にお目にかかったので、又一郎久保殿に太刀・銭二百疋を進上した。又八郎忠恒殿へ太刀・銭百疋を進覧した。拙者が折り肴とともに樽酒を進上して、ご賞翫いただき、拙者がお酌をした。久保殿からお酌していただき、盃を拙者が頂戴した。宮崎衆中十人ほどが同心した。この衆中からということで、太刀・銭千疋を進上した。皆呼ばれて酒を賜った。有川貞真が拙宿に挨拶に来た。この日到着したということで、まず弟上井秀秋がいろいろともてなしてくれた。白坂彦左衛門尉殿・上之原伊賀守殿など相伴して酒宴。

十八日、夜中から観音に特に念誦した。白坂彦左衛門尉殿を通じて弟秀秋に対し、忠平様から仰せがあった。「覚兼の宿所に挨拶に行くので、今日急いで宮崎に帰るのならば、早々に伺いたい」とのこと。拙者が対応に出て、「ご挨拶に来ていただけるのでしょうか。忝く存じます。しかしながら、天気も悪いの

(74) **上井神五郎里兼**　一五六六～一六三一、この年二十歳。覚兼弟秀秋の嫡男。

(75) **本田源右衛門尉親商**　？～一六〇五。忠平側近。

(76) **山田越前守有信**　これ以前、日記では山田新介と表記されていたが、越前守となっている。八代周辺への移封が決まったと同時に官途を義久から与えられた模様。

(77) **御曹司ご兄弟**　又一郎久保（一五七三～九三）・又八郎忠恒（のちの家久、一五七六～一六三八）。

でこちらから祇候して、忝い旨申し上げます。こちらにお越しになるのはおやめください」と申した。すると、御使者は、「とにかく、祝言の御礼をしたい」としきりに申した。それなら、「お越しいただけることは外聞としてもありがたいことです。もっとも、途中までお出迎えして忝い旨申し上げ、三献を上げたいと、内々に申請してほしい」と使者に依頼した。次に（忠平に対し）、白坂殿から内々に申し上げたのは、「昨日、だいたい祝言は申し上げましたが、義久様の御名代に決まりました。以前から弟秀秋をご重用いただいておりますし、特に忠平様を〝太守様〟として二心なく頼りにしてまいります。この件は拙者ひとりの大慶にとどまるものではありません。今後は、秀秋と同様に、拙者にもろもろのこととお命じ下されば、ありがたく存じます。追って、拙者の気持ちは起請文で申し上げるつもりです。『あなた（覚兼）のことも見放すことはない』と、有川貞真から上意として承ったので、詳しく深々と申し上げます。追って別紙で書き置くつもりです」と。忠平様からのご返事には、「昨日祝言を申し上げた際、（義久から）仰せを蒙りました。このたび鹿児島に参上した際、名代への就任を強く依頼され、何度もご遠慮申し上げましたが、上意を無視することはできないと思いました。その上、下々の者は、『このように御名代をお決めになると、義久の実子が生まれたりするのではないか』と申す者もいる。もしそういうことになれば、一段と喜んでご奉公するだけのことと考え、まずは義久様のお考えに従いました。上井秀秋をこちらに召し置いているので、あなたが特に内々の意向を聞いていただけるとのこと、遠方でもあり、こちらが引き止めて申し上げたところ、ご返事いただきました。そして、お覚悟のほどを詳しく深長に言っていただき、大慶至極であります。神文を追っていただけるのでしょうか、その時は自分の気持ちも詳しくご返事いたします」とのこと。上意の詳細は、これも別紙に書き載せるつもりである。飯野衆の多くから酒をいただいた。銘々と会って、賞翫した。

この日、午刻（午後十二時頃）、忠平様が拙宿にお越しになった。小路まで出迎えてお供した。まず、三献はいつものとおり。本田親商・上井里兼が配膳をした。太刀・銭百疋を進上した。忠平様の盃を拙者が頂戴した。その後の席次は、（忠平の）次に山田有信・敷祢越中守、客居に拙者・大田尾張守・有川貞真であった。拙者が亭主だからと言って、何度も遠慮申し上げたのだが、忠平様の上意であり、あまりに（やりとりが）長くなったので、ご意向に従い客居の上位に座った。おもてなしは、料理など旅の途中だったので粗末なものであり、三目までお出しした。忠平様はご機嫌よく、酒などお褒めいただき、ご賞翫いただいた。点心の時、上井秀秋・柏原周防介が座に呼ばれて、酒宴となり乱舞。拙者はお酌の時に刀を進上した。山田有信が披露した。やがて、忠平様のお酌で盃を頂戴した。それからまた拙者がお酌をして、皆に酒が下された。終日酒宴。お帰りになる際にお供し、御館(78)まで祗候し、見参した。このたび鹿児島から直接飯野に参上したこと、ひときわうれしかったとのことであった。

（78）**御館** 飯野城内（宮崎県えびの市原田）の屋形ヵ。

十九日、今朝も飯野衆から酒をいただいた。皆に見参し賞翫した。有川貞真が、茶の湯でおもてなしするので来るようにとのことなので、従った。白坂彦左衛門尉と拙者であった。いろいろと珍しい物が出た。酒を二篇いただいた。一篇は拙者が持参の酒であった。その後はいつもどおりのお茶であった。お茶は「別義（べつぎ）」であった。お手前は有川貞真で、薄茶（うすちゃ）であった。やがて退出した。また、上井秀秋殿のところで、天気が悪くなったので雨支度をしていたところ、有川貞真が暇乞いにやって来た。白坂彦左衛門尉も一緒であった。忠平様から本田親商殿を使者として、「このたび鹿児島から直接こちらに参上したこと、大変うれしく思う。特に昨日は旅宿にていろいろと馳走になり、ありがたく思う。御礼として馬を下す」とのことで、拝領した。忝い旨、本田親商まで申し上げた。また、今朝有川殿と面談し、忠平様に対し白坂彦左衛門尉を通じて内々に申し上げた。内容は、「忠平様から深々しく仰っていただき、こうしたことになったのですが、このように仰っていただいたこと、本当に大事に思います。一身にかけて、特に今後はご相談ください」と申し上げた。

この日、飯野を出立し、野尻（のじり）(79)に泊まった。別当所（べっとうしょ）に宿を取った。到着すると、別当が酒を振る舞ってくれた。

二十日、野尻町を早朝に出立した。洪水のため道路を迂回したので、ようやく晩になって宮崎に到着した。

二十一日、衆中などが帰宅したというのでやって来た。酒・肴などくれた人も

(79) **野尻**　宮崎県小林市野尻町。

いる。賞翫した。

二十二日、この日も衆中・寺家衆らがやって来た。こちらで風呂を焼いて、城内の衆中や拙者忰者と寄り合い、風呂に入って楽しんだ。酒を振る舞った。終日、碁・将棋・茶の湯・酒宴などで楽しんで、閑談。

二十三日、早朝、〈馬誘〉[80]をさせて見物して楽しんだ。金剛寺がいらっしゃって、茶の湯・酒などで物語した。島津氏久様[81]がお作りになられた馬書十八ヶ条[82]をちょうど書写していた。しっかり跋文[83]があったので、そうしたことについて、詳しく解読していただいた。

この日も終日、若衆たちがやって来て、碁・将棋・茶の湯などをやった。戦記など皆に読み聞かせた。海蔵坊・関治部少輔が二人とも酒を持参してきた。閑談した。

二十四日、早朝に起きて、勝軍地蔵[84]の看経など特に精を込めてやった。この日も終日、若衆たちと碁・将棋・双六などをやった。水流の普請[85]なども命じた。吉利忠澄殿から、その後無沙汰していると言って、使者が来た。南林寺の材木のこと。佐土原と雑務[86]があり、相応に返答しておいた。

二十五日、早朝、天神に読経した。馬書を今日、書写し終えたので、表紙を懸けさせて見物した。野村丹後守が酒・肴を持参してきた。皆で会い、賞翫。

二十六日、有川貞真殿から書状が到来。「先日、突然いらっしゃいまして、お疲れ様でした。とりたてておもてなしもできませんでした」とのこと。次に、

(80) **馬誘** 馬の調教カ。
(81) **島津氏久** 奥州家初代当主、一三二八～八七。
(82) **馬書十八ヶ条** 馬術書『在轡集』。
(83) **跋文** 書物の終わりに書き添える文章。
(84) **勝軍地蔵** 一説に、坂上田村麻呂が東征の時、戦勝を祈って作ったことから起こったという地蔵菩薩。鎧、兜をつけ、右手に錫杖を、左手に如意宝珠をもち、軍馬にまたがっている。
(85) **水流の普請** 排水施設の工事カ。
(86) **雑務** 雑務沙汰、争論。

「奈須左近将監は、(87)御鷹(88)について、鹿児島（義久）から扶持されています。宮崎のなかにも所領があるので、問題なく知行できるよう申しつけるように」とのこと。この日も終日、若衆中と碁・将棋などで楽しんだ。

二十七日、こちらの風呂で淋汗(89)を楽しんだ。長野淡路守・山本備前掾・重信源太左衛門尉、風呂焼のためいろいろ奔走してくれた。碁・将棋・双六など。

この晩、ここ（宮崎城）の庭にて蹴鞠をした。鹿児島寄合中から書状が到来。先日談合したように、八代番手につき、御家景中の五番交替の盛（編成）が完了した。そこで、一番衆を来月中に出発させることに決まった。次に、肥後方面からも連絡があり、「一番衆は必ず来月十日頃に出発するよう命じてほしい」とのこと。あわせて、「（足利義昭からの）上使二人（柳沢元政・ほか一名）が下向してきたので、所々に京都反銭(90)を一反につき十銭ずつ賦課するので、早々に命じて調進（納入）するように」とのこと。

二十八日、早朝から看経をやった。特に荒神への祈念をもっぱらおこなった。八代への番立と反銭賦課について所々に申し渡した。佐土原には、長野殿(91)まで勝目但馬掾を使者として伝えた。高城・財部には、大井宮内左衛門尉を使者として伝えた。曽井には丸田左近允にて伝えた。清武には、丸田に書状を持たせて、伝言を曽井に依頼した。本庄・木脇には山下急介（弓）にて伝えた。綾には存覚にて伝えた。野尻・紙屋には洪水で行けないので、綾に書状で伝言を依頼した。反銭賦課だけの連絡は、穆佐・蔵岡・飯田には、野村甚介にて伝えた。

(87) **奈須左近将監**　那須左近将監カ。椎葉山（宮崎県東臼杵郡椎葉村一帯）の領主カ。
(88) **御鷹**　島津義久御用の「鷹」の意カ。
(89) **淋汗**　夏風呂。
(90) **京都反銭**　京都（幕府）からの命令による段銭。一反あたり○○銭という形で、面積に応じて一律に課した臨時税。
(91) **長野殿**　島津家久家臣長野下総守カ。

細江[92]・長峰[93]には山内采女佑にて伝えた。長峰には、八代への番手のことも伝えた。三城・守永[94]には、福富権五左衛門尉を使者として、吉利忠澄殿に伝えた。都於郡には良泉坊にて伝えた。富田[95]・穂北には、大塚右近将曹にて伝えた。田野には、松山七左衛門尉にて伝えた。

満願寺がいらっしゃったので、茶の湯でもてなした。閑談した。所々に派遣した使衆が皆帰ってきた。皆同様に承知したとのこと。佐土原からは、反銭については鹿児島にて免除してもらったとのこと。また、番立のことは、去年高瀬[96]への番衆をその後も残しておいたので、一番を担当するのは難しいと思うのだが、命令に逆らってまで辞退することはないとのこと。使者が聞いたところでは、遅れて出発するつもりのようだ、と語ってくれた。

この晩、こちらの庭にて蹴鞠。

二十九日、いつものとおり。この晩、西方院の庭にて、蹴鞠。それが済んで、いろいろと振る舞われた。風呂などで楽しんだ。

晦日（三十日）、いつものとおり。

【解説】

覚兼の病が続いており、二日と三日に許三官の診察を受けている。二日には足利義昭の上使柳沢元政が、毛利輝元の使者五戒坊とともに帰国の途に就く。鹿児島滞在中の柳沢が索（縄）をなっていたところを目撃されて

(92) **細江** 宮崎市大字細江。地頭不設置であるが、覚兼の管轄下だった模様。
(93) **長峰** 宮崎市大字長嶺。地頭不設置であるが、覚兼の管轄下だった模様。
(94) **守永** 宮崎県東諸県郡国富町大字森永。
(95) **富田** 宮崎県児湯郡新富町富田。
(96) **高瀬** 熊本県玉名市。

おり、「商売人のようだ」と陰口をたたかれている。覚兼はそれをたしなめたが、他国への使者を務めるような人物ではないと酷評している。

三日、大きな事件が発覚する。覚兼が敷根に立ち寄るたびに酒を酌み交わしていた十八官（董玉峯）が、大隅清水領主島津征久（のちの以久）家臣と口論になり、その家臣が殺害されるに至った。十八官は妻子とともに覚兼領白浜に逃れて覚兼に庇護を求めたようである。覚兼の舅敷祢休世斎は、十八官を引き渡すよう求めたが、覚兼は密かに十八官を南林寺に逃がし、妻子を保護したようである。敷祢氏の使者に対して覚兼は、行方は知らないとシラを切っている。南林寺は客殿造営の責任者を覚兼が務めており、顔が効いたのだろう。五日、安楽温泉での湯治から戻った南林寺住持に対して、敷祢氏から引き渡しを要請されても決して渡さないよう求めている。敷祢氏は、島津征久との「平均」（つりあい）を十八官を引き渡すことで取ろうとしていた。こうした双方の損害に、つりあいを取ろうとする考え・習慣を、清水克行氏は「中世の人々の衡平感覚や相殺主義」と呼んでいる（『喧嘩両成敗の誕生』講談社、二〇〇六年）。覚兼は老中であるものの、征久との関係悪化は避けたかったはずであるが、十八官を庇っている。覚兼と十八官の固い友情を読み取ることもできるが、助けを求められたらどんなリスクを負ってもこれを守るのが、「外聞」・「自他国の覚」（評判）という島津家中でもっとも重視される価値観に関わる問題だったからだろう。

六日、琉球王国からの使僧天王寺祖庭に対して、島津家への使者派遣が遅れたこと、進物が次第に軽微になっていること、三司官の書状に判（花押）が無いことなどを詰問している。この琉球からの使者は、前年（萬暦十二年）十二月二十三日付の尚永王の「勅書」（八日条に全文掲載）と、同日付の鹿児島奉行中（老中）宛て琉球国三司官書状（『旧記雑録後編』一―一四六六号、八日条にも全文掲載）を持参し、これ以前に鹿児島入りしたようである。この書状は島津家の「肥之六国」制圧を祝うものであった。

七日には、肥後から筑後情勢が伝わっており、先月二十八日に大友勢が城島（福岡県久留米市城島町）を攻撃したものの撃退され、高良山に撤退したという。

八日には琉球使節の義久への見参があったが、覚兼は出仕しておらず、伝聞で式次第を記し、この時、使者がもたらした書状二点の写しを書き載せている。

九日、前月二十一日に義久から諮問を受けた地頭召移の対象に高城地頭山田有信が含まれていることがわかり、覚兼は難色を示したが却下されている。ただ、山田の肥後移封は実現していない。

十日の重臣談合の後、平田光宗に呼ばれた覚兼は、境相論で住人が退出（逃散）した二俣の領主本田正親が、二俣の返上を申し出ていることを聞かされ、反論している。

十一日には、琉球使節がついでに持参した、前年十二月二十五日付の伊集院忠棟宛て円覚寺宗長書状を書き載せている。宗長は元々薩摩国川辺の僧侶だったが、琉球尚家の菩提寺円覚寺住持となっていたようである。

十三日、談合衆に暇が出され、覚兼は船で加治木の肝付兼寛のもとを訪れている。翌十四日には大隅正八幡宮社家の桑幡氏館に泊まり、十五日には犬飼の滝（霧島市牧園町下中津川、妙見温泉の奥に現存）を見学するも、荷物を持った従者とはぐれてしまい、荷物も食料も無いまま横川に泊まり、十六日、ようやく栗野で従者と合流している。

十七日に島津忠平の本拠飯野にたどりついた覚兼は、元服した又八郎忠恒（のちの薩摩藩初代藩主家久）に進物を贈り、翌十八日、忠平と面会して「名代」就任を祝うとともに、今後忠平を「太守」と見なして忠誠を尽くすことを言上し、起請文提出を約束している。この時、忠平と取り交わした起請文の写しは、東京大学史料編纂所所蔵「諏訪家文書」に収録されている。

二十日に宮崎城に帰着した覚兼は、二十三日に島津氏久が著した馬書十八ヶ条を書写している。これは、『在轡集』と呼ばれる書で、東京大学史料編纂所所蔵島津家文書の「川上家犬追物伝書」に含まれている。

鹿児島での談合で、島津忠平が在城することになった八代古麓城に、島津家中が五番編成で交替在番することが決まったようであり、二十七日、その番編成が鹿児島から届いている。覚兼は一番衆に入ったようである。

天正十三年（一五八五）

六月条

一日、看経などいつものとおり。衆中が皆やって来たので参会した。恒例の氷[1]であった。明日、月次連歌[2]を愚亭にて始めるとの談合をして、一順・再篇など拙宿でおこなった。

この日、谷山志摩介を鹿児島に使者として派遣した。伝達内容は、「八代への番衆派遣のこと。先日のお手紙に従い、所々に申し渡しました。あわせて、拙者も宮崎衆と同心して出発すべきところですが、前日になって体調が良くなく、今に至ってもくたびれて良くなっておりません。炎天の時期でもあり、歩行も困難です。しかし、気分は寝込むほどではありません。体調不良を押して出発しないわけにはいかないという状況でもないので、出立を延期させていただければありがたいです。ついては、宮崎衆や拙者が率いるべき人衆についても、いずれ私が出立する時に連れて行くべきでしょうか、それとも、こちらで名代を立てて出発させるべきでしょうか。これも、ご指示に従います」と伝えた。この晩、蹴鞠などやった。

二日、早朝から連衆が揃った。席次は、主居に満願寺・大門坊・拙者・長野淡路守・敷祢又十郎・上井兼成（覚兼叔父）、客居に西方院・大乗坊・柏原周防

（1）**氷**　氷の朔日、旧暦六月一日のこと。古来、氷室を開いた日。一部の地域では、あられ、炒り豆、正月についた餅などを食べて、この日を祝う行事が残っている。

（2）**月次連歌**　月ごとに催される和歌や連歌・俳諧などの会合。

介・宗賢・鎌田兼政（覚兼実弟）・野村大炊兵衛尉・島原四郎兵衛尉であった。発句は、月次の初めなので、お祝いとして拙者が担当した。

　詠あかし八千世もさゞれ石の竹

〔連歌を詠んで夜を明かし、細石（小石）が巌（大きな岩）となって苔が生えるほどの長い歳月も、石竹の花が咲いてほしいと思う〕

遠慮したのだが、しきりに皆に勧められたので、お祝いということで詠んだ。連歌が済んで酒宴。

　この日、平田宗応殿(3)が久しく無沙汰していると言って来られた。拙者が出て酒で参会した。酒を持参しており、これも賞翫した。

三日、毘沙門に特に読経した。拙宿の風呂で淋汗。鎌田兼政が準備。いろいろと馳走した。皆集まって、盤之上(4)・茶の湯などで閑談。

四日、いつものとおり。この晩、渋屋大夫(5)が下向してきた。佐土原から当所（宮崎にやって来た。今夜会おうかと思っていたが、おそらく道中くたびれているだろうから、明日見参すると使者を遣わして伝えた。あわせて、調儀(6)など持たせた。忝いとの返事があった。

五日、いつものとおり。渋屋大夫を呼び寄せた。先年からたびたび下向していた桂も一緒であった。これも一緒に呼び寄せた。すぐに見参した。松右衛門尉(7)が弓懸けを一具くれた。御姫から扇子をもらった。脇大夫(8)・小鼓・太鼓打ちなどが随身していた。もちろん、与吉も一緒であった。いろいろともてなした。

(3) **平田狩野介宗応**　一五五六〜一六〇〇。日向木脇（宮崎県東諸県郡国富町木脇）地頭。慶長五年（一六〇〇）九月十五日、関ヶ原にて討死。

(4) **盤之上**　ボードゲーム。碁・将棋・双六など。

(5) **渋屋大夫**　京都の手猿楽系能役者、渋谷与吉郎（常庵）に比定されている（林和利「『上井覚兼日記』能・狂言関係記事一覧」『芸能文化史』八、一九八七年）。

(6) **調儀**　この場合、ご祝儀ヵ。

(7) **弓懸け**　革製の手袋状のもので、右手にはめ、弦から右手親指を保護する弓を引くための道具。

(8) **脇大夫**　能楽で、ワキを演ずる役者。

酒の時に唄など歌ってくれた。そこで、松右衛門尉父子に銭二百疋ずつ与えた。同心衆四人には銭百疋ずつ与えた。御姫には織筋一を与えた。御姫も父子で来ており、その娘には〈かたひら〉(9)を与えた。この日、皆、内海(10)まで急ぐというので、送達を申しつけたところ、突然大雨が降ってきたので、この日は留めた。

六日、渋屋大夫を内海に向けて送った。この日、海江田に行った。木花(11)にて、あまりの炎天で難儀したので、木花寺へ参詣してしばらく休んだ。いろいろともてなされた。それから、沈酔してしまったので、蘊山寺に参詣して、この夜は泊まった。厩に二階があり、「いっそう涼しいところなのでこちらにどうぞ」とのことだったので、その座で休んだ。門田(12)に懸けられた二階だったので、時々、稲の葉の音がして、秋風が近づいている様子が、言葉に表せないほど良かった。そこで、宗賢が同心していたので、あまりのことに、

　忍あへず門田にかよふ秋風の　そよめき登る楼の上かな

〔こらえきれずに寺の近くの田へと秋風が通っている。その秋風の音がそよそよとこの建物の二階にも聞こえてくる〕

このように詠んで楽しんだ。また、端近くの枕を動かすような涼しい風が吹いてきたので、

　近しとや枕うごかす（動）あき（秋）の風

〔秋の訪れが近いということだろうか。枕を動かすように風が涼しく吹いている〕

(9) **かたひら**　帷子カ。夏に着る、生絹や麻布で仕立てた単衣。

(10) **内海**　宮崎市内海。折生迫の南。

(11) **木花**　宮崎市木花地区。宮崎市熊野周辺。

(12) **門田**　屋敷（この場合は寺）周辺、特に門の前にある田。

このように宗賢に話しながら、夜を明かした。

七日、早朝に紫波洲崎城に参った。恭安斎様がいろいろともてなしてくれた。拙者も酒を進上し、ご賞翫いただいた。

　この日、碁・将棋などで楽しんだ。この春、馬追の時期に鹿児島に長々と逗留していたので、馬追ができず、いままで遅れていた。そこで、明日馬追をするよう申しつけた。笠[13]の普請なども準備させた。

八日、薬師に特に看経した。雨がひどく降ったので、今日の馬追は中止した。谷山志摩介が鹿児島から夕方帰ってきたというので、面会した。義久様からのご返事は、「八代在番についての申し立てを聞いた。先日来の体調不良が今も良くないのだろうか。番には出立せず、しっかり療養することが大事である。それなら、宮崎衆や覚兼配下の衆は、いつになろうと覚兼が出立する際に連れて行くのがいいだろう。忠平が八代に急ぎ出発するであろうから、お供のためと命じていたのだが、療養中ならいたしかたない。また、大乗坊（住吉社宮司）を豊後（大友氏）に使僧として派遣するよう命じる。また、平田宗応の子息に、〈御頭殿[14]〉を命じるように」とのこと。二件の命令はすぐに伝達した。

九日、いつものとおり。この日、中城（覚兼祖母）にくさが振り付いた。

十日、いつものとおり。

十一日、宮崎から柏原殿・長野殿・野村大炊兵衛尉・鎌田兼政・上井兼成がやって来た。青島[15]に同船して終日楽しんだ。水練[16]などさせて見物。また時々、盤之

(13) **笠**　牛馬などを入れておく囲い。

(14) **御頭殿**　鹿児島諏訪社の頭役での役割の一つカ。

(15) **青島**　青島神社の鎮座地。

(16) **水練**　遊泳の術。

上など。この日、弥阿弥が[17]、佐土原での仕事が済み、拙者の屏風絵を頼まれていたので、宮崎に来る旨連絡があった。

十二日、早朝から馬追に登った。様子は例年どおりで、駒一疋を取った。宮崎衆なども馬を取ってから、網を引かせた。魚など桟敷に持ってきて、皆で揃って賞翫。いろんな人が樽酒を持参してきて、終日楽しんだ。この晩、取ってきた馬に乗らせて見物。この馬は蕪山寺に預けたいとのことなので、預けることにした。

十三日、御崎寺[18]から招かれたので、早朝に参上した。宮崎衆も同心した。斎を振る舞われた。いろいろともてなされた。盤之上などで遊んだ。御崎寺がちょうど面白い場所に風呂を建てていた。焼いてもらったので、そこに行って入ってみた。その風呂の場所は水辺にあり、その時のもてなしは言葉に表せないほど良かった。そこでも宗賢などは碁を打っており、酒宴となった。

この晩、祖母中之城が皆に振る舞いたいとのことだったので、参上した。いろいろともてなしていただいた。中之城は、くさが振り付いたようであり、いつもどおりのお出ましはなかった。

十四日、上井神九郎（覚兼末弟）殿が我々に振る舞ってくれた。いろいろともてなしてくれた。

この晩、皆同心して宮崎に向けて帰るつもりであったが、皆沈酔してしまったので、円福寺[19]に参詣して一宿。円福寺が『無門関』[20]を読み聞かせてくれた。

(17) **弥阿弥**　田中国明。細工職人。

(18) **御崎寺**　現在の日之御崎観音寺（宮崎市折生迫）。

(19) **円福寺**　加江田に所在した寺院。

(20) **無門関**　南宋臨済宗楊岐派の禅僧無門慧開（一一八三～一二六〇）によって著された公案集。「公案」とは、禅宗において修行者が悟りを開くための課題として与えられる問題のこと。

振る舞いもいろいろとあった。終夜、雑談。

十五日、円福寺から斎を下された。いろいろとご馳走していただいた。それが済んで、出発して帰ろうとしたところ、若い連中が、川で遊びましょうと言うので、いろんな網など持ってきて、みんなで漁人(21)となった。それから、魚筌(22)があるのも忘れて酒宴。桟敷など構えたので、しばらく楽しんだ。すると、家久公から上原宮内少輔・高崎兵部少輔(23)を使者として連絡があった。「その後ご無沙汰しています。ここはひとつ、合戦の方針について談合をしたいと思います。吉利忠澄殿とも長くご無沙汰であり、豊州口は忠澄が境目の地頭なので、談合に参加させないわけにはいかない。そこで、忠澄のところに、来る十七日に参るつもりである。あなたもそちらに来ていただきたい。そのついでに談合をしたい」。（これに対し）「とにかくお考え次第です」とご返事しておいた。桟敷にて家久公からの両使に対しても酒を出した。それから出立して、宮崎に帰着した。

　この朝、上井兼成を忠平様のもとに派遣した。使いの趣旨は、「先日拙者が参上した際、今後忠平様へひたすらご奉公することに間違いない旨、内々に申し上げました。そして、吉日になり次第、起請文にて申し上げる旨、申し入れました。そこで、その起請文をお送りします。あわせて、このたび八代へお供するよう鹿児島から命じられましたが、体調不良のためそれができません」と弁明した。

十六日、私が戻ったということで、衆中らがやって来た。弥阿弥父子が拙宿に

（21）**漁人**　魚介をとる人。
（22）**魚筌**　割竹などで作った漏斗状の口から入ってきた魚介類を閉じこめて捕獲する漁具。
（23）**高崎兵部少輔**　『大日本古記録』は能賢に比定。『島津家家臣団系図下巻』所収、高崎氏系図にみえる高崎能宗の子能堅と同一人物ヵ。「家久公家老」とあり。

やって来た。めしを振る舞った。内城[24]に滞在するよう申したのだが、今日は特に絵が忙しいので、滞在できないとのこと。そのためだけに雇ったので、やむを得ないと申した。この晩、若衆中が内城の庭にて蹴鞠をした。

十七日、早朝に出立し、入野[25]に参るつもりでいたが、紫波洲崎城から両使が到来した。祖母中之城の症状がとても悪く、深刻であるとのこと。このため、入野には柏原周防介を使者として理由を伝え、拙者は鎌田兼政と同心して紫波洲崎に向かった。すぐに駆けつけ、到着してお目にかかったところ、本当に深刻な状態であった。内々[26]と子供たちも皆やって来た。それから少し症状も良くなり、話をすることもできるようになった。

十八日、中之城のご気分は昨日より少し良くなった。そこで、我々は子供を連れて御崎寺に参詣した。御崎寺が堂に出てきて酒などくれた。

十九日、一番鶏が鳴く頃に出立。内々と子供らは宮崎に帰した。

二十日、中之城の気分はまだ良くなっていないが、大乗坊が近日中に豊後に行くというので、そうした件を準備するため宮崎に帰った。

二十一日、私が戻ったということで、衆中がやって来た。諸所に対し、大乗坊の豊後行きの人足など申しつけた。都於郡・穂北には、丸田左近将曹を派遣。清武には、原田大膳亮を派遣。曽井には上井縫殿助を派遣した。清武から、まったく応じられない旨、返事があった。

二十二日、いつものとおり。若衆中がやって来て、碁・将棋など。亥刻（午

(24) **内城**　宮崎城の曲輪。覚兼の居住空間。

(25) **入野**　宮崎県東諸県郡綾町入野。吉利忠澄の居城。

(26) **内々**　覚兼妻、祖母中之城の姪。

後十時頃）、紫波洲崎から使者が到来。中之城が亡くなったとのこと。すぐに、迷惑（めいわく）(27)である旨、人を派遣した。

二十三日、洪水が未だ深いので、拙者みずから川を越えることができないので、加治木（かじき）但馬掾（たじまのじょう）に細かく命じて紫波洲崎に派遣した。

　この夜、吉利忠澄殿から使者が来た。「中之城が亡くなったとのこと、残念なことです。明日、その対応のため、あなたも紫波洲崎にいらっしゃるのでしょうか。少しそれを待ってください。先日、家久公があなたに仰った件は、境目のことなので、あなたが加江田に行ってしまうと、しばらく取り散らかってしまい、あまりに対応が遅くなってしまいます。どうあっても早朝にそちらに参ります」とのこと。「あなたのお考え次第に従います。こちらでお待ちしております」と返事した。

二十四日、早朝、吉利忠澄殿がやって来た。境目の件についての条々を承った。拙者の考えも詳しく述べた。「一両日中に柏原周防介と同心して佐土原に行くつもりである」と伝えた。

　この日、未刻（午後二時頃）に出立し、紫波洲崎に向かった。まだ川（大淀川ヵ）が深くて迂回したので、ようやく夕方に紫波洲崎城に着いた。中之城の葬儀は、申刻（午後四時頃）に終了したとのこと。恭安斎様は円福寺に参詣しており、途中でお目にかかった。

　この夜、拙者も円福寺に参詣して、霊前に拝礼した。この夜は、蕪山寺に泊

（27）**迷惑**　どうしてよいか迷う、途方に暮れている。

まった。

二十五日、 祖母の追善のため、蕪山寺にて百韻[28]を独吟（どくぎん）[29]した。発句・脇句・第三は、次のとおり。

よる浪の露ちりのぼる蓮（はちす）かな

〔打ち寄せる波の雫（しずく）が散るように、年を重ねてはかなく散ってしまった祖母の命だが、蓮（はす）の花の上にのぼっている（極楽浄土に行っている）ことだろう〕

涼しく残るゆふだち（夕立）の雲

〔夕立を降らせた雲が涼しげに空に残っている〕

日ぐらしのかたぶく（傾）かた（方）に声添（そえ）て

〔ヒグラシが太陽の沈む西の方（極楽浄土のある方角）に向かって鳴いている〕

ようやく夜に入った時、百韻成就した。執筆は、治部大夫（じぶのたいふ）であった。この夜も蕪山寺に泊まった。

二十六日、 懐紙（かいし）を清書させた。恭安斎様から使者が来た。「昨日の追善百韻、炎天の中ご苦労であった」とのこと。次に、名号（みょうごう）[30]を句の上にいただいた歌六首が到来した。いろいろと味わい深い歌であった。拙者も黙っていられなくなり、名号を句の上に置く六首を詠んだ。

なぞもかく世に習ふらん別路（わかれじ）の さらぬよしこそ今恨（うらみ）なれ

〔どうしてこのように世の習いに従うのだろう（世の習いどおりに人は死ぬのだろう）。当たり前のように死別してしまうことが、いま恨めしい〕

(28) **百韻** 連歌・俳諧で、百句を連ねて一巻きとする形式。
(29) **独吟** 連歌・連句を一人で詠むこと。
(30) **名号** 南無阿弥陀仏。

むすぶ（結）て（手）の水にうつろふ玉ならバ　ひたしやせまし下がひ（交）のつま（褄）
〔両手で掬（すく）う水に映る魂ならば、その水に下交（したが）い（着物の前を合わせた時に内側になる部分）の褄（つま）を浸してしまおう（下交いの褄を結んで魂が離れないようにしよう）〕
あはれ也（なり）古き枕を身にそへて　たのむ夢さへみじか（短）夜の空
〔寂しいことだ。亡くなった人の形見の枕を肌身離さず、夢で会うことを願っても、その夢も短いもので終わってしまう、夜明けの早い夏の空である〕
見せばやな我もおとら（劣）ぬ声立（たて）て　袖にしぐる（時雨）ゝ蝉のは（羽）衣
〔あなたに見せたいものです。蝉に劣らぬ泣き声を立てて、蝉の羽のような薄い夏の衣の袖を、時雨のような涙で濡らしている私の姿を〕
誰も皆今の思ひハ有（あり）なめど　世々の契（ちぎ）りやわ（分）きて悲しき
〔誰もが皆、今のような思い（親しい人と死別した悲しさ）をするだろうけれど、前世から現世にわたる因縁のせいであろうかと思うと、とりわけ悲しいものだ〕
ふた（二）つな（無）くいさめ（諌）し物を吾（われ）も又　おや（親）の親ともへだて（隔）ざりしに
〔二人といない、私を戒（いまし）めてくれた人のことを、私もまた、「親の親」（祖母）というほど隔てはしなかった（とても近い存在と思っていた）のだが〕
恭安斎様への返歌のように詠んだ。まことに、今は戸惑っているため、特に筋が通らない歌になってしまった。のちに笑われるだろう。

この晩、出立して和知川原(31)の谷口和泉掾のところまで帰った。

二十七日、早朝、船で柏田(32)まで上って帰宿した。この日から、別火(33)に出立した。そうしたところ、円福寺から使者が来て、「別火については連続して日の廻りが悪いので、それが過ぎると今度は月を越してしまうので、多くの人数で今日一日だけ別火とするのがいいだろう」とのこと。そのように従った。

二十八日、いつものとおり。御崎寺が例講(34)にいらっしゃった。この日、敷祢休世斎が中之城死去へのお悔やみに、恭安斎のところにお越しになったので、こちらにもやって来た。

二十九日、清武の地頭伊集院久宣から使者が来た。春成殿であった。豊後に寺社家（大乗坊）を使者として派遣すると先日申したところ、協力は難しいとのことだったが、その理由を詳しく述べられた。（これに対し）「辞退理由の説明については、分かりました。先日は、まったく協力できないとのことでしたが、それは納得できません。これだけでなく、あなたはたびたびこちらからの指示を受け入れておられません。まったく道理をわきまえていないのではないですか」と返事をした。

この日、こちらで風呂を焼いた。上井兼成が焼いてくれた。若衆中が皆入って楽しんだ。いろいろともてなし馳走した。皆、沈酔した。碁・将棋・鞠などで終日楽しんだ。

(31) **和知川原** 現在の宮崎市和知川原・祇園・霧島町付近。

(32) **柏田** 宮崎市瓜生野の南端、大淀川北岸。現在の相生橋北詰付近。当時、大淀川の船着き場があり、付随して町場があった。

(33) **別火** 物忌みの状態で、穢れが伝播することを防ぐため、用いる火を別にすること。日常の住居とは別に小屋が設けられたりもした。この場合、出立とあるので、内城の屋形とは別の建物に移ったようである。

(34) **例講** 恒例の仏典の講読や説法などの仏事。

【解説】

前月、覚兼は八代在番の一番衆に配属され、六月十日には出発するよう命じられていたが、一日に体調不良を理由に出発延期を鹿児島に願い出ている。実際は、一日、二日と連歌にいそしんでおり、酒宴も楽しんでいる。八日に義久から延期を認める旨の連絡があったが、十一日には宮崎衆を連れて青島で「水練」を楽しみ、十五日には川遊びに興じており、療養している様子はない。おそらく仮病であろう。

四日には、京都の手猿楽（てさるがく）系能役者「渋屋大夫」（渋谷与吉郎常庵ヵ）の一座が宮崎を訪れ、芸を披露している。六日には出立しており、鹿児島方面に向かったのだろう。

九日、紫波洲崎城に住む覚兼の祖母中之城にくさが振り付く。これが重症化したようであり、十七日、紫波洲崎城から祖母重篤の連絡が来る。覚兼はすぐに駆けつけ、「内々」（覚兼室、中之城の姪）も、子息を連れて駆けつけている。その後、中之城は若干もちなおし、話もできるようになって、十九日に覚兼妻子が、二十一日には覚兼自身も宮崎城に戻っている。しかし、翌二十二日、中之城の訃報が届く。折からの洪水もあってなかなか出立できなかった覚兼は、二十四日夕方に紫波洲崎城に到着したが、既に中之城の葬儀は円福寺で終わっていた。二十五日、覚兼は曽山寺にて祖母の追善連歌百韻を独吟している。二十六日には、父恭安斎（中之城の息子）と、六字名号の和歌（南無阿弥陀仏から始まる六首）を交換している。連歌・和歌好きの覚兼らしい祖母への供養である。

　この間、豊後大友家との関係悪化の影響が出てくる。八日には、鹿児島から大乗坊（住吉社宮司）を豊後に使者として派遣する旨連絡があり、十五日には、佐土原の島津家久から合戦の方針について覚兼・吉利忠澄と協議したい旨、要請が来ている。この時点で家久は大友家との手切れ・合戦を覚悟していたのだろう。中之城の死去により、覚兼は家久・吉利忠澄との協議を欠席するが、二十四日に面会した吉利忠澄に対し、近日中に佐土原に行って家久と協議すると伝えている。

　なお、以前から覚兼は、自分の屋敷の屏風絵を描いてほしいと珎阿弥（ちんあみ）（田中国明）に依頼していたようであり、佐土原での仕事を終えた珎阿弥から十一日に宮崎に向かう旨連絡があり、十五日頃から宮崎城下にて仕事を始めている。

天正十三年（一五八五）

七月条

一日、いつものとおり。衆中らが皆やって来て、見参した。この日も終日、若衆中がやって来て閑談。蹴鞠・碁・将棋などで楽しんだ。

二日、いつものとおり。この日も終日、若衆中がやって来て閑談。この晩、弥阿弥(1)の宿所になっている関右京亮殿のところに行って絵を見せてもらった。そこで亭主が振る舞ってくれた。いろいろと珍しい酒・珍しい肴が出た。この日は弓場普請(2)があった。

三日、いつものとおり。この日、屏風の絵が完成した。弥阿弥が持参した。とても見事な出来で言葉にならない。弥阿弥の子息弥七(3)が鍾馗(4)の絵を初めて書いたということで、頂戴した。この晩、酒を弥阿弥と飲んだ。

四日、いつものとおり。本田治部少輔殿がやって来た。久しくご無沙汰しております、とのこと。酒を頂戴した。

この日、こちらで風呂を焼いた。準備は柏原周防介殿であった。いろいろとあった。都於郡から大脇定庵(5)がやって来た。このような衆も一緒に寄り合って酒宴。時々盤之上など。

この晩、ある方から鷺(6)が贈られてきたので、皆で食べた。敷祢休世斎・本

(1) **弥阿弥**　六月十六日に宮崎城に来訪し、絵を描きに来ていることがうかがえる。七月三日条からうかがえるように、覚兼居宅の屏風絵を頼まれていた。

(2) **弓場**　弓術を練習する場所。城内にいくつか設置されていたようであり、天正十二年七月十七日には「曳目之口弓場普請」が完成している。

(3) **弥七**　『大日本古記録』は日野資頴に比定。

(4) **鍾馗**　中国の疫病を防ぐ鬼神。日本では五月人形として作ったり、朱刷りにして疱瘡除けの護符などにした。

(5) **大脇定庵**　天正十二年十二月二日条にみえる大脇民部左衛門尉と同一人物。『大日本古記録』は為綱に比定。

(6) **鷺**　ペリカン目サギ科の鳥の総称。現在は食用ではないが、アオサギは美味とされる。

田治部少輔・大脇定庵・弥阿弥父子・関右京亮、これらの衆であった。本田治部少輔が酒を持ってきた時に酌もして、夜更けまで酒宴。

五日、掃地(7)と普請をさせた。弥阿弥が帰宅した。これまでがんばってくれたので、御礼として弥阿弥に銀子五十目、弥七に袷表一(8)を贈った。ありがたいとのこと。

この日、内々（覚兼室）が拙者に酒を振る舞ってくれた。座中の衆は、休世斎・大脇定庵・鎌田兼政・柏原周防介・長野淡路守・関右京亮・猿渡信孝・野村大炊兵衛尉・敷祢又十郎・上井兼成、これらの衆であった。いろいろとあった。珍しい酒や珍しい肴が出た。

六日、この日の早朝、敷祢休世斎が（敷根に）帰られた。この日、満願寺にて、月例の連歌が先月延期になっていたので興行した。

にごらじのこゝろハ清き蓮かな　満願寺玄恵
〔濁ることのない心とは清らかな蓮の花のようなものであるよ〕
むかへバすゞし月のした水　定庵
〔月明かりの下を流れる水を見ると涼しげである〕
暮わたる橋のこなたに駒留て　覚兼
〔あたりが暮れてゆく中、橋のこちら側に馬を留めている〕

終日ご馳走。

この日、吉利忠澄殿から使者が来た。「その後、無沙汰しております。何か楽しいことはありましたでしょうか。（肥後八代の）番立(9)のこと、必ず来月は三

(7) **掃地**　地面を掃き清めること。
(8) **袷表**　裏地付きの丈の長い着物。
(9) **番立**　五月二十七日条にみえる肥後八代城在番。家中が五番に編成され、順番に在番することになっている。

城に移るつもりでいますので、今回は辞退します」とのこと。返事は、「今は何も楽しいことはありません。ただ、定庵がちょうどやって来たので、連歌を時々興行しております。番立のことは、先日書状にてその指示を承ったところで、昨日鹿児島に書状で申し上げました。その返事が届き次第、詳しくご説明します」と伝えた。

七日、兵具（ひょうぐ）などの虫干し（むしぼし）(10)を例年どおりやった。書物なども〈見明め〉(11)虫干しなどさせた。また、馬の血出し(12)をさせて見物。

この日、江田大宮司(13)が網曳（あびき）をお目にかけたいと言うので、大脇定庵らそのほか衆中五、六人同心して罷（まか）り下った。魚が多く捕れており、楽しんで酒宴など。

八日、江田大宮司が申すには、「定庵なども一緒にいらっしゃるので、連歌を面（おもて）八句だけでも法楽（ほうらく）(14)を是非やっていただきたい」とのこと。それなら、定庵に発句（ほっく）をお願いしたいとしきりに申したのだが、「法楽ならば覚兼が祝言（しゅうげん）のため詠むのがいい」と皆が言うので、黙っていられなくなり、

秋ハまだ青木が原のながめかな

〔秋だとは言え、まだ木が青々としている阿波岐原（あわきがはら）の眺めであるよ〕

このように詠んだ。「住吉への法楽にふさわしいですね」と、定庵がとっさに褒めてくれた。いろいろともてなされた。連歌四十四句が終わって帰ろうとしたところ、海蔵坊（かいぞうぼう）から立ち寄るよう招かれたので、従った。いろいろともてなされた。庭前（ていぜん）の吹上の白洲に礒撫子（いそなでしこ）(15)が一本生えていて、言葉にできないほど

(10) **虫干し**　書画・調度品などに風を通して湿気を除き、カビ・虫害を防ぐこと。
(11) **見明め**　頁をめくることヵ。
(12) **馬の血出し**　馬に特殊な針を刺して瀉血する治療法。
(13) **江田大宮司**　江田神社（宮崎市阿波岐原町）の宮司。
(14) **法楽**　神仏に手向ける連歌。
(15) **礒撫子**　ハマナデシコのこと。海岸の崖や砂地に生育する。

面白かったので、夕方の花の下に臥せっていることを嘆いて、

かハ（交）さねど床なつかしき枕哉 花のあたりにね（寝）しと思へば

〔共に寝たわけではないが、寝床の枕がなつかしい。とこなつ（撫子の別名）という名を聞くと、その花のあたりで寝たような気がして〕

このように詠んだところ、定庵やそのほかの者も皆、歌など詠んで酒宴。ようやく薄暮に帰宿した。

この日、花園寺に対し、豊後への使者を命じるため、石神甚兵衛尉を派遣した。

九日、いつものとおり。定庵と酒で寄り合った。吉利忠澄殿から使者が来た。「今、楽しみに時々稽古連歌を興行されていると伺いました。いつ頃やっているのでしょうか。私も伺って合わせたいと考えております」とのこと。「そういうことでしたら、お断りするつもりはありません。ありがたいことです。明日、西方院にて一折[16]興行の予定です。ご参加いただき、合わせていただきたく思います」と返事した。

花園寺がやって来た。「昨日、豊府[17]への使者を命じられました。ご意向に従うべきですが、痔病が出て散々の状態です。寺に居たままそのような言い訳をすると、嘘をついているように思われるので、状況をお目にかけます」と言って、やって来た。やむを得ないので、命令を撤回した。やがて、鎌田筑後守を派遣し、鎌田政近に伝えた。「一昨日、鹿児島から書状が到来し、大乗坊が豊後への使僧に決定したのだが、突然、悪瘡が出来てしまい行けなくなってしまいま

（16）**一折** 連歌の懐紙の一枚目。連歌では懐紙を横二つに折り、折り目を下にして右端を閉じ、その表と裏に句を記す。

（17）**豊府** 豊後府内（大分県大分市）。大友氏歴代の守護所であるが、この頃の当主大友義統は臼杵（同県臼杵市）、その父宗麟は津久見（同県津久見市）に居住していた（八木直樹「城下町移転後の豊後府内と臼杵」『戦国大名大友氏の権力構造』戎光祥出版、二〇二一年）。

した。そこで、花園寺または金乗坊の二人に命じて、急ぎ伝達内容を伺いに鹿児島に参上するよう命じました。花園寺の方が田数が多いので、まず花園寺に申しつけたところ、現在病気のため使者はできないとのこと。そこで、そちらの金乗坊に早々に命じるのがいいでしょう」と伝えた。

この日、こちらの風呂を関右京亮の準備で焼いた。いろいろと馳走してもらった。終日、盤之上などで楽しんだ。また、明日の連歌を一順準備した。

十日、早朝、連歌のため西方院に参った。吉利忠澄殿もお出でになった。終日もてなされた。

十一日、瓜生野八郎左衛門尉のところで、吉利忠澄殿が帰る道すがらだったので、拙者が百韻興行をおこなうので、発句を忠澄にお願いした。ご遠慮されたが、しきりにお願いしたので、詠んでくれた。

置露の玉ゆら絶ね荻の声　忠澄

〔葉の上に置く露の玉ではないが、玉響（ほんの少しの間）、絶えてしまえ。荻の葉が風にそよぐ音よ〕

虫かと計聞（初）そむる暮　覚兼

〔荻の葉が風にそよぐ音を虫の声かと思って、初めて聞く暮れである〕

この日、金乗坊がやって来て、豊後へのご使僧はできないとのこと。これに対し、「急用なので命じたところ、昨日こちらに来るべきなのに、遅れたのはとんでもない。いろいろ難しいことを言い訳として申しているが、とにかく鹿児島に参上して辞退するのが大事である。そうして辞退が認められれば何も言うことはない。もし、辞退が認められなかった場合は、(使者として伝達すべき)意趣を聴いて帰ってくればよいではないか。ここで何度辞退の言い訳をしても、拙者ひとりで辞退を認めることはできない。是非とも鹿児島に祇候するべきである」と強く申した。「それなら、(都於郡に)戻って鎌田政近と談合し、また細かく申します」と言って、帰って行った。

この晩、連歌が終了した。酒宴となり、俳諧などしばらくして、明朝大事な用があるということで、吉利忠澄は帰宅した。我々は、瓜生野八郎左衛門尉のところに泊まった。

十二日、大脇定庵が都於郡に帰って行った。我々を瓜生野八郎左衛門尉がもてなしてくれた。いろいろとあった。寿鑑(じゅかん)という立花(りっか)ができる人が和泉(いずみ)[18]からやって来た。これとも酒で寄り合った。立花を一瓶立ててもらった。池坊舎弟(いけのぼうしゃてい)[19]師殿の弟子だと語ってくれた。

この日、城に帰る途中、鎌田政近から使者鹿屋権介(かのやごんのすけ)がやって来て、竹篠(たけしの)[20]にて(我々に)追いついた。薬師堂[21]にて趣旨を聞いた。「金乗坊に豊後への使者を命じた件は、本人がしきりにできないと言っています。鹿児島に参上して言い訳するよう、あなたは申したようですが、自分も(金乗坊は)無理だと思うので、是非こちらであなたの意見を承りたい」とのこと。「そうすべきですが、鹿児島からは相応の人に限定して命じるよう言われており、拙者が辞退を認めると

(18) **和泉** 鹿児島県出水市、もしくは和泉国(大阪府東部)カ。
(19) **池坊舎弟師** 華道家池坊専栄の弟江戸時代初期に活躍した三十二世池坊専好(?～一六二一)。
(20) **竹篠** 宮崎市大字瓜生野。
(21) **薬師堂** 現在の王楽寺カ。本尊は、薬師如来像である(国指定重要文化財)。

は言えません。昨日、その仁（金乗坊）に申しましたように、とにかく鹿児島に参上しないかぎり、決着しません」と申した。使者は帰って行った。大門坊が薬師堂に酒を持参して、若衆たちとともにしばらく酒宴。

十三日、早朝、財部（地頭鎌田政心）に野村甚介を使者として派遣。内容は、「昨日、老中本田親貞・平田光宗から書状が到来しました。鎌田名字が今年の居頭役を務めるよう、先日（義久から）命じられました。しかし、今年ではないと思うのですが、川上殿の御日記には、当年と見えます。そこで、是非とも今年お務めになるのが大事です。特に急ぐ必要があり、別名字の衆に命じることはできないので、異議を唱えることなくご奉公されるのが大事です」と、この内容を詳しく伝えさせた。この日の朝、寿鑑の花を一瓶所望して、見物。

この日、こちらの風呂を長山兵部少輔の担当で焼いた。いろいろともてなされた。吉利忠澄殿から使者が来た。「この一両日、お越しいただき、連歌一、二百韻詠んでいただき、ありがとうございます。先日、直接お目にかかって承った（八代への）番立のこと、辞退したいと思います。鹿児島にあなた（覚兼）から伝えていただけないでしょうか。次に、羽柴筑州（秀吉）の軍勢が、四国に渡り、七、八百人も戦死したと、売買人（商売人カ）からの情報で聞いた。また、甲斐宗運が死んだとの情報が、山中経由で聞こえてきた。間違いのない情報であるとのこと。しかし、武略[22]のためにこのような情報を流しているのではないかと、申す者もいる。しかし、死んだこと自体は間違いない情報であり、（こちらとし

(22) **武略**　戦のはかりごと。

ては）いいことである」とのこと。

金乗坊がやって来た。豊後への使者の件、鹿児島に参上して辞退願いをするよう、強く拙者から申した。こちらも鹿児島も同じ考えであるにもかかわらず、ただこちらだけに辞退したい旨、またまたおっしゃった。しかしながら、是非とも鹿児島に参上すべきであると申して、（金乗坊は）領掌した。そこで、曳付(ひきつけ)[23]を一通いただきたいと申したので、拙者の使者を付ける旨、申した。それから見参して、酒で寄り合った。瓜(うり)を過分にくれて、そうしたものを食べながら寄り合った。吉利忠澄からも瓜をいただいた。

十四日、野村甚介が、財部から夜前(やぜん)に帰ってきたということでやって来た。「（財部地頭の）鎌田政心(かまたまさむね)は、居頭役は間違いなく今年ではないと、先日来主張していたが、一族中と談合し、また今年催促されることになるだろうと思い、都於郡の鎌田政近や各地の一族衆と相談したところ、所用が多くて（協力できるのは）一両人しかおらず、それだけでは負担できないので、五日前までにこうした事情を鹿児島にも申し上げた。きっと今日・明日には（義久の）上聞に達するであろう」との返事であった。鎌田政心からの書状も到来した。「居頭役の件、宮崎に居られる鎌田筑後守に早々に命じるよう、お願いしたい」とのことなので、すぐ申しつけた。鹿児島から、高原(たかはる)[24]経由で書状が届いた。内容は、「（鹿児島諏訪社の）祭礼の際、乗馬にて（義久の）お供をするように」とのこと。片便(かただより)[25]でよいと申した。一両日中に使者を派遣して（参加できない）言い訳を伝え

(23) **曳付**　通行手形ヵ。

(24) **高原**　宮崎県西諸県郡高原町。

(25) **片便**　一方からの便り。

るつもりでいたので、返事を出せなくなった。この晩、衆中の子どもたちが踊ったので、見物。

十五日、衆中が皆やって来た。酒で対応。寿鑑が、すなのもの[26]をあしらってくれたので見物。

　この日、柏田町から踊りに来たので見物。穆佐（地頭樺山忠助）に使者を出し、「（鹿児島諏訪社の）祭礼のお供に祇候するように。また、乗馬で祇候するように」と伝えた。鹿児島からも一両日前に連絡があったようであり、そのつもりでおりますとの返事であった。明朝、長野淡路守を鹿児島に使者として派遣することにしたので、晩に伝達内容を伝えた。その内容は、「（諏訪社の）祭礼のお供を命じられましたが、今年はやむを得ない事情がありますので、参加できません」と。また、豊後（大友氏）への使僧、その故実[27]のこと。（八代への）番立のこと、ならびにそれを辞退する衆のこと。四国の情報のこと。甲斐宗運が死亡したことなど。

十六日、いつものとおり。八代在番中の島津忠長・伊集院忠棟の二人から書状が届いた。「今月三日、甲斐宗運が死去した。それにつき、阿蘇家[28]からも連絡があった。また、宇土殿（名和顕孝）の取りなしにより隈庄[29]を（島津家に）割譲するよう命じたのだが、（阿蘇側が）拒否して未だ落着していない。もし軍勢が必要な場合には、連絡するので、その時は早々に支援に来てほしい。また、二番衆準備の命令を諸所に油断無く命じてほしい」とのこと。

(26) **すなのもの**　立花の様式の一つ。砂鉢に立て、砂・小石で根元を固定する。

(27) **故実**　作法・服飾などの古い規定や習慣。この場合、先例という意味カ。

(28) **阿蘇家**　阿蘇大宮司家。この時の当主は惟光（一五八二〜九三、四歳）。前年家督を継承している。

(29) **隈庄**　熊本市南区城南町隈庄。阿蘇大宮司家領。

この日、長野淡路守を鹿児島に使者として派遣した。（諏訪社の）祭礼のお供を命じられたが、今年は所用のため参加できないこと。豊後への使僧金乗坊について。またそれにつき夫丸の件。四国の情報。南林寺造作の件。これらの件について申し上げた。

十七日、いつものとおり。八代に忠平様が御滞在中である。そのほか、島津忠長・伊集院忠棟に所用もあるので、使僧を派遣しようと思い、怡光坊に命じた。

この晩、的を射始めた。悴者だけでやった。お祝いに酒を振る舞った。

十八日、観音に特に祈念。城の草払いをさせて見物。岸を切らせた(30)ところもあった。こうした普請をおこなった。

十九日、この日も草払い。昨日一日だけでは完了しなかったので、普請をさせて見物。

この日、風呂を野村大炊兵衛尉殿が焼いてくれた。いろいろともてなしてくれた。寿鑑が立花を立ててくれた。

二十日、いつものとおり。谷山志摩介が瓜生野天神の弓場にて、弓の事を企画したので、下って行った。衆中十人ほどが同心した。いろいろともてなしてくれた。この晩、弓場近くに泊まった。

二十一日、亭主がもてなしてくれた。いろいろと奔走してくれた。この晩、西方院の庭にて蹴鞠があった。非時の振る舞いがあった。酒宴。風呂を焼いてくれて、心のこもったもてなしを受けた。

（30）**岸を切らせた**　切岸。斜面を削った人工の崖。

二十二日、いつものとおり。長野淡路守が鹿児島から帰ってきた。豊後への使僧が金乗坊に決まったとのこと。吉利忠澄殿の今度の（八代への）番立のこと。三城に移るので辞退したい旨を、直接吉利殿から使者を派遣して申請した。もっともであるとのことで、辞退を認めるとのことであった。四国の風説については、なお詳しく調べた上で報告するようにとのことであった。

二十三日、こちらの風呂は、加治木但馬掾の焼き担当で、いろいろともてなされた。終日、楽しんだ。

二十四日、地蔵菩薩に特に看経。寿鑑が今日（和泉に）帰られた。若衆たち十人ほどが、いままで立花を稽古したので、（その成果を）見せてくれた。拙者も長々とこちらに引き留めていたので、引物[31]を寿鑑に贈った。

二十五日、早朝から天神に特に読経した。この日、鹿児島（諏訪社）祭礼のお供に（宮崎衆が）参加のため出発した。猿渡信孝殿・敷祢越中守殿・野村大炊兵衛尉殿・長山兵部少輔殿・弓削甲斐介殿・野村右近将監殿・堀四郎左衛門尉殿・関治部少輔殿、これらの衆である。

　この晩、大門坊の庭にて蹴鞠。いろいろともてなされた。閑談などして、夜更けに帰った。

二十六日、いつものとおり。この日、若衆中がやって来て、盤之上にて終日、楽しんだ。

二十七日、怡光坊（七月十七日派遣）が八代から帰ってきた。「遠方まで使僧と

(31) **引物**　引出物、お土産。

して来てくれてありがたい」と、忠平様が仰ったとのこと。島津忠長・伊集院忠棟からもいちいち返事があった。「来月中、三舟（御船）方面の秋作[32]を薙ぎ払うつもりです。そこで、日州衆[33]と同心して、覚兼も出陣するように。追って詳しい日限などについては、真幸（忠平）から連絡があるでしょう。まずは、支度して待つように」とのこと。

二十八日、荒神に特に看経。恒例の講に御崎寺がお越しになった。ついでに、ここ五日ほど内々（覚兼室）の気分が良くないので、祈祷をお願いして、観音経百巻を読んでもらった。竹篠衆なども加わった。

二十九日、いつものとおり。飯野（忠平）に八朔[34]の祝言のため、和田刑部左衛門尉を派遣した。

【解説】

三日、弥阿弥に依頼していた屏風絵が完成しており、覚兼はその出来に大満足している。五日に弥阿弥父子は帰宅し、御礼に銀子五十目を与えている。四日から二十四日まで、都於郡在住とみられる大脇定庵が訪れている。連歌・和歌を得意とする人物のようで、連歌興行や酒宴に参加している。

五日には掃地（掃除）と普請、七日には兵具や書物の虫干し、十八・十九両日には草払いと切岸の整備を行っている。既に梅雨明けして、晴天が続く中こうしたメンテナンスが行われている。特に城内は梅雨で草が伸びて

(32) **秋作** 秋に収穫する稲カ。

(33) **日州衆** 日向国の諸所の衆。

(34) **八朔** 旧暦八月一日、八朔節供・田実の節供などといわれ、稲の収穫前に豊作祈願や予祝行事および各種の贈答が行われる。

いたようであり、衆中・忰者ら総出で草払いが行われている。また、崩れた切岸の再整備も城の防御力を維持するため不可欠な作業であっただろう。

　七日に鹿児島から届いた書状で、大友氏への使僧二人を決めるよう指示を受けた覚兼は、宮崎県児湯郡にあった修験寺院の花園寺と、都於郡の金乗坊を指名する。しかし、花園寺・金乗坊ともに辞退したい旨、覚兼に訴えている。前月、島津家久が大友家との合戦に向けて談合を呼びかけているように、既に大友家との開戦が不可避な状況にあることが広く伝わっていたようである。使僧の役割は、筑後からの早期撤退を求め、了承しない場合は手切れとなる旨、最後通牒を突きつける役割と推測される。自身の交渉能力への不安、あるいは身の危険を感じて、なんとしてでも辞退したかったのだろう。花園寺は痔がいかに悪化しているかを宮崎城にやって来て示し、辞退を認められている。金乗坊は、鹿児島まで直接行って辞退を訴えるよう突き放され鹿児島に向かうが、結局、断りきれずに使僧に決定したとの情報が、二十二日に伝わっている。

　十三日、要港細島を所管する吉利忠澄から、羽柴秀吉の四国攻めと甲斐宗運死去の情報が伝えられる。長宗我部元親からの進攻を受けた阿波・讃岐両国の三好康長（みよしやすなが）・十河存保（そごうまさやす）は、畿内を制圧した羽柴秀吉に従属し、三好康長は養嗣子に秀吉の甥治兵衛尉（じひょうえのじょう）吉継（よしつぐ）（のちの三好信吉、豊臣秀次）を迎え、支援を請うた。長宗我部元親は、阿波・讃岐両国を返上して和議を秀吉に求めたが、秀吉は小早川隆景に伊予国を与えることを約束しており、この年六月、四国出兵に踏み切る。四国攻めに秀吉本人は出陣せず、堺（大阪府堺市）からは弟羽柴秀長が総大将として淡路・阿波に、播磨からは宇喜多秀家・黒田孝高らが讃岐に、備後からは毛利輝元勢が伊予に進攻し、長宗我部方の諸城を次々と攻略していく。そして、七月二十五日、長宗我部元親は秀長の停戦条件をのんで降伏する。四国の情報は、少し遅れながらも豊後水道を行き来する海商経由で細島あたりに伝わっていたようである。

甲斐宗運死去の情報は、「武略」（謀略）ではないかとの声もあったというが、十六日、八代在番中の老中島津忠長・伊集院忠棟からの連絡で、七月三日に死去したことが阿蘇大宮司家からの報告で確認されている。吉利忠澄は「山中」経由で死去十日後にはこの情報を掴んでおり、九州山地を挟んで東側の山間地域が阿蘇大宮司家と深く繋がっていることがよく分かる。それとともに、その死すらも謀略ではないかと疑う程、島津家中は宗運を恐れていたことがうかがえる。何度も宗運の策略に苦汁をなめさせられてきたからであろう。そして、宗運死去を受け、八代在番衆は阿蘇大宮司家に対して圧力をかけ、甲斐領である隈庄の割譲を求めている。断ってくることを前提に、阿蘇大宮司家から先に手切れをさせ、阿蘇大宮司家攻撃の大義名分を得ようとしたのだろう。そしてこれは八月に実現する。

天正十三年（一五八五）

八月条

一日、いつものとおり。衆中が皆、挨拶に来た。酒・肴をくれた衆もいた。旧例どおり、酒で寄り合った。寺社家衆も同様。茶・箒・雑紙など持参された。福永駿河守殿より使者が来た。弓一張をいただいた。野村加賀守殿(1)から使者が来て、酒と箒をいただいた。福永備後守殿から使者が来て、雑紙を持参。野村安房介殿から使者が来て、雑紙・さし縄(2)をいただいた。

　この日、城内の衆(3)と久しく無沙汰しているので、今日、挨拶にあちこち行った。関右京亮殿と会っていた時、金乗坊が来て、「豊後（大友家）への使僧の件、堅く命じられたので承諾しました。いろいろとあなたを頼りにします」とのこと。酒で寄り合って、帰した。それから、満願寺の庭で蹴鞠。帰る途中、長野淡路守のところに寄って、いろいろともてなされた。俳諧・酒宴など。夜更けに帰った。

二日、いつものとおり。この晩、柏田川(4)にて鮎を獲らせてみて楽しんだ。帰る途中に、谷山志摩介のところに寄った。右の鮎など賞翫して、夜更けまで酒宴。飯野の島津忠平殿へ八朔の祝言を申し上げるため派遣していた和田刑部左衛門尉が、帰ってきた。祝言のご返事があった。八代の番立などについて、ご

（1）**野村加賀守**　『大日本古記録』は重綱に比定。
（2）**さし縄**　馬のくつわにかける引き縄。
（3）**城内の衆**　宮崎城内に屋敷を持つ宮崎衆。
（4）**柏田川**　現在の大淀川ヵ。

意見を頂戴した。一両日中に使者にて指示を出すとのこと。

三日、毘沙門に特に読経。この朝、馬の〈向指(5)〉をさせて見物。この日、若衆中がやって来て、碁・将棋にて楽しんだ。

四日、内々（覚兼室）の気分が良くないので、祈祷のため大般若経をやった。御崎寺・木花寺に来てもらった。経衆は海江田衆であった。

家久公から使僧が来た。「領内の徳之渕(6)の者が、私用で広原(7)に行こうとしたところ、島津忠長殿が領知する石崎(8)を通過中に、棒打ちにより打ち殺されてしまった。おそらく、石崎の者が知らないはずはないだろうと、強く申し入れた。すると、『石崎に出家が住んでおり、その小者の仕業であろう』と申すので、縄を付けた（逮捕した）。しかし、油断したのであろうか、家久家景（家臣）のところに、その者が逃げて来て、無我夢中で逃げ走り〈刀を男役に取り(9)〉、『（徳之渕の者を）殺害したのは、佐司兄弟(10)である』と証言した。そこで、佐司側に対して敵人(11)を引き渡すよう求めるため、徳之渕の者や佐土原衆らが少々出向いて申し入れたところ、『議論の余地無く佐司兄弟の仕業であり、やむを得なかった』としきりに申したので、そのまま我慢できずに成敗した。当国のことはすべて皆、覚兼が所管しているので報告した」とのこと。「そういうことでしたか。あなた（家久）のお考えによるものであり、やむを得ません。（相手が）麟台(12)（島津忠長）ご家景（家臣）なので、私は知らないことでありましたが、ご連絡いただいたことはありがたいことです」と返事しておいた。

(5) **向指** 詳細不明。

(6) **徳之渕** 宮崎市佐土原町下田島の徳ヶ渕地区。

(7) **広原** 宮崎市広原。

(8) **石崎** 宮崎市佐土原町下那珂の沿岸部。

(9) **刀を男役に取り** 意味不明。

(10) **佐司兄弟** 佐司とは地元役人のことカ。詳細不明。

(11) **敵人** 訴訟の相手方。この場合、実行犯。

(12) **麟台** 図書寮の唐名。図書頭忠長のこと。

この日、本田治部少輔殿がやって来た。酒を持参したので賞翫。終日、碁・将棋で閑談。この晩、本田治部少輔・長野淡路守と酒で寄り合った。長山兵部少輔が鹿児島の祭礼に参加し、昨日帰ってきた。寄合中からの伝言があった。「金乗坊を豊後（大友家）への使者に命じたが、忠平様から、『（金乗坊では）他国への使者としてあまりに若輩であり、納得できない』との意見があった。ついては金乗坊派遣を差し止めるように」とのこと。そこで、都於郡に申し渡した。また、（持参予定の）御書[13]などは、こちらに持参するよう命じた。

五日、いつものとおり。佐土原から川上左近将曹殿がお越しになった。家久公の使者として飯野に参られ、有川貞真（忠平老中）からの伝言を申した。「使者を派遣すべきですが、ちょうど良い便がありましたので、お伝えします。島津忠長・伊集院忠棟が今、八代に滞留しています。境目の作毛を払わせることは、八代在陣中の衆でできるでしょう。あなたは用意をして、右御両所（忠長・忠棟）の替わりとして、追って連絡次第、出陣してください」とのこと。

この日、鹿児島に八朔の祝いのために派遣していた衆が帰ってきた。義久様が仰ったのは、「来る十三日、八代に到着できるよう出陣するように。知行地二町で物数（武者）一人ずつ、逗留は十日のつもりで用意すること」とのこと。これを佐土原、そのほか諸方に申し渡した。あわせて、「羽柴殿衆[14]が四国に渡海したとの情報がある。そうならば、あの方（長宗我部元親[15]）が退治されるのはまもなくであろう。その後は、こちら（九州）に派兵するつもりであると、世

(13) **御書**　大友義統宛島津義久書状カ。

(14) **羽柴殿衆**　羽柴勢。この時は、秀吉の代理として弟秀長が総大将として出陣している。なお、羽柴秀吉が豊臣姓を朝廷から賜るのは、天正十四年（一五八六）のことである。

(15) **長宗我部宮内少輔元親**　一五三九～九九。土佐（高知県）の戦国大名。阿波・讃岐・伊予にまで勢力を拡大していたが、天下統一途上の織田信長・羽柴秀吉と対立し、秀吉の四国攻めを招いた。

間で噂されている。日向国の諸地頭衆は、おまえ（覚兼）と同心して佐土原に参集し、もし京衆（羽柴勢）が下向したならば、どういった手立てを取るべきか談合し、急ぎ鹿児島に上申するように」とのこと。すぐに関右京亮に申しつけ、佐土原にこの件を伝えさせた。

この晩、有川貞真殿まで書状をしたためて送った。「鹿児島から出陣を命じられました。飯野からは、伊集院忠棟の交替要員として拙者が出陣するようにとのことですが、それはあまりに相違があるのではないでしょうか。詳しくご説明いただき、納得しておきたい」と、伝えた。

六日、関右京亮が佐土原から夜前（やぜん）に帰ったということで、やって来た。（家久の返答は）「援軍のことであろうか。今年の秋は、みずから出陣はしないと、飯野に辞退する旨伝えてある。番衆の負担のみなので、軍勢を一両日中に派遣する。京衆の噂について談合するのであろうか。以前から自分もそのように考えていた。忠平様に意見を尋ねたところ、返事には、『吉利忠澄（よしとしただずみ）殿・覚兼・鎌田政近（かまたまさちか）で同心して、縣（あがた）[16]・三城（さんじょう）（門川・塩見・日知屋）方面の状況を見分した上で、検討するのが大事である』とのことであった。しかし、この三人が同心して見分したとしても、〈内端（うちば）の人数〉[17]が納得して済む問題ではない。飯野衆、または鹿児島衆など誰か参加する必要があるだろう。そういうことなので、こちらとしては（今回の指示には）応じられない。集中して談合をする必要があるのだが、今はまず援軍派遣が必要ならば、それに対応するべきであろう。談合は追って

(16) **縣**　宮崎県延岡市。国衆土持久綱領。

(17) **内端の人数**　この場合、日向国内の地頭衆という意味カ。

やるべきである」とのこと。

七日、いつものとおり。都於郡(地頭鎌田政近)に関右京亮を派遣した。内容は、「鹿児島から、こちらの諸将で談合をおこなうようにとの指示があり、家久公に申し入れたところ、右のようなご返事でありました。どうすべきでしょうか。あなたのご意見をお聞かせ願いたい」と。(鎌田政近からの)返事は、「鹿児島から談合するよう命じられたのでしょうか。もちろんではありますが、(談合は)もっともなことです。あなたは出陣されるのでしょうか。今、痔病が出ているのならば、やむを得ないことなので、しっかり宮崎に残って、こちらの状況について談合するべきでしょう」とのこと。

八日、薬師に特に看経。関右京亮をまた佐土原に派遣した。内容は、「鎌田政近殿のお考えをお伝えします。とにかく来る十日・十一日、佐土原の都合が付き次第、皆同心してそちらに参上し、談合をおこない、十五、六日に八代の援軍に出立いたします」と伝えた。

この日、家久公から伊地知氏が使者として派遣されてきた。内容は、「山中からの情報によると、『豊州（大友家）が阿蘇家と熟談[18]しており、三田井殿[19]に鎧甲、甲斐宗攝[20]に甲、そのほか多くの者に武具などを贈っており、縣に出陣の際は、協力するよう依頼しており、各地に計策をやっている最中』とのことである。その対応も含め、鹿児島から命じられた談合が大事になる。そこで、おまえ（覚兼）は出陣せず、しっかり留まって談合に専念するように。来る

(18) **熟談**　この場合、島津家と手切れし大友家に従属する協議をしているのであろう。

(19) **三田井殿**　『大日本古記録』は親武に比定。日向国北西端高知尾（宮崎県西臼杵郡高千穂町）の国衆。大友・島津両家に従属しているとみられる。

(20) **甲斐長門守宗攝**　三田井氏重臣。岩井川（宮崎県西臼杵郡日之影町）・諸塚（同県東臼杵郡諸塚村）の領主。

十四日、早朝に佐土原に集合するように。そうすれば、三城地頭に談合内容を伝えないわけにはいかないだろうから、吉利忠澄殿に対し、井尻祐貞（いじりすけさだ）[21]を連れて、必ず十四日に佐土原に参上するよう命じるように。そのほか談合に参加すべき人々に連絡するように」とのこと。拙者の返事は、「出陣せず、談合に専念せよとのことでしょうか。どうあってもお考え次第です。山中からの情報については、もっともに思います。詳しく承知しました。拙者の考えも関右京亮を派遣しますので、詳しくは彼に申しておきます」と。

この晩、関右京亮が帰ってきた。（家久の返事は）「鎌田政近にも、談合のことを伝えたのだろうか。今は談合がもっとも大事である。来る十四日、必ず佐土原に談合衆が揃うよう命じるように」とのこと。また、「覚兼は出陣せずにしっかりこちらに居るべきである」とのこと。

この夜、家久公から大光寺（だいこうじ）[22]と高崎越前守（たかさきえちぜんのかみ）[23]が来て仰るには、「先日、概要を伝えた石崎と徳之渕の相論出来（そうろんしゅったい）について、佐土原衆が軽はずみなことに成敗してしまい、なんとも残念に思う。島津忠長に直接これらのことについて釈明すべきなのだろうが、あまりに面目ない状況なので、あなたに（仲裁を）依頼したい。急ぎ、八代に使者を派遣してくれないだろうか。なんとしてでも、忠長殿にご納得いただきたく、自分としては考えている」とのこと。大光寺は酒を持参してきた。お目にかかって賞翫。（家久への）返事は、「石崎とあなたの所領で相論が出来（しゅったい）しております。それについて、忠長への取りなしを拙者に頼み

(21) **井尻伊賀守祐貞**　日知屋（宮崎県日向市日知屋）地頭。

(22) **大光寺**　仏日山大光寺。宮崎市佐土原町上田島に現存する臨済宗寺院。

(23) **高崎越前守**　『本藩人物誌』には「播磨守入道有閑弟也」とある。高崎播磨守能宗の弟なら能時の可能性が高い。

たいとのこと。そもそも（家久と忠長に）隔心(24)があるわけではないのですから、直接ご説明されるのがいいのではないでしょうか。ただ、頼まれたにもかかわらずそれを辞退するのもなんですので、ご意向に従います。あなたのお考えをなおよく承った上で、説得したいと思います。なんとしてでも、忠長がご納得されるよう、あなたも考えると仰るのでしたら、当然、軽はずみな行動をしてしまった衆に寺領(25)など命じるおつもりでしょうか。とにかく、忠長から詫びを入れるのが当然だと、あなたがお考えならば、まずあなたが（そうした主張を）仰る前に、軽はずみな行動をした衆の面目を失わせるのはいかがでしょうか。そうしたご配慮をするに越したことはありません。とにかく、ご意向次第で忠長になんとしてでも申し入れるつもりです」と答えた。

九日、飯野から飛脚が戻ってきた。有川貞真殿の返事(26)は、「さては、鹿児島から出陣命令があったのでしょうか。間違いなく、来る十五日に合戦があるだろうとのことでしたが、とても遠方衆による援軍は間に合わないでしょうから、延期し、来る二十二日に決定しました。十九日か二十日に八代に到着するよう出陣を命じました。あなたは体調不良なのでしょうか。極力養生した上、出陣するようお願いします。直接、島津忠長・伊集院忠棟と交替して、あなたは（八代に）在番として残るように」とのこと。すぐに諸方に対し、出陣が延期となり、二十二日が合戦となる旨、連絡した。佐土原の家久公から再び高崎越前守殿を使者として申し入れがあった。「忠長に対する一ヶ条（仲裁）を依頼したところ、

(24) **隔心**　心がうちとけてない状態。仲違い。

(25) **寺領**　寺への蟄居。

(26) **有川貞真殿の返事**　八月五日付書状の返事。

ご承諾いただきありがたい。そこで、軽はずみな行動をした衆に対し、面目を失わせるべきとお考えでしょうか。お考えを隠さずお聞かせいただき、これもまたうれしく思います。ただ、自分は知らなかったとは言いながらも、（実は）少しは聞いていましたので、軽はずみな行動だとまでは言えません。彼らの面目を失わせることも、納得できません。まずは言い訳をして、相手の様子をうかがって、だんだんと談合すべきです。次にあなたのこと。とにかく今度の出陣については、しっかりこちらに留まって、談合するのが大事だと考えます。来る十四日には、必ず談合衆と同心して、参上するように」とのこと。これまた、「ご意向どおりに承諾いたしました」と、伝えた。

十日、鹿児島に対し、上井兼成（うわいかねしげ）を使者として申し上げた。（内容は）「このたび出陣を命じられました。今は、痔病が再発して散々な状況です。しかし、途中までであっても出発するつもりでしたが、家久公が、『まずは、こちらで雑説があるので、おまえはしっかり残って、鹿児島からも命じられている日向国諸地頭揃っての談合をおこなうことが大事である』と仰ってます。あわせて、四国の阿波・讃岐両国を羽柴衆に明け渡すことで、長宗我部元親殿と和平が成立したとの情報が、去七日に細島に伝わってきました」と申し上げた。また、家久公から聞いた、山中から伝えられた雑説(27)についても、これも（義久が）知っておくべきと思い、伝えた。また、南林寺（なんりんじ）造作のことなどについて、条々申し上げた。

(27) **雑説** 謀叛の風聞。

この日、佐土原の家久公から田中筑前守(28)を使者として連絡があった。「また、山中から情報があった。間違いなく、三田井殿・甲斐宗攝らに対し、豊州（大友家）から計策がおこなわれている。（大友勢が）阿蘇方面に一途現形(29)の際、この口（日向口）にも出陣するとのことである。豊後（大友家）に対しても、羽柴秀吉殿から菊田名字の使者が下向して、その後、四国に渡海したらしい。（菊田は）大友殿へ金箱一を贈り、それ以外にも金箱十一を豊後が受け取ったらしい。これらの金も、どちらかへ計策するためらしいとのこと」。あれこれと細かいことが多いので、すべて書き載せることはしない。拙者が鹿児島に使者を派遣すると家久公が知り、「これらの条々も（鹿児島に）申し上げるべきだ」とのこと。詳しく（家久が）仰った条々を承ったが、「鹿児島への使者は、今朝、早朝に出立したので、間に合いません」と伝えておいた。

十一日、飯野の忠平様に対し、勝目但馬守を使者として連絡。「今度の出陣は、体調不良でありますが、なんとしてでも出立し、途中まででも参る覚悟でおりましたが、家久公が、『こちらの雑説が事実であるので、談合をおこなう。覚兼はしっかりと留まるべきである』と仰るので、出陣いたしません」と伝えた。また、山中からの雑説などについても詳しく申し上げた。

十二日、薬師如来に特に祈念。八代から伊集院忠棟の書状が届いた。「来る二十二日、堅志田(30)方面で、当作(31)を刈り払うので、日州衆が出陣するとのこと。一番と二番衆があり、覚兼を二番盛に編成したが、このようにはならないだろ

(28) **田中筑前守**　家久重臣。『本藩人物誌』には、「那珂地頭、家久家老、寄役、弓頭」とある。
(29) **一途現形**　派兵、出陣。
(30) **堅志田**　熊本県下益城郡美里町中郡。阿蘇大宮司家領南部の最重要拠点である堅志田城がある。
(31) **当作**　現在栽培中の農作物。稲カ。

う」とのこと。すぐに所々に申し渡した。
この日、清武（地頭伊集院久宣）から連絡があった。たった今、真幸からの情報として、（島津方の）花之山栫[32]が阿蘇家によって攻め落とされたとのこと。この件、佐土原の家久公に長野淡路守を使者として申し上げた。ついでに、「十四日に談合と決めたが、この情報が入ったので、まず出陣するべきでしょうか。また、この件を談合するのが大事だと思いますが、いかがでしょう。ご意見を伺いたい」と伝えた。

十三日、敷祢越中守殿が、彦山参詣[33]を計画されたので、お祝いのため酒を飲ませると約束していたので、行った。

この日、飯野の忠平様から、島津忠長殿の書状が届いた。内容は、「談合すべき問題があり、八代から飯野に参上した。花之山栫を敵が攻め落とした。それにつき、諸所の有足・無足[34]の出陣を命じる。家久公は、こちら境（日向・豊後境）の雑説があるので、連絡があるまでしっかりと待機していただく。あなたは今、養生中と聞く。まず先に配下の衆を出陣させ、しっかり留まるように」とのこと。

この晩、飯野に派遣していた勝目但馬守が帰ってきた。（忠平からの返事は）「あなたが申し出た条々、もっともである。花之山栫が不慮の攻撃で落城したこと、残念に思う。それにつき、出陣衆を異議無く命じるように。あなたは、そちら境の雑説があるので、しっかり留まって対応するように」とのこと。

十四日、早朝出立し、佐土原に参上した。談合であった。参加した衆は、

（32）**花之山栫**　熊本県宇城市豊野町下郷。八月十日に落城した。

（33）**彦山**　現在の英彦山神宮（福岡県田川郡添田町）。修験の道場。

（34）**有足・無足**　有足衆は知行地二町以上の家臣、無足衆は知行地二町未満の家臣。

吉利久金殿・比志島義基殿・鎌田政心殿。吉利忠澄は、腹の調子が悪くて参上されず、井尻祐貞が参加した。伊集院久宣も体調不良とのことで、松下久孝(35)が参加した。談合は、まず家久公・拙者などが、縣・三城の状況を視察するのがいいだろうとなって、それを踏まえて、談合を次第次第に開くべきと決定した。また、諸所がよそからの計策に応じない旨、神水を上下ともに飲ませる(36)のがいいだろうとなった。いろいろともてなされ、皆も酒を進上した。

この夜、拙者の宿所に、家久公が挨拶にいらっしゃり、酒を持って来られた。井尻祐貞・松下久孝を連れてきて、酒宴。鎌田政近殿が談合に参加するとのことであったが、子息政虎(37)が花之山で討死との情報があり、参加しなかった。この夜は、広原まで戻って、野村丹後守(38)のところに泊まった。

十五日、野村丹後守がもてなしてくれた。それから宮崎に帰った。皆やって来た。酒で参会した。

十六日、（八代）出陣衆に命じて、皆出立していった。柏原周防介に対し、飯野に参上して、「当所（宮崎）衆は（島津忠平の）お供として連れて行ってほしい」と申すよう、強く命じておいた。

この日、比志島義基殿（曽井地頭）から抜水豊前掾を使者として連絡があった。伊集院忠棟（義基の実兄）から書状が到来したとのこと。（その内容は）「まず出陣衆のことは不要となったので、延期とする。追って飯野からの連絡次第で出陣するように」とのこと。また、「花之山で討死した衆は、鎌田政虎殿・

(35) **松下越中守久孝**　清武衆。天正十五年（一五八七）三月十五日、豊後にて戦死。

(36) **神水を飲ませる**　一味神水を行う、つまり起請文を作成させること。

(37) **鎌田左京亮政虎**　一五六三〜八五。鎌田政近嫡男。

(38) **野村丹後守**　『大日本古記録』は友綱に比定。

木脇祐昌（きわきすけまさ）[39]・西俣七郎左衛門尉（にしまたしちろうさえもんのじょう）[40]、彼らについてははっきりしている。それ以外は聞いていない」とのこと。敵も多く討ち取られたとのこと。そこで、右の使者の前に番衆を呼び寄せ、出陣衆を引き留めるよう、使者として派遣した。あわせて、海江田衆も出陣したので、これにも番衆を派遣した。

十七日、佐土原の家久公から飯野の忠平様に御用があり、使僧を派遣した。その使僧が帰宅する際、飯野から直接（こちらに）派遣された。内容は、「日州衆がひとりも出陣のためこちらを通過しないのはいかなることか。来る二十二日、かねて決まった日取りで合戦になるので、油断無く命じるように」とのこと。あわせて、有川貞真殿の書状も添えられていた。それから驚いて谷山志摩介を早馬（はやうま）[41]に乗せて飯野に派遣した。「出陣については命じられましたが、拙者はしっかり（宮崎に）残るようにと先日命じられたので、出陣衆を特に用意し、昨日出発させたところでしたが、曽井（そい）の比志島義基から連絡があったので、追って使者を派遣して（出陣を）留めたところです。どういうことなのか、不安です」と伝えた。

この日、加江田に行った。縣に家久公が行くので同心するように、とのことなので、直接船で行くつもりで（加江田に）参った。蘒山寺（そさんじ）の弓場で暮的（くれまと）[42]をやる、と住持から招かれたので、的を射た。弓数は二十張ほどであった。この夜は、蘒山寺に泊まった。いろいろともてなされた。

十八日、早朝、観音に看経（かんきん）などいつものとおり。父恭安斎（きょうあんさい）様のところに参った。

(39) **木脇刑部左衛門尉祐昌** 一五四七〜八五。この時三十九歳。父木脇祐定入道正徹は、島津歳久家臣。
(40) **西俣七郎左衛門尉** 宮崎衆。この年、三月十八日、覚兼のもとを訪れている。
(41) **早馬** 急使の馬。
(42) **暮的** 詳細不明。弓競技の一種カ。

いろいろともてなされた。紫波洲崎城内を巡って見物し、普請について申しつけた。安楽阿波介が今日の茶的（43）の担当だったので、伊勢の弓場にて興行。「ご面倒でしょうが、城から下ってご参加ください」とのことなので、従った。いろいろと奔走してくれた。木花寺から酒・肴をいただいたので、賞翫した。

この夜は、（伊勢社）大宮司田中主水佑のところに泊まり、もてなされた。宮崎から使者が来た。飯野の忠平様からの書状を持参してきた。内容は、「たびたび命じたように、来る二十二日に、作払（44）をする。別途軍事行動もあるだろうから、有足・無足ともに日州衆を動員して出陣させるように」とのこと。鎌田兼政殿にこの書状を持たせて、宮崎城に遣わした。「書面どおりに早々に諸所に申し渡すように。拙者は明朝、早朝に（宮崎城に）帰って、出陣する」と伝えた。曽井と清武には、こちらから命じる旨、伝えた。

十九日、早朝出立したところに、鎌田兼政から書状が到来した。（八月十七日に早馬で飯野に派遣していた）谷山志摩介が夜前に帰ってきたとのこと。「皆出陣については油断無きよう命じるように。伊集院忠棟から出陣中止と、比志島義基を通じて命じられたのであろうか。心配している。おまえは、体調不良とのことなので、しっかり残るのがいいだろう」とのこと。

この日、曽井・清武に出陣について命じ、宮崎に向けて帰った。曽井には谷山仲左衛門尉を使者として伝えた。「去十六日、出陣中止の旨、抜水豊前掾を使者として承り、それに従って出陣を差し止めた。しかし、飯野の忠平様

（43）**茶的**　お茶をかけた弓競技カ。

（44）**作払**　作毛を刈り取る軍事行為。

からは心配である旨伝えてきた。後日のために伝えておく」と申した。

この日、比志島義基殿から使者が来た。「出陣中止のこと。そんなことは全く知らないことですが、抜水氏が聞き違えて誤って伝えてしまったようです。それはあまりに困ったことと思ったので、（抜水に）寺領を命じようかと思いますが、いかがでしょう」とのこと。返事は、「出陣中止の件は、使者の伝達に誤りがあったのでしょうか。しかし、私からの返事は、きっとあなたも聞いていたでしょう。その時、使者の伝達に誤りがあったならば分かったはずです。それをこちらに伝えず、今になってこのように伝えてきたのは、納得できません。比志島殿自身が寺家（じけ）に入るかどうかは知りません。抜水氏が聞き違いした件は、曲事（くせごと）である旨伝えるのが当然でしょう」と申しておいた。抜水氏は、長山兵部少輔のところに来て、「先日使者をつとめた際、伝達に誤りがあった旨、比志島殿から伝えられました。既に比志島義興（ひしじまよしおき）殿(45)が出陣していたのも止めてしまい、清武などにもそれについて報告しており、あなたに伝えたことは間違っていたと言われました。筋の通らないことではありますが、地頭から指示がありましたので、謹慎いたします。それでも、今なお先日申したことに変わりはありません」とのこと。詳しく長山兵部少輔から事情を聞いた上で帰らせるように伝えた。

二十日、出陣するつもりで、加江田から人衆・夫丸（ぶまる）らを召し寄せた。しかし、今日は戊午（つちのえうま）で、あまりに悪日なので、まず人衆を竹田(46)まで派遣し、拙者は明日、

(45) **比志島彦太郎義興**　一五六一～九九。比志島義基嫡男。

(46) **竹田**　宮崎県東諸県郡国富町大字竹田。

早朝に出陣すべきであると巧者[47]らが言うので、それに従ったところ、鹿児島から使僧成覚坊（せいかくぼう）[48]がやって来た。すぐに拙宿に来られた。内容は、「そちら境での雑説が事実とのことで、皆警戒しているとのこと。精一杯所々の普請など、油断無く命じるように。重ねて京都から内々に情報が伝わり、羽柴衆が四国に出陣し、最終的には当国への侵攻を目標としているとのこと。油断無くしっかり判断することが必要である」とのこと。あわせて、「計策文[49]などを持参する者がいる旨、ある方から報告があったので、詳しく事情を聞いた上で、家久とも談合の上、その者が下向してきたならば、早々に搦（から）め捕るように」とのこと。その使僧が語るところでは、「鹿児島衆も少々出陣したところ、加治木で聞いた情報によると、八代から横川[50]まで書状が到着し、『ここかしこの衆が帰ってしまっており、どうなっているのか。我々の出陣も今少し見合わせるのがいいのだろうか』と問い合わせてきた」とのこと。使僧は、佐土原に参られ、それから縣にまで行かれるとのこと。そこで、「拙者も縣に家久公と同心して行くので、そちらで詳しくご返事いたします」と申し上げた。また、「一ヶ条[51]を命じられた件については、すぐに鎌田政近と談合し、覚悟しておきます」と返答した。

この日、清武から使者が来た。「去十六日に出陣衆は出発するつもりでいたところ、曽井から止められて、出発しなかった。またまた出陣せよとのことなので、明日出発する」とのこと。早々に出発するのがいいだろうと伝えた。

(47) **巧者** この場合、経験豊富な者という意味カ。
(48) **成覚坊** 詳細不明。山伏カ。
(49) **計策文** 寝返りを促す書状。
(50) **横川** 鹿児島県霧島市横川町。地頭は伊集院久信。
(51) **一ヶ条** この場合、羽柴勢の九州出陣への対応について。

二十一日、寅刻（午前四時頃）、家久公から使者が来た。「出陣は延期となり、しっかり残られると、御使僧から伺いました。そういうことならば、先日予定していたように、縣・三城にお越しください。今日はまず財部（たからべ）[52]までお越しください。あなたは体調不良とのことなので、乗物で静かにお越しください。お待ちしております」とのこと。「心得ました。私をお待ちになる必要はありません。あとから参りますので」と返事しておいた。

この日、柏原周防介・鎌田兼政、このほか衆中を残らず出陣させた。柏原周防介は飯野に派遣し、「忠平様が明日出陣されるとのことなので、宮崎衆をお供にしてください」と、申し出るよう命じておいた。

二十二日、出発して高城（たかじょう）に到着。坂本民部左衛門尉（さかもとみんぶざえもんのじょう）が拙宿に来られた。（高城地頭の）山田有信（やまだありのぶ）殿の代官も同心してきた。酒をいただいて、賞翫した。

二十三日、早朝出発した。美々津（みみつ）[53]で少し休憩。町衆などが酒を持参。いろいろともてなされた。この晩、日知屋（ひちや）[54]に到着。家久公から使者が来た。「昨日こちらに到着しました。あなたを待っていたところ、早々に到着されたとのこと、めでたいです」とのこと。吉利忠澄殿もお出でになり、（日知屋地頭の）井尻祐貞が酒を持参してきた。「家久公は今日、細島にて休憩して、ただいま日知屋城にお戻りになったので、あなたも城に登り、おもてなしをお願いします」とのこと。「痔病が悪化している上に遠路を移動してきたので、特に難儀しておりますので、お目にかかることができません」と返答した。

(52) **財部**　宮崎県児湯郡高鍋町。

(53) **美々津**　宮崎県日向市美々津町。

(54) **日知屋**　宮崎県日向市日知屋。

二十四日、地蔵菩薩に看経はいつもどおり。この日の朝も井尻祐貞がやって来て、しきりに城に登るよう申してきたが、「体調不良のため登れません。今年の春に城で挨拶したので、今回は遠慮します」と申した。

　この日、縣に家久公がお越しになるというので、我々も出発しようとした時、飯野の有川貞真殿から書状が届いた。「八代から、しきりにあなたを出陣させるようにと言ってきているので、ご用意ください。また、家久公も御出陣ください」とのこと。去る二十一日付の書状である。すぐに返事した。「家久公のお供でこちらに来ております。帰宅次第、出陣するつもりです」と。土持久綱（つちもちひさつな）殿から、「家久公がいらっしゃって喜ばしいです」と、拙者まで使者にて伝えてきた。この晩、縣に到着。土持殿が途中までやって来て、案内者をつとめた。

　この夜、土持久綱殿に家久公が挨拶に行き、我々がお供した。まず三献はいつもどおり。家久父子[55]から馬・太刀を土持殿に賜られた。席次は、客居に家久公・拙者・鎌田政心、主居は、しきりにご遠慮なさったが、堅く命じたので忠豊（ただとよ）殿が座り、吉利忠澄・土持久綱。いろいろともてなされた。（一番）鶏が鳴くまで酒宴であった。京から下ってきた狂言大夫（たゆう）[56]が参られ、いろいろとあった。土持久綱殿の子息[57]が呼ばれて、お酌などした。また、家久公がお酌をした。

二十五日、川船（かわぶね）にて、むしか[58]あたりの大友宗麟（おおともそうりん）の旧跡[59]など、家久公がご覧になった。我々もお供して見物。こあつさ[60]の下にて、土持久綱殿が酒を進上したので賞翫。お帰りになる際、こあつさに上ってご覧になり、直接お帰りになった。

（55）**家久父子**　家久と長男又七郎忠豊（のちの豊久）。

（56）**狂言大夫**　詳細不明。

（57）**土持久綱の子息**　久綱の男子には、長男信村（一五七七〜九七）・二男公綱（一五八一〜一六五九）・三男盈信（一五八八〜一六六八）があり、この時の子息とは長男信村（幼名宮房丸）であろう（甲斐典明「『鹿児嶋土持系図』にみる室町時代〜江戸時代初期の縣土持氏の動向」『縣』三〇、二〇一一年）。

（58）**むしか**　務志賀。宮崎県延岡市無鹿町。

（59）**大友宗麟の旧跡**　天正八年（一五八〇）、大友宗麟が日向に出陣した際、務志賀に本陣を置いた。その陣跡であろう。

（60）**こあつさ**　小梓。宮崎県延岡市稲葉崎町を中心とする小梓地区。

この朝、土持久綱殿に馬を贈った。鴾毛[61]であった。この晩、家久公の宿所に土持久綱殿がやって来て、（覚兼も）来るようにとのことなので、参った。いろいろともてなされた。家久父子に馬・太刀を進上した。夜更けまで酒宴。この夜、拙宿にも土持久綱殿が御礼に来た。酒で対応。太刀一腰・織筋四端をいただいた。

二十六日、早朝、家久公は出発され、お帰りになった。土持久綱殿は門川まで見送られた。門川の芝屋にて酒。それから久綱がお暇申された。

この日、塩見に到着。吉利忠澄殿が中途まで出迎えてお供した。三献はいつものとおり。家久父子から忠澄に太刀・目録が遣わされた。忠澄も太刀・目録を進上した。席次は、主居に家久公・吉利忠澄、客居に忠豊殿・拙者・鎌田政心であった。いろいろともてなされた。夜更けまで酒宴。

この夜、家久公から吉利忠澄殿・長野下総守殿を使者として申し入れがあった。「先日、佐土原にお越しになった際、面談にてぶしつけながら申し入れましたが、あなたの娘と、次男東郷重虎[62]が似合いのようなので、室に欲しい」とのこと。これに対し、「先日面談した座でこの話を聞いた際、まったく不相応なお考えと思ったので、ご返事しませんでした。なのに、またまた申し入れがあり、ありがたいことです。しかしながら、あまりにあまりに不似合いな縁組みなので、あきらめていただきたい。その上、鹿児島（義久）に尋ねたとしても、近所（宮崎と佐土原）であり、家久公の意向は重いものですが、拙者の心得違い（思い上がり）であると言われるだろうと思います。こうしたことから、あきらめ

(61) **鴾毛**　葦毛でやや赤みを帯びた白い馬。

(62) **東郷又八郎重虎**　一五七四〜一六二一。家久二男。幼名は鎌徳丸。母は樺山玄佐の娘。東郷重尚の養嗣子。後年、島津氏に戻り、源七郎忠直と名乗る。

ていただくよう、両所（吉利忠澄・長野下総守）に（説得を）お願いします」と申した。（それとともに）「家久公が是非とも嫁に迎えたいとのご意向は、鹿児島（義久）に対し、家久公自身からお伝えしていただきたい」と伝えた。（使者からは）「とにかく、追って吉日を待って（正式に）申し入れるつもりである。今後、誰か別の人と縁組みが決まってしまわないよう、心構えのために伝えておいた」とのことである。

二十七日、鹿児島の御使僧成覚坊が帰られるというので、家久公がご返事をされた。我々もご返事を申し上げた。（家久のご返事の）なかに、右松備後守（みぎまつびんごのかみ）という去々年（天正十一年）以来、山中で、柄繰（からくり）[63]をおこなっている人物について話があった。「今、彼（か）の者（右松）へ使者を派遣しており、引き続き調略にあたっていることは、今でも変更ありません。この時期、義久様のお考えが〈たたれ候ハヽ〉[64]、（右松備後守は）島津氏への奉公を約束するでしょう。その約束がなければ、義久様が（大友家との関係について）悩むことはないでしょうが、こちらの敵となってしまうでしょう。なぜならば、豊後（大友家）から柴田治右衛門尉（しばたじうえもんのじょう）[65]と小田原（おだわら）[66]が高知尾（たかちお）に来て逗留し、島津氏と手切れする算段をつけて帰ったらしい。来る九月十二、三日には、必ず彼（か）の二人がまた山中に来て、三城口への調略活動をおこなうはずです。（逆に）こちらから調略した者も二十七、八人おります。そういうことなので、田代（たしろ）[67]・宇名間（うなま）[68]あたりはたやすく調略できると連絡してきております。どのように対応するのがいいでしょうか。この旨

(63) **柄繰**　調略活動。

(64) **たたれ候ハヽ**　断たれ候はば。「豊薩和平を破棄するならば」という意味カ。

(65) **柴田治右衛門尉**　柴田治右衛門入道礼能（?～一五八六）カ。大友宗麟の側近。

(66) **小田原**　小田原左京亮鎮郷カ。

(67) **田代**　宮崎県東臼杵郡美郷町西郷田代。

(68) **宇名間**　宮崎県東臼杵郡美郷町北郷宇納間。

を八代（忠平）にも申し入れます。ちょうどいい機会に御使僧（成覚坊）がいらっしゃったので、詳しく申し上げました。このようなことなど指示を受けた上で、我々も肥後に出陣します」と申し上げた。

　この日、家久公がお帰りになった。吉利忠澄が平岩の松原まで見送られた。そこにて、しばらく酒宴をひらいた。家久公は、この夜、津野（つの）(69)に泊まった。我々は美々津に泊まった。地下衆（じげしゅう）が酒・肴を持参した。亭主は大覚坊（だいかくぼう）で、いろいろともてなしてくれた。

二十八日、早朝出発。財部麓(70)に柴屋を構えて、地頭の鎌田政心から招かれたので、従った。いろいろとご馳走していただいてのおもてなし。下々まで沈酔（ちんすい）した。この夜、人足（にんそく）らを佐土原に置いたまま、拙者は宮崎に帰った。

二十九日、普請をさせて見物。佐土原の家久公に使者を派遣し、「この間、お供していろいろと憚り多いことを申し上げました」と伝えた。

　この晩、紫波洲崎に普請を命じるため、赴いた。蘓山寺に泊まった。

晦日（三十日）、早朝、紫波洲崎城に登った。恭安斎がいろいろともてなしてくれた。風呂を焼いてくれたので入った。それから、暮的があったので射た。ここでもいろいろと馳走があってもてなされた。上井玄蕃助（うわいげんばのすけ）が的の担当で、いろいろと奔走していた。

　この夜、法華嶽寺（ほけだけじ）(71)から、鹿児島に御用があり派遣していた使僧が帰ってきて、義久様の伝言を聞いた。「家久のお供をして縣に行ったと聞いた。大事なこと

(69) **津野**　都農。宮崎県児湯郡都農町。

(70) **財部麓**　高鍋城（宮崎県児湯郡高鍋町南高鍋）の麓。

(71) **法華嶽寺**　法華嶽薬師寺。宮崎県東諸県郡国富町大字深年に所在する寺院。

である。宮崎に帰り次第、八代方面に早々に出陣するように。そちらで談合をおこなっている最中である」とのこと。次に、「南林寺造作のこと。合戦の最中は難しいであろうが、伯囿（はくゆう）(72)様へのご奉公であり、なんとか心がけて、造作が完成するよう頼む」とのこと。彼（か）の僧は、またまた鹿児島に参るとのことなので、（義久へ）ご返事したいと申したが、別の僧でご返事してくださいと言われた。それなら、書状を添えようと思い、「近々八代方面に出陣するようにとのこと、承知しました。詳しくは、成覚坊に伝えました。こちらで承知しておくことがありますので、家久公と談合した上で出陣いたします。また、南林寺造作のこと、私が心がけることに油断はありませんが、今は合戦の準備で取り乱れ、できそうもありません」と伝えた。

【解説】

四日、島津家久から報告を受ける。これ以前、家久領内徳之渕の住人が島津忠長領石崎で撲殺される事件が起きていた。その後、徳之渕の住人と佐土原衆（家久家臣）が、犯人である佐司兄弟を報復のため殺害してしまう。家久は日向国を統括する覚兼に報告し、八日には忠長との仲介を依頼している。

同日、島津忠平は、義久の使僧に決定していた金乗坊が若すぎるとして、使僧の差し替えを命じる。この件は義久が了承したものであるが、これを「両殿」のもう一人である忠平が覆す事態となった。このあたりから両殿

(72) **伯囿**　義久の父島津貴久（一五一四～七一）の入道名。南林寺は貴久の菩提寺。

の意向が齟齬をきたすようになっていく。

翌五日には、忠平が覚兼の即時出陣を止め、島津忠長・伊集院忠棟と交替で八代に在番するよう命じる。その一方で鹿児島の義久からは、今月十三日に八代に出陣するよう命じられている。両殿間の意思疎通がうまくいっていないことを感じた覚兼は、忠平の重臣有川貞真に確認を求めている。

同日、義久は、羽柴勢の四国進攻を受け、長宗我部元親の早期敗北を予測し、その後の九州進攻への対応を指示する。具体的には、佐土原の島津家久のもとに日向国内の地頭衆が集まって談合するよう求めている。

六日、家久は、忠平から豊後に近い三城付近を見分の上で対応を検討するよう指示を受けていたという。ここでも両殿の連携不足がうかがえる。家久は、日向衆だけでの談合は無意味で、島津家全体での協議が必要だとして、とりあえずは肥後への出陣を優先すべきとアドバイスしている。

七日、覚兼は、都於郡の鎌田政近にも相談したところ、羽柴勢への対応協議を優先させるべきで、肥後出陣は痔を理由に辞退するようアドバイスされている。

八日、家久は覚兼に、山中（肥後国境に近い山間地域）からの情報として、大友家が阿蘇大宮司家と、その従属下にある三田井氏とその重臣甲斐宗攝を調略しており、土持領縣進攻を計画していると伝えるとともに、肥後出陣を中止して三城（門川・塩見・日知屋）地頭の吉利忠澄とともに佐土原で談合するよう求める。

十日、覚兼は叔父兼成を鹿児島に派遣し、義久に対して、長宗我部元親が降伏したこと、痔の悪化と家久から肥後出陣を止められたこと、家久がもたらした山中からの情報を伝えている。翌日には、飯野の忠平に対しても、家久との談合のため出陣をしない旨、伝えている。

さらに家久からは、大友家に羽柴秀吉の使者が下向し、計策資金の金箱が渡ったとの情報をもたらされている。

なお、同日、阿蘇大宮司家領に対する島津方の支城である花之山栫が落城し、日向都於郡地頭鎌田政近の嫡男政虎・木脇祐昌らが討死している。この情報は二日後の十二日には清武経由で宮崎に伝わっている。これにより、急遽八代在番中の老中島津忠長は飯野の忠平のもとに赴き、各地の有足・無足を総動員して肥後に出陣することを決定したようであり、十三日にその意向が宮崎まで伝わっている。

十四日、佐土原の家久のもとに覚兼ら地頭衆が集まって談合し、家久・覚兼が縣・三城を視察すること、大友方からの計策に応じないよう、家中の者から起請文を提出させることを決定している。

十六日、覚兼以外の宮崎衆が肥後に向けて出陣していったが、曽井地頭比志島義基が八代在陣中の伊集院忠棟から出陣延期の連絡を受けたといい、使者抜水豊前掾がこの旨を伝えてきた。覚兼は出陣したばかりの宮崎衆・海江田衆を呼び戻したが、出陣中止は誤報であった。忠平は諸将が飯野を通過しないのを不審に思い、覚兼に問い合わせており、十九日、比志島義基は使者の伝達ミスであると釈明している。両殿の意思疎通不足といい、前線の八代との情報伝達ミスといい、不手際が目立つ。

十八日、紫波洲崎城に出かけていた覚兼は、二十一日、急遽宮崎衆を出陣させている。そして覚兼自身は、家久から縣・三城視察に呼ばれ、二十三日には日知屋に到着している。翌二十四日には縣に入って、家久・忠豊父子らとともに土持久綱の歓待を受け、翌二十五日には、天正八年（一五八〇）に大友宗麟が縣に進攻した際の陣跡などを見物し、翌日帰途についている。この時は視察がメインというより、豊後境の国衆土持久綱が調略されていないか、確認の意味が大きかったのではないか。

二十六日、塩見に到着した覚兼は、吉利忠澄から家久次男東郷重虎と覚兼娘との縁組を受諾するよう説得を受けているが、鹿児島の義久の意向を確認してほしいと、回答を避けている。

二十七日、塩見にて義久の使僧成覚坊に対して、返答をする。その際家久は、天正十一年以来、家久が山中の右松備後守なる人物に調略をさせていることを伝え、大友家と手切れすれば右松は島津家に奉公すると、義久の決断を促している。これ以降、家久は豊後進攻に向けて色々と画策していき、覚兼も巻き込まれていく。

天正十三年（一五八五）

閏八月条

一日、看経はいつものとおり。折生迫浜の口に、石築地を普請させて、終日見物。この日、吉利忠澄殿に書状を送り、山中の情勢について尋ねた。

二日、彼岸の入りだったので、特に読経などした。御崎寺に参詣したところ、座主が出てきて、酒。

　この日、伊比井[1]・野島[2]あたりの浦衆が、的興行をやるつもりだったところ、天気が悪くてできなかった。そこで、中城にてそれぞれに酒を振る舞い、いろいろと馳走した。夜更けまで酒宴。

三日、天気は良くなかったが、明後日（八代へ）出陣するので、宮崎に帰るつもりで出発した。すると、宮崎から谷山仲左衛門尉がやって来た。昨日、家久公から使者が来て、八代への出陣を来る八日に決めたとのこと。ひどく川の水が増して、ようやく泳いでやって来たとのこと。そうなると帰路は難しいと考え、蘓山寺に泊まった。円福寺がやって来て、雑談など。

　この晩、天気が晴れたので、暮的を射させた。ここかしこから酒・肴など持参。賞翫して慰んだ。

四日、いつものとおり。若き衆が朝的をやっていたので見物。蘓山寺がいろい

(1) **伊比井**　宮崎県日南市伊比井。

(2) **野島**　宮崎市内海の巾着島付近。

ろと振る舞ってくれた。

この日、宮崎に帰った。吉利忠澄殿から、去る閏八月朔日付書状の返状が届いた。「我々は急々に出陣しなければならないのでしょうか。そうであるならば、先日の談合は無駄になってしまうのではないですか。是非とも、来る十日前後まではしっかりと残るべきではないですか。山中にまたまた使者を派遣したので、一両日中にあちらの様子が分かるでしょう。その時は、早々に注進します。また、豊後衆（大友勢）が、現在、梅口[3]に集結したとの情報があります」とのこと。これを、和田刑部左衛門尉を使者として家久公に申し入れた。右の返状も見せるため持たせた。あわせて、「拙者は、明日出陣する覚悟でしたが、この件も重要であり、どうするのがいいのでしょう。お考えに従います」と伝えた。

五日、早朝、和田刑部左衛門尉が、佐土原から帰ってきた。「吉利忠澄殿からの書状、詳しく拝見しました。先日、塩見でおおかた伺ったとおりであり、もっともに思う。しかしながら、八代方面からしきりに出陣するよう言ってきており、もし出陣しなかったならば、八代方面を見捨てられたと忠平様がお考えになってはまずい。どちらとも判断しがたい。あなたの考え次第である」との、家久公の返事であった。

城戸を建てさせて、そうした普請を見物していたところ、福永藤六殿から注進があった。現在、福永伊豆守が八代に在番しており、書状が到来したとのこと。（その内容は）「去二十九日、豊田口[4]にて、敵（阿蘇勢）六十余を討ち取っ

（3）**梅口** 宇目口。大分県佐伯市宇目。

（4）**豊田口** 宇土（名和）氏領豊田城（熊本県宇城市松橋町浦川内）方面。

た」とのこと。めでたいですとの注進であった。皆が、おめでとうございますと申しているところに、清武から八代に派遣されていた使僧が帰ってきて、伊集院忠棟からの書状をいただいた。（その内容は）「来る十一日、三舟(5)（御船）・隈庄(6)に出陣し、奥地まで攻め込むつもりである。夜を日に継いで、来る八、九日までに八代に到着し、合戦に参加するように。（兵糧は）十日間詰めの用意をしておくように」とのことであった。彼の使僧が物語るに、「去る二十九日、敵六十三人を討ち取った。皆、究竟の者(7)であった」とのこと。また、家久公に和田刑部左衛門尉を使者として、右の内容を伝え、拙者は明日出陣すると伝えた。

六日、早朝、和田刑部左衛門尉が帰ってきた。（家久からの返事は）「たびたび使者にて連絡してくれてありがたい。あなたは朝出陣されるのでしょうか。自分は、明後日八日に必ず出陣するつもりである」とのこと。

この朝、出陣した。本庄(8)にて、財部衆の久保左近兵衛尉と出くわした。今、八代から戻ってきたところで、伊集院忠棟の書状を持っていたので、すぐに披見した。昨日の書状と同じ内容であった。「来る十一日に合戦となるのは間違いないので、早々に出陣するように。家久公は出陣されたのか、不安に感じている」とのこと。このこと、彼を通じて佐土原に伝えた。敵を討ち取ったことも同じように物語ってくれた。「財部地頭（鎌田政心）も早々に出陣するように」と伝えた。

（5）**三舟**　御船城（熊本県上益城郡御船町）。故甲斐宗運の居城。
（6）**隈庄**　隈庄城（熊本県熊本市南区城南町隈庄）。甲斐氏の支城。
（7）**究竟の者**　軽輩ではなく、それなりの身分の武将。
（8）**本庄**　宮崎県東諸県郡国富町本庄。

　この夜、本紙屋(9)に泊まった。樺山忠助(10)殿が町に宿を取っていたので、通った際に事問いをした。やがて（樺山からも）使者が来て、「折良く、あなたも今日出発でしょうか。ご一緒しましょう」とのこと。
七日、般若寺門前(11)に到着。別当が拙宿に来た。酒・肴を持参してきて、しばらく物語。般若寺から、「お招きすべきですが、急ぎの出陣であると伺ったので、ぶしつけではありますが、お誘いはいたしません」と連絡があり、拙者も、「ご挨拶に伺うべきですが、日限のある出陣ですので、無沙汰して通り過ぎます」と使者でご挨拶した。
八日、久木野(12)に到着。樺山忠助殿は、途中の水俣(13)から船に乗っていくつもりのようであり、そちらに向かうと使者にて連絡が来た。ご慇懃にありがとうと返事しておいた。久木野の地下衆が、馬草・薪などくれた。宮崎衆中の野村大炊兵衛尉・宇田能登守が同道した。
九日、早朝に出発した。佐敷地頭宮原景種(14)に船の手配を依頼して、一艘用意してくれた。拙者は、悴者五、六人を連れて乗船し、それ以外は陸路で行かせた。
　この夜、比奈古(15)に到着。比奈古噯の鎌田政英殿(16)の仮屋に宿を取った。財部地頭鎌田政心の養子鎌田政良殿(17)がこちらに到着したとのことで挨拶に来られた。伊集院忠棟に書状で申し入れた。「ただいま夜に入って当所に到着しました。明日出陣でしょうか、いかがでしょう。拙者は人数が揃うのを待っております。明日早々に参上します。詳しくは、宮崎衆中が八代に多数いるので、彼

(9) **本紙屋**　宮崎県小林市野尻町紙屋。
(10) **樺山兵部大輔忠助**　一五四〇～一六〇九。大隅長浜（鹿児島県霧島市隼人町小浜）領主・日向穆佐（宮崎市高岡町）地頭。樺山善久（玄佐）二男。母は島津日新斎二女。島津義久の従兄弟、島津家久義兄。
(11) **般若寺門前**　鹿児島県湧水町般若寺。
(12) **久木野**　熊本県水俣市久木野。
(13) **水俣**　熊本県水俣市。
(14) **宮原筑前守景種**　一五一五～八七。肥後佐敷（熊本県葦北郡芦北町）地頭。天正十五年（一五八七）七月、肥後隈庄にて討死。
(15) **比奈古**　日奈久。熊本県八代市日奈久。
(16) **鎌田源三郎政英**　一五四六～一六三六。鎌田越中守政森の子。
(17) **鎌田二郎五郎政良**　？～一五九九。志布志地頭鎌田政広の二男。鎌田政心養嗣子。

らにお命じいただき、夜中に連絡を頼みます」と記した。この夜中に返状が到来した。「明後日十一日、合戦となるのは間違いありません。隈庄城近くの村四、五ヶ所を破却し、これを釣手（つりて）[18]として敵が近づいてくれば、味方の軍勢で〈まくる[19]〉のがいいだろうと談合しています。日州衆は皆、あなたに同心するように。川上久隅（かわかみひさずみ）殿と同じ盛（もり）であります。忠平様が明晩、小川[20]まで出陣されるでしょう。あとはそちらにてご判断ください」とのこと。

十日、早朝、樺山忠助殿から使者が来た。「水俣から出船して、ようやくこちらに到着しました。あなたと同心したい」とのこと。「日州衆は同じ盛なので、今日出陣します。その支度が大事です」と答えた。あとから来た衆を待ち、比奈古を巳刻（午前十時頃）に出発。やがて、八代に到着。路次（ろじ）から直接忠平様のところに出頭し、すぐ見参した。「今日出陣しようとしたところ、感心なことに、ちょうどいい時期に到着されたようで」との上意であった。それから、やがて出陣され、島津忠長（しまづただたけ）殿がお供であった。諸軍衆も思い思いに出陣し、この夜、忠平様は小川に泊まられた。諸卒（しょそつ）（その他の兵）は、小野[21]・森山[22]・高津賀（たかつか）[23]・豊福（とよふく）[24]など、在々所々に宿を取った。我らは、豊福に泊まった。

十一日、隈庄城近くの村々を破却した。衆盛[25]などは、昨日到着したばかりだったので、しっかり聞いていなかった。（忠平の）御馬廻りの一手は島津忠長がお供。伊集院忠棟の一手、我々の一手という編成。（我々の一手は）だいたい日州衆であった。我々が布陣していた口に、敗走した衆が退いてきたところを追い崩し、

(18) **釣手**　籠城衆を誘き出すための囮、誘い。
(19) **まくる**　追い散らすという意味カ。
(20) **小川**　熊本県宇城市小川町。
(21) **小野**　熊本県宇城市小川町北小野・中小野・南小野。
(22) **森山**　守山。熊本県宇城市小川町南部田。
(23) **高津賀**　熊本県八代郡氷川町高塚。
(24) **豊福**　熊本県宇城市松橋町豊福。
(25) **衆盛**　出陣衆の部隊編成。

敵二百程を討ち取った。忠平様御内衆が過半を分捕った。隈庄城の板城戸(26)まで追い詰め、宮崎衆野村甚介・濱田後藤兵衛尉・立本右近将曹、拙者悴者谷山刑部少輔・山本備前守が分捕りをあげた。敷祢源六が戦死した。高城雅楽助が手負い。宇土殿（名和顕孝）がみずから出陣し、名和衆も多く高名をあげた。（天草五人衆の）志岐親重(27)・上津浦鎮貞(28)・栖本親高(29)・天草久種殿(30)など、皆々みずから出陣された。勝吐気は川田義朗、勧請関(31)は伊集院三河守(32)であった。龍造寺政家・秋月種実殿(33)の使者が勝吐気に立ち会い、合戦の様子を褒め称えていた。甲斐宗運の次男林氏(34)に頸を見せたところ、甲斐治部・甲斐帯刀で、二人とも隈庄役人であるとのこと。これらをはじめ、頸二百程であった。三舟から（隈庄への）援軍四千程が、〈むかえの原(35)〉に布陣した。若衆中がこの陣を切り崩したいとしきりに言ってきたが、日が暮れたので、出陣してはならないと厳しく引き留めた。

十二日、早朝から皆、小川の忠平様の宿所に祗候した。談合衆が揃って、軍議であった。昨日の三舟からの援軍四千程は、きっと明日も出てくるだろう。そうなれば、是非攻めかかり、一戦交えるのがいいだろうということに決した。そうしたところ、（忠平が）川田義朗殿にお尋ねになり、明日から連続して悪日が到来するので、合戦はよくないとのこと。このように（川田が）仰るのは、花之山で栫取の勧請(36)を新納久饒(37)がおこなった時、川田が〈改軍(38)〉をしないといけないと、鹿児島でも主張されたようで、（それに対し）義久様は、「〈改軍之法〉

(26) **板城戸**　板の城門ヵ。

(27) **志岐親重**　?～一六〇七。天草五人衆の一人。本拠は志岐城（熊本県天草郡苓北町志岐）。実父は有馬鎮貴の祖父有馬晴純。室は島津薩州家義虎の娘。

(28) **上津浦鎮貞**　天草五人衆の一人。居城は肥後国上津浦城（熊本県天草市有明町上津浦）。

(29) **栖本親高**　一五六六～九二。天草五人衆の一人。本拠は栖本城（熊本県天草市栖本町湯船原）。豊臣秀吉の九州平定の時、所領をみとめられる。天正十七年（一五八九）一族の天草・志岐氏らとともに小西行長と戦うが降伏。梅北一揆の際、討死。

(30) **天草久種**　?～一六〇一。天草五人衆の一人。本拠は河内浦城（熊本県天草市河浦町）。天草鎮尚の子。天正九年頃、父鎮尚の跡を継いだとされる。キリシタンとして知られ、天正十九年、イエズス会コレジヨを河内浦に誘致した。

(31) **勧請関**　軍神勧請の声。

(32) **伊集院三河守**　『大日本古記録』は忠将に比定。後年、天正二十年（一五九二）六月の梅北一揆に参加して討ち取られる。

(33) **秋月種実**　一五四八?～九六。

などということは、こちらではまったく聞いたこともない。久饒はまったく知らないだろう。なんとしてでも川田義朗に軍神の祈念をさせるのが大事である。その上、花之山が思いもよらず落城して以後、花之山口にて強い敵六十を討ち取った。それは、天道が〈改軍〉をしたのであり、善悪を論ずるまでもない」という上意であったと、皆物語っていた。しかし、明日の合戦は、役者(39)（川田義朗）が納得していないので、まずは中止し、法(宝)蓮寺の尾(40)に陣を張るのにふさわしい場所があるらしいので、ここまで出かけて、（忠平の）上覧に供するのがいいだろうとの意見が出て、皆、宿に帰って行った。

十三日、早朝、衆盛などもなく、（忠平の）宿所に集まった連中はお供し、そのほか諸所の軍衆は、思い思いに出発して行った。忠平様が法(宝)連寺之尾に登られ、島津忠長・伊集院忠棟がお供した。そうしたところ、若衆中が下知（命令）もないのに堅志田城の麓に出陣し、放火をした。これは、談合で決定したのとは異なる行動であり、困ったことだと思い、止めたのだが、早々と先の方まで多くの軍勢が行ってしまい、力及ばなかった。だからといって、そのままにするわけにもいかないので、拙者は法(宝)連寺之尾には登らず、響之原(41)に偵察に出たところ、新納忠元も下知していない行動があったと聞いて、拙者がいるところにやって来た。それからいろいろあって、堅志田に向かった足軽衆がいるというので、新納忠元と同心して堅志田麓に赴き、状況を聞いたところ、甲佐之囲(42)を破却して、敵数百人を討ち取ったとの情報が到来した。まず、宮崎衆が分捕

筑前国衆。居城は古処山城（福岡県朝倉市秋月野鳥）。

(34) **甲斐宗運の次男林氏**　詳細不明。二男は親正とされるが、父によって誅されたとも伝えられる。

(35) **むかえの原**　「まいのはら」（熊本市南区城南町舞原）のことカ。

(36) **柞取の勧請**　城を築く際の神仏への祈念。地鎮祭のようなものカ。

(37) **新納右衛門佐久饒**　一五四七～一六二四。新納康久二男。奏者。

(38) **改軍**　改軍之法。詳細不明。

(39) **役者**　軍配者のことカ。

(40) **法蓮寺の尾**　熊本県宇城市豊野町糸石と同県下益城郡美里町中小路の境に位置する標高三四九メートルの丘陵。堅志田城の西一・六キロ。

(41) **響之原**　熊本県宇城市豊野町糸石。天正九年（一五八一）十二月、この地で相良義陽が甲斐宗運の軍勢に討ち取られた（響野原の戦い）。

(42) **甲佐之囲**　甲佐柞、松尾城（熊本県上益城郡甲佐町豊内）カ。

りをあげて、頸を持参した。鎌田兼政・柏原周防介・金丸主馬允・吉田外記。拙者悴者では、加治木雅楽助が二人を討ち取ってきた。おそらく、甲佐囲は制圧されたであろうとのこと。御旗本（忠平の陣）から、島津忠長・伊集院忠棟が我々のいるところにやって来た。伊集院忠棟が、甲佐栫に赴いて在番すると言い出したが、新納忠元と拙者は、「そうあるべきでしょうが、今あちらを見てきた者が申すには、ことごとく焼き払われたので、これを確保するのは、一夜でも難しいでしょう。その上、敵は劣勢とは言いながら、あまりに敵領内深い場所なので、忠棟が在番するのはやめたほうがいいでしょう」と申し上げた。（伊集院忠棟は）「そういうことなら、（忠平から）甲佐に行くよう命じられたので、忠平様に対し、二人（新納・覚兼）がご説得いただければ、（甲佐行きを）思い留まります」と答えた。「それは我々にお任せください。まずは拙者が今いる場所にお留まりいただき、談合することが大事です」と答えた。伊集院忠棟と島津忠長・新納忠元・拙者、このほか諸地頭衆が集まって談合した。すると、堅志田の萩之尾栫[43]までは攻略できそうと、巧者らが判断し、それなら攻めるのがいいだろうと決し、一同で攻めかかった。下栫にて、平田増宗殿（覚兼娘聟）が太刀打ちの際、疵を蒙った。それから合戦などあって、詰城[44]まで攻め上った。皆、敵と戦い、手負いなどあった。宮崎衆・拙者悴者など、数多く分捕りをあげたが、切り捨て[45]だったので、記すには及ばない。長山兵部少輔・山本備前守が詰城にて手負いを蒙った。皆、奮戦した。拙者は、肝付兼寛と同心し、我々

（43）**萩之尾栫**　詳細不明。

（44）**詰城**　最後の拠点となる砦。

（45）**切り捨て**　討ち取っても、首は取らずにそのまま捨て置くこと。

は真っ先に内城(うちじろ)[46]に登ったので、そのまま内城で夜を明かした。肝付兼寛と同宿した。破籠(わりご)の酒だけがようやく確保できたので、二人で賞翫した。本当に、身分の上下無く鎧の袖を片敷(かたし)き、一夜を明かした。

十四日、忠平様が夕方になってようやく（堅志田城の）麓までお出でになった。そこでお宿まで参って祝言を述べた。「内城に昨日我々が早く登ったので、そのまま宿泊しました。我々は別の場所に宿を取り直しますので、早々に内城に宿を取るのがいいでしょう」と申し上げた。「今日は悪日なので、追って登るつもりだ」と返答された。

この日、昨日獲った頸を少々集めてきて、勝吐気をあげた。堅志田麓にて、忠平様が下りてきておこなわれた。伊集院三河守が、喜び（祝言）を申した。

十五日、看経などいつものとおり。伊集院忠棟・新納忠元などが拙宿に来て物語っている最中、梅北国兼(うめきたくにかね)[47]から、「（甲斐氏が）三舟を放棄して、撤退したとの情報がある。早々に出陣すべし」と注進してきた。それから皆出陣した。三舟は敵が放棄したというので、議論の必要はない。隈庄は未だ籠城しているので、そちらに使僧など派遣するのがいいだろうということになり、島津忠長と拙者が隈庄口に出陣した。すると、伊集院忠棟も追いつき、談合して、隈庄に使僧を派遣した。内容は、「三舟、そのほか諸城は皆落城した。隈庄だけではとても防戦することはできないだろう。是非人質を出し、皆の命を助けよ」というもの。この返答を聞かないうちに、「忠平様が今宵三舟にお泊まりになるので、宿の見

（46）**内城**　城の主郭ヵ。

（47）**梅北宮内左衛門尉国兼**　?〜一五九二。大隅湯之尾（鹿児島県伊佐市）地頭。天正二十年（一五九二）六月、梅北一揆を起こして同月十七日、肥後佐敷にて討ち取られる。

繕いをするように」とのことだったので、島津忠長と同心して三舟に籠もった。まず、宗運の居所を見たところ、宗運の子である甲斐紹員(48)が、それまで隈本にいたにもかかわらず、そこに入居していた。我々が到着してから紹員の衆を追い出し、（忠平の）宿とすることを決定した。忠平様の役人衆に以上の件を伝えて、宿の構えなどをさせた。忠平様が夜に入って三舟に入り、伊集院忠棟がお供をした。

十六日、皆、（忠平の）御宿に祇候して祝言を申した。諸軍衆が方々から参上した。この晩、隈庄の人質が出てきて受け取ったと聞いた。田代(49)からも人質が出された。

十七日、小代殿(50)が祝礼にいらっしゃった。この日、伊集院忠棟が隈庄にやって来た。鹿児島にて、隈庄が手に入ったならば、忠棟に給与すると（義久から）命じられているとのこと。「まったく案内を知らないところなので、追ってご返事いたします」と申し上げたところ、見繕いたいとのこと（実地検分ヵ）。吉田清存を奏者として島津忠長と拙者が承った。すぐに忠平様にも申し上げた。これについては、非難が多かった。

十八日、出田助九郎殿(51)が、城一要(52)の名代として参上した。木山(53)・津守(54)には、（阿蘇家の）番衆が籠められていたが、皆、城を捨てて逃げて行った。

十九日、矢部(55)に派遣された使僧八代荘厳寺(56)が帰ってきた。「阿蘇御神に対し、阿蘇家をご免許されるとのこと、千秋万歳、大変喜ばしいことです」とのこと。

(48) **甲斐紹員** 宗運の子と記されているが、詳細不明。天正九年三月十七日、阿蘇大宮司家重臣が龍造寺隆信に起請文を提出した際、甲斐宗運とともに「甲斐掃部入道紹員」が連署している（龍造寺文書）。隈本にいたということは、阿蘇家を出奔して城氏のもとに亡命していたのであろう。

(49) **田代** 『大日本古記録』は田代宗典に比定。

(50) **小代殿** 『大日本古記録』は小代親伝に比定。同月二十九日条にみえる伊勢守ヵ。小代氏は、肥後筒ヶ嶽城（熊本県荒尾市）を本拠とする国衆。

(51) **出田助九郎** 城一要養子の武房ヵ。城親賢の子、久基の弟。

(52) **城一要** 出田親基。肥後国衆、肥後隈本城主。

(53) **木山** 熊本県上益城郡益城町木山。

(54) **津守** 津森。熊本県上益城郡益城町上陳。

(55) **矢部** 阿蘇大宮司家の本拠、浜の館（熊本県上益城郡山都町城平、現在の熊本県立矢部高校敷地）がある。当主は阿蘇惟光。

(56) **八代荘厳寺** 長住、のちの新納旅庵（一五五三〜一六〇二）。義

阿蘇殿の役人五人が使僧の宿に来て、ことのほか馳走してくれたと語ってくれた。そしてこの便で、甲斐美作入道(57)を人質として出してきた。

二十日、城一要が参上した。湯漬けで寄り合った。席次は、主居に忠平様・島津忠長・拙者、客居に城一要・新納忠元であった。酒宴となった。祝い物として太刀を進上された。（城氏の）一家衆・役人など五、六人が呼ばれて、酒を下された。城殿の宿舎に、大野忠宗殿(58)を使者として御礼をした。一要は拙宿にも挨拶に来た。居合わせなかったので面談できなかった。太刀・片色一つをいただいた。

二十一日、隈部親泰殿(59)がいらっしゃった。湯漬けで寄合。主居に（忠平が）お座りになり、伊集院忠棟・拙者、客居に島津忠長・隈部・新納忠元であった。祝い物として太刀・織筋一・黄金一が進上された。座での話で、小国表(60)に対し、近日中に隈部の手勢でひと合戦おこなうつもりとのこと。皆、それは大事であると言っていた。

この日、泰平の祝儀があった。川田義朗が恒例どおり庭にて鬨をあげた。支度は、〈さねつけ〉(61)だけで上から袍(62)を着ていた。これは、義久様から賜ったものである。結袈裟(63)・守(64)などはいつものように掛けていた。鬨は三々九の声であった。その後、三献で寄り合った。川田義朗が一人でご相伴にいらっしゃった。諸侍は皆祗候した。川田義朗は太刀を下された。また、川田も太刀を進上した。それから、皆、順番はなく太刀と目録を持参した。目録はおしなべて銭

久の奏者新納久饒の実弟。

(57) **甲斐美作入道** 詳細不明。

(58) **大野治部大輔忠宗** ?〜一五九二。島津薩州家庶流大野氏の当主。薩摩川辺山田（鹿児島県南九州市川辺町中山田）の地頭ヵ。娘聟は、樺山忠助の二男久高。

(59) **隈部親泰** ?〜一五八八。隈部氏は菊池三家老の一つ。本拠は永野（熊本県山鹿市菊鹿町上永野）の隈部氏館。天正六年（一五七八）高城・耳川合戦後に龍造寺隆信に接近し、隈府の赤星統家を倒して隈府を入手。山鹿・山本・菊池の三郡を支配した。

(60) **小国表** 熊本県阿蘇郡南小国町・小国町方面、大友方国衆北里氏の勢力圏。

(61) **さねつけ** 詳細不明。

(62) **袍** 丸襟の上衣。

(63) **結袈裟** 修験道の山伏がつける袈裟。細長い切れ地三筋を緒で結んで連ね、所々に菊綴をつけた輪袈裟。

(64) **守** 詳細不明。

百疋ずつであった。隈部親泰・赤星統家なども太刀を持参した。志岐氏・上津浦氏・天草氏などは言うまでもない。皆、めでたい様子であった。隈部殿から私に太刀・織筋を頂戴した。

二十二日、合志親重殿(65)から、合志対馬守にて祝言を申し上げられた。祝い物などあった。合志親重の親父宣頓（親賢）がいらっしゃった。内容は、「親重の進退につき、世上で噂が流れている。なにしろ酒狂いなだけで散々のものであります。そこで、宣頓とその孫のことを今後はよろしくお頼み申し上げます」とのこと。合志殿からは私に太刀・織筋を頂戴した。宣頓が拙宿に挨拶に来た。杉原十帖を頂戴した。

二十三日、いろいろと談合があった。龍造寺政家に渡す神文（起請文）の案を作成するようにと、竹下方(66)から命じられたので、本田正親と談合し検討した。

二十四日、夜中から地蔵菩薩に特に看経した。肝付兼寛殿から、先日、堅志田にて約束した本尊(67)を頂戴した。去る二十一日、泰平の祈念をしていただいたついでに、川田義朗殿に頼んで、開眼してもらった。拙者は今日が拝み始めであった。中尊は刀八毘沙門(68)、上に勝軍地蔵(69)、四つの角に四天王、左に飯縄(70)、右に十一面である。童子らはいつものとおりご本尊である。絵所(71)の筆であった。

この日、肝付兼寛殿が、雨宝童子(72)の啓白(73)を相伝していただきたいとのこと。不似合いであるので遠慮したのだが、しきりに頼まれたので、おおかた相伝した。

(65) **合志親重** 鴨川達夫「戦国末期の肥後国竹迫城主合志氏について」（勝俣鎮夫編『中世人の生活世界』山川出版社、一九九六年）によると、合志氏の家督は親賢（宣頓）―親為―親重と継承されており、親為と親重は兄弟とみられる。本拠は肥後竹迫城（熊本県合志市上庄）。

(66) **竹下方** 『大日本古記録』は竹下頼房に比定。

(67) **本尊** この場合、仏画。

(68) **刀八毘沙門** 左右に刀を八振り持つ異形の毘沙門天であり、主に戦国武将による軍神として信仰された。

(69) **勝軍地蔵** 地蔵菩薩の一つ。これに念ずれば、戦いに勝ち、宿業・飢饉などを免れるといわれ、鎌倉時代以降に武家に信仰された。甲冑を身につけ、武器を持った姿で表す。

(70) **飯縄** 飯縄権現のこと。飯縄修験者の信仰する神。その姿は白狐にのった天狗に表される。

(71) **絵所** 宮廷や社寺に所属し、絵画制作を担当した機関。鎌倉時代に入ると東寺や興福寺、春日大社など寺院に所属する絵所も設けられるようになり、特に興福寺絵

この晩、合志宣頓から、こちらの我々が取りなしてくれたおかげで、（忠平の）御意が良かったということで、御礼に織筋一を頂戴した。

二十五日、当所天神に毎月祈念の連歌をしているので、それをやらないわけにはいかないので、百韻連歌を興行した。発句（ほっく）は、

吹敷（ふきしく）やいく（幾）千里まで秋の風

〔木の葉を散らしながら吹いているのだろうか。何千里先までも、秋の風は〕

と、詠まれた。連衆（れんじゅ）は、談合で忙しくない衆だけであった。

この日、伊集院忠棟も隈庄からやって来て、終日談合。宇土殿も参上した。湯漬けで寄合。席次は、忠平様、次に島津忠長殿・伊集院忠棟、客居に宇土顕孝殿・拙者であった。閑談して酒。進物は、太刀・織筋一・銀子（ぎんす）二であった。私には太刀・織筋一を頂戴した。

二十六日、田代衆(74)の宗典父子をはじめとする五人を、（忠平が）お目にかけた。鎧・甲（かぶと）など進上した。

二十七日、矢部からの人質五人が出頭した。いずれも役人どもの子弟であった。

この日、伊集院忠棟も参上して、終日談合。いろいろな件が出たが、書き載せるには及ばない。忠棟は帰って行った。拙宿に立ち寄るように誘い、そうなった。島津忠長もやって来た。

二十八日、荒神（こうじん）に看経を特にした。いろいろと談合があった。この日、合志宣

所は吐田（はんだ）座、芝座に分かれて室町時代まで活動した。

(72) **雨宝童子** 両部神道の神。右手に宝棒、左手に宝珠を持つ童子形の神像で表される。天照大神が日向に下生（げしょう）した時の姿とされる。

(73) **啓白** 法会で趣旨や願意を申し述べること。

(74) **田代衆** 田代（熊本県上益城郡御船町田代）の武士たちヵ。

頓は帰られていたが、また御用があり、参るよう書状を出した。合志に命じるべき子細があるので、用心のため津守（津森）・木山に諸所の衆を番手として少しずつ派遣した。

二十九日、談合すべき子細が多かったので、拙者が隈庄に行き、伊集院忠棟と打ち合わせた。細かく談合したいとのことだったので、参った。本田正親・稲富長辰が使番なので、同心した。また、肝付兼寛殿が同道した。伊集院忠棟との談合が済んだ後、いろいろともてなされた。今春又次郎(75)などが太鼓などやった。同じく唄などする者も同心して、乱舞となった。ようやく薄暮になって皆帰った。

この日、小代下総守殿(76)から使者が来た。先日は親父伊勢守が参上して、今度は（下総守が）こちらへの祝礼として、太刀と馬を進上した。私に対しても太刀と緞子一をいただいた。

家久公が三城（門川・塩見・日知屋）方面の田代(77)まで出陣された。早々に三ヶ所(78)を平定して、直接矢部を経由して使者を下された。（使者は）三原宮内少輔殿であった。高知尾の三田井親武殿(79)は、近日人質を出し、帰順するとのことで、未だ決着はしていないとのこと。「大変おめでとうございます。また、高知尾のことは、あなたの思い通りになるよう、ご才覚が大事です」と返事しておいた。

(75) **今春又次郎** 金春又二郎カ。大和猿楽の金春座出身の者カ。

(76) **小代下総守** 『大日本古記録』は親泰に比定。

(77) **田代** 宮崎県東臼杵郡美郷町西郷田代。

(78) **三ヶ所** 宮崎県西臼杵郡五ヶ瀬町三ヶ所。

(79) **三田井親武** ?〜一五九一。日向高知尾（宮崎県西臼杵郡高千穂町）の国衆。この頃まで大友家に従属していたとみられる。

【解説】

四日、三城地頭の吉利忠澄が、日向国境の宇目に大友勢が集結しているとの情報を伝え、肥後出陣を取りやめるよう覚兼を説得している。肥後は前月の花之山城落城を受け、総動員がかかっており、判断に迷った覚兼は、佐土原の島津家久に相談する。家久は、兄忠平の顔も立てる必要があり、覚兼自身の判断を尊重する旨伝える。その返答を聞いた五日には、八代在番の伊集院忠棟からの書状も届き、来る十一日に故甲斐宗運の拠点だった御船・隈庄に攻撃することを伝え、十日分の兵糧を準備して九日までに八代に出陣するよう命じられている。

六日に肥後に向けて出陣した覚兼は、穆佐地頭樺山忠助とともに真幸・般若寺を経由して、八日に肥後久木野に到着する。樺山忠助は水俣から船で、覚兼は佐敷から船に乗り、九日に日奈久に到着し、伊集院忠棟から隈庄城付近の村を破却して敵を誘き出し、これを殲滅するという作戦を知らされる。

十日に八代に到着した覚兼は、忠平に挨拶してそのまま出陣し、豊福に宿営する。十一日、予定通り隈庄の村々を破却し、打って出た隈庄の甲斐勢を撃破したが、戦功の多くは忠平の軍勢であった。この戦いで、甲斐氏一門で「隈庄役人」とされる二人を討ち取っている。また、御船からの援軍四千程が隈庄城東側すぐ近くまで出陣してきており、血気にはやる覚兼配下の若衆たちは、御船衆への攻撃を訴えるが、却下されている。

十二日、御船からの援軍との合戦を決定するものの、軍配者の川田義朗が「悪日」だと反対して、翌十三日の合戦は中止となる。しかし、諸将は直前の義久の発言を持ち出し、「悪日」を理由とした合戦中止に不満をもっていたことがうかがえる。こうした不満が思わぬ結果を生み出す。

十三日、合戦中止が決まったため、島津忠平・忠長、伊集院忠棟は、阿蘇方の拠点である堅志田城の西方、法（宝）連寺之尾に陣城を築くべく登る。しかし、若衆らが決定を無視して勝手に出陣し、堅志田城麓に放火してしまう。覚兼は、困ったことだと止めたというが、忠平に同行しておらず、響之原で新納忠元と合流し、堅志田麓まで進んで情報収集にあたる。すると、既に若衆たちは甲佐柞（松尾城ヵ）を攻め落としており数百人を討ち取ったという。この暴走した若衆には、覚兼の実弟鎌田兼政、柏原周防介ら宮崎衆がいた。彼らは十一日に御船衆との合戦を希望した者たちであり、悪日を理由とした合戦延期に否定的な覚兼らが、彼らの無断出陣・甲佐攻略を黙認したのではないか。

ようやく法連寺之尾から下りてきた島津忠長・伊集院忠棟らと談合した覚兼らは、「巧者」の助言により急遽堅志田城攻略を決断し、力攻めする。宮崎衆にも死傷者を出しつつ、一気に同城を攻略した覚兼らは、そのまま城内で一夜を明かしている。

十四日に勝ち吐気をあげた覚兼らは、翌十五日、甲斐氏が御船を放棄したとの連絡を受け、急遽御船を接収している。御船城には隈本の城氏のもとに亡命していた甲斐紹員（かいあきかず）が勝手に入城していたが、これを追い出し、同城は忠平の宿所となった。以後、御船城は島津家の肥後支配の拠点となる。なお、御船城接収時、同城に残されていた書状から、様々な事実が明らかになっていく。

十六日、隈庄の甲斐勢が人質を出して開城するが、翌十七日、伊集院忠棟は、「隈庄落城後、同城は伊集院領とする旨義久の了承を得ている」と称し、諸将の不興を買っている。この前後、忠平は八代荘厳寺住持の長住（のち還俗して新納旅庵と名乗る）を阿蘇大宮司家の本拠矢部に派遣し、降伏勧告を行ったようである。十九日、荘厳寺長住は人質とともに御船に戻り、阿蘇惟光の降伏を伝えている。これでようやく島津家は肥後一国の統一を実現した。

なお、同月、大友義統は筑後との国境である豊後国玖珠郡に出陣しており、筑後に進攻した大友勢の指揮を執っていた。父大友宗麟は、一日に義統に書状を送り、花之山落城を伝えるとともに、高知尾の甲斐宗攝との連携の重要性を説いている（「大友松野文書」）。さらに、堅志田城が落城した十三日、宗麟は、御船支援のため志賀氏や戸次氏を派遣すること、そして前月九日に島津家久が土持（縣）に着陣したことを、義統に伝えて警戒している（「西寒多神社文書」）。宗麟は家久の動向を正確に把握しており、豊後進攻を警戒していた。そして、大友家に寝返った阿蘇大宮司家・甲斐氏に援軍を送るつもりだったことがうかがえる。

二十九日、肥後に出陣するといいながら動向が不明だった島津家久が、矢部経由で使者を御船に派遣してきた。家久は八代に出陣するのではなく、山中の田代（宮崎県東臼杵郡美郷町西郷）に出陣し、肥後との国境に位置する三ヶ所（宮崎県西臼杵郡五ヶ瀬町三ヶ所）を制圧したのであり、三ヶ所と豊後の中間に位置する国衆三田井氏を調略中であることを報告する。現在でも、高千穂―三ヶ所―矢部（熊本県上益城郡山都町）を結ぶ国道二一八号は、人流・物流の主要ルートである。大友家は三田井氏の調略を進めており、阿蘇大宮司家に対する大友家の軍事支援もこのルートが想定された。家久は忠平が八代側から進撃するのに合わせて、背後の支援ルートを先手を打って制圧したのである。阿蘇惟光があっけなく降伏したのも、この動きが大きかったのであろう。

天正十三年（一五八五）

九月条

一日、虫気が出て、出仕しなかった。すると、本田正親殿から呼ばれて、「この由（虫気）と昨日の隈庄での談合が落着したことなどを、忠平様に申し上げるように」とのこと。島津忠長と拙者が談合した。「以前から飯田山[1]が召し置いている地下衆のうち、興呂木新介は、軍勢を配下に持つ曲者と聞く。それならば、今のように召し置いていると、今後為にならないので、殺すのがいいだろう」と、一両日前に忠平様に面談して命じられた。あわせて、「蔵岡讃岐も、田代宗伝[2]に命じて腹を切らせるべき」との注進があったという。その上、「（蔵岡は）甲斐宗運の役人[3]であったというので、妄語の科[4]もあり、これも殺害するのがいいだろう」と、忠長殿に内々に相談があった。（忠長・覚兼）二人の配下の衆にて、興呂木兄弟・蔵岡父子を処刑した。このことをすぐに申し上げた。（忠平は）「何事もなく科人を成敗したこと、よくやった」とのこと。

この晩、伊集院忠棟が当所（御船）に移ってくる旨、使者で連絡してきた。拙者も使者を派遣した。

二日、合志宣頓に対し、新納久饒・本田正親・稲富長辰の三人にて命じた。「合志親重が慮外[5]と世間で噂されている。しかしながら、宣頓が老体にもかか

（1）**飯田山**　常楽寺（熊本県上益城郡益城町小池）。

（2）**田代宗伝**　閏八月二十六日条にみえる田代衆宗典。

（3）**役人**　重臣、家老。

（4）**妄語の科**　虚言を述べた罪。

（5）**慮外**　無礼。この場合、大友家への寝返り・内通カ。

わらず参上し、愁訴(しゅうそ)するので、まずは聞き流すという忠平様のお考えであったが、諸侍が、『このように二心のある者と一緒に奉公はできない』と申している。その上、当国（肥後）の諸侍も、『このように野心が歴然である人物を許すようでは、信用できない』と、口を揃えて言ってきた。甲斐宗運の旧宅に数通の書状が捨て置いてあり、その中には合志親重の書状も多く含まれている。野心があることは歴然であるので、無理にでもご成敗あるべきところであるが、当家としてはそのうちきっと情けをかけて、宣頓と孫はどこかに残すことになるだろう。早々に合志の城[6]を去り渡すように。もし、去り渡さなければ、破滅することになるだろう」と伝えた。宣頓は困惑していろいろと反論したが、証文(しょうもん)も多くあるので、結局、〈陣法〉[7]などあれば状況は一変すると、詳しく言い分を述べられ、合志にこのことを伝えるとのこと。とにかく、宣頓と孫については、「今後も島津家を頼る以外に考えはない」と返事した。

　この晩、伊集院忠棟の旅宿に、小代親泰(しょうだいちかやす)から初雁(はつかり)[8]が到来した。（親泰の使者から）「去年の今頃に見かけた初雁を、肥後吉松[9]の陣所の忠棟殿の宿所にて賞翫したのはめでたかった。その嘉例(かれい)にならい、ぶしつけではあるが、忠平様にもお越しいただきたい」とのこと。それで忠平様はお出でになった。席次は、上座に忠平様、客居に島津忠長・拙者・本田正親、主居に新納忠元(にいろただもと)・伊集院忠棟。いろいろともてなされた。今春又次郎(こんぱるまたじろう)が太鼓をたたき、夜更けまで楽しんだ。

三日、毘沙門天に特に看経(かんきん)。この日、合志親重を下城させるため、新納久饒・

(6) **合志の城**　竹迫城（熊本県合志市上庄）。

(7) **陣法**　詳細不明。

(8) **初雁**　秋に、その年初めて北方から渡って来る雁。

(9) **肥後吉松**　肥後国山本郡吉松庄（熊本市北区植木町亀甲吉松）。

稲富長辰に、〈乱暴狼藉下知(10)〉をとらせようと忠平様が派遣された。このほかの番衆勢も派遣された。寄合中・曖の衆からも少しずつ、指揮のために派遣した。この日も皆が祗候してきて、談合となった。

四日、甲斐三河守父子(11)がやって来た。その後無沙汰しておりましたとのことで、織筋一・片色一をいただいた。拙者は居合わせなかったので、面談しなかった。阿蘇惟光殿より忠平様宛の使書が進上された。村山美濃守という人が使者であった。馬と太刀を進上した。書状の裏付け(12)が無かったので、忠平様は使者だけに見参された。書状は、失礼な様式であったので、不審だと申して突き返した。使者が申すには、「これまで豊後（大友氏）に対しても、裏付けは無いまま出しており、そのようにしたためたのですが、確かに初めてでありますし、身上をお助けいただいたにもかかわらず、このような様式が不適切であるのはもっともなことです。すぐに書状を矢部(13)に送り、書き直します」とのこと。

五日、合志氏が下城したと、新納久饒・稲富長辰から伝えてきた。命令もうまくいき、何事もなく下城したと注進があった。今後は、小山という村に合志親重は中宿(14)を取るとのこと。

この日、秋月種実・龍造寺政家・筑紫広門(15)から、使書をもって祝礼があった。太刀・織物が進上された。使者を忠平様がご見参になった。

この晩、鹿児島から伊集院淡路守(16)と平田宗位が義久様の使者として来た。

六日、合志に派遣されていた下知衆が帰ってきて、あちらの様子など語ってく

(10) **乱暴狼藉下知**　乱暴狼藉が起きないように命令・監視するという意味カ。

(11) **甲斐三河守**　「勝部兵右衛門聞書」は、甲斐宗運の長男とするが、詳細不明。

(12) **書状の裏付け**　礼紙（本紙の裏側に添えた白紙）のことカ。

(13) **矢部**　阿蘇大宮司家の本拠、浜の館（熊本県上益城郡山都町城平）。

(14) **中宿**　目的地に至るまでの中間の宿。とりあえずの滞在先。

(15) **筑紫広門**　一五五六～一六二三。肥前勝尾城（佐賀県鳥栖市牛原町）を本拠とする反大友方国衆。

(16) **伊集院淡路守**　詳細不明。義久奏者カ。

れた。哀れな様子であったとのこと。

この日、三池(17)との境に、少々軍勢を派遣した。伊集院久信(18)・山田有信・猿渡信光(19)をはじめとする諸所の衆を派遣した。また、宇土（名和顕孝）・隈本（城一要）・大津山（家稜）(20)・和仁（親実）(21)・辺春（親行）(22)・小代の各氏であった。作戦は、まず宇津(23)・久我(24)に、島津勢を入れ、それから山下城(25)の里目あたりを放火するのがいいだろうとの談合になった。「そうすれば、とても江之浦(26)・堀切(27)両城は、籠城に耐えられなくなるだろう。そうなれば、秋月を攻撃している豊後陣（大友勢）もほどなく撤退せざるを得ないだろう」とのこと。

七日、当国（肥後）から豊後への通路など、まったく不案内なので、談合もやりづらい状況にある。そこで、新納忠元に見分してもらおうということになり、忠平様が派遣された。また、これに平田宗位を添えた。（宮崎衆の）柏原周防介も派遣した。

この日、鹿児島に野村兵部少輔(28)と鮫島備後守を使者として派遣し、十一ヶ条を義久様に申し上げた。大概は、伊集院淡路守と平田宗位を使者として伝えてきたことへの返事である。

八日、阿蘇惟光殿からの書状に、裏付けがついて届いたので、忠平様の上覧に供した。惟光の使者村山氏が、名を頂戴したいとのこと。しきりに懇望するので、丹後守に任じられた。御礼に鎧など進上してきた。あわせて、甲斐親英(29)が、伊集院忠棟に神文（起請文）を提出した。今後、島津家に対し敵対することは決

(17) **三池**　筑後国三池郡（福岡県大牟田市付近）。

(18) **伊集院肥前守久信**　一五四五〜一六一六。大隅横川地頭。初名久春。この年九月二十二日付の大鳥居信寛宛書状には「久信」と署名しており（大鳥居文書）、これ以前に改名した模様。後年、出家して元巣と名乗る。

(19) **猿渡越中守信光**　一五三四〜八七。

(20) **大津山家稜**　?〜一五八七。肥後大津山城（熊本県玉名郡南関町関東）を本拠とする国衆。

(21) **和仁親実**　肥後田中城（熊本県玉名郡和水町和仁）を本拠とする国衆。

(22) **辺春親行**　肥後・筑後両国境に位置する坂本城（熊本県玉名郡和水町山十町）を本拠とする国衆。

(23) **宇津**　福岡県みやま市瀬高町太神付近。

(24) **久我**　詳細不明。矢部川左岸の地名カ。

(25) **山下城**　福岡県八女市立花町北山。蒲池鎮運の居城。

(26) **江之浦城**　福岡県みやま市高田町江浦町。

(27) **堀切城**　福岡県みやま市瀬高町河内。

してないとのこと。私に対しても、阿蘇惟光殿から織物一つを頂戴した。甲斐親英からも織物一つが届いた。

この日、内古閑鎮房殿[30]がお祝いに来られ、忠平様が見参した。私も、織筋二つをいただいた。この晩、加悦飛騨守からの書状を使者が持参した。あわせて酒と肴も送ってきた。

九日、早朝に出仕し、各々忠平様に見参。酒で寄り合い。我々の宿所にも挨拶があった。

十日、出仕前に、島津忠長・伊集院忠棟が、拙宿にやって来るとのこと。本田正親・今春又次郎・石原治部右衛門尉・幸若与十郎とも閑談して酒など飲み、それから出仕した。いろいろと談合があった。稲富長辰を奏者として、忠平様から諮問があった。「（天正九年十二月二日に）相良義陽が堅志田に通じる響之原にて、やむなく戦死した。そこで、相良頼房殿[31]へ、この地は〈懸命之地〉であるので、豊田[32]を宛行うのがいいのではないだろうか」とのこと。これに対し、「ありがたいお申し出だと思います。相良氏から訴訟（要求）が来る前に、早々にこの件をお命じになるのがいいかと存じます」と、お答えした。

この日、出田助九郎殿が、名字の地[33]が空いているようなので拝領したいと、これまで愁訴していた。どうあろうとも、今、城一要殿は特に忠節の深い人物であり、（出田助九郎殿は）一要殿の〈思子〉[34]である以上、この要請を却下するのはよろしくない。まずはこの地を宛行おうということになり、この旨（助九

（28）**野村兵部少輔**　『大日本古記録』は良綱に比定。
（29）**甲斐大和守親英**　甲斐宗運の娘婿ヵ。阿蘇大宮司家重臣筆頭とみられる。
（30）**内古閑鎮房**　肥後霜野城（熊本県山鹿市鹿央町霜野）を本拠とする国衆。
（31）**相良四郎次郎頼房**　一五七四～一六三六。相良義陽の二男。兄忠房が天正十三年二月十五日に早世したため、家督を継承した。
（32）**豊田**　豊田荘ヵ。この場合、熊本県宇城市松橋町東部を指すとみられる。
（33）**名字の地**　肥後国菊池郡出田（熊本県菊池市出田）。
（34）**思子**　意味不明。

郎殿に）返事したところ、その御礼として使者が織筋一つを持参してきた。合志宣頓が、小さな宿で寂しげな様子でいるとのことなので、弓削甲斐介を使者として酒を持たせてやった。大いに喜んでいたとのこと。

この晩、家久公より、吉田右衛門佐・高崎越前守を使者として連絡があった。「高知尾については、三田井親武が人質を出してきたので、まずは静謐[35]となった。少しも従わない者はいないように見える」とのこと。「ついては、伊集院久治・比志島義基殿・上原尚近・鎌田政近・吉利忠澄殿を、高知尾口に出陣させ、彼らも、『まさにこの時期だと思うので、是非とも豊州（大友家）との合戦に踏み切るのがいいだろう』と言うので、提案する」とのこと。「特にあなた（覚兼）は、高知尾口をよく存じていらっしゃるのでお伝えする」とのこと。

十一日、家久公の使者二人（吉田・高崎）と酒で寄り合い。それから彼らとともに忠平様のもとに出仕。いろいろと談合があった。鍋島信生[36]から書状が到来した。内容は、「去九月五日、針目[37]の豊州陣（大友勢）が敗北を喫し、夜中に撤退していったとのこと。とにかく急ぎ使者にてご連絡いたします」とのこと。

この朝、愚弟鎌田兼政が身上につき訴訟があり、一ヶ条を伊集院忠棟に内々に申し入れた。伊集院淡路守を通じて申し入れた。

この日、家久公への（老中からの）返事を、稲富長辰を奏者として（両使に）伝えた。その内容は、「高知尾のこと。まずは人質を出してあなたの御手に属したのでしょうか。喜ばしいことです。ついては、豊後に攻め入るのがいいだ

(35) **静謐** 世の中が治まっていること、状態。

(36) **鍋島飛騨守信生** 一五三八～一六一八。のちの直茂。龍造寺政家重臣。

(37) **針目** 福岡県朝倉市杷木穂坂。

ろうとのこと。そちらでの談合で出た話でしょうか。こちらも同意見です。しかしながら、御両殿（ごりょうとの）（義久・忠平）が、神慮（しんりょ）次第とお考えなので、諸々の談合も、神慮を前提とすべきだと、もちろんのことですが仰ってます。ですから、神慮次第で決定すべきでしょう」と返答した。

この日、こちらの諸城に地頭を定めれば、四壁（しへき）[38]が荒れることもなくなるだろうから、まずは仮に地頭を決めておこうという話が出たので、それにつき談合。あわせて、検地衆を命じた。

十二日、薬師如来に特に看経した。この朝、島津忠長・伊集院忠棟・頴娃久虎（えいひさとら）殿と酒で参会。今春又次郎などもやって来た。もてなしが済んだ後、出仕した。いろいろとあって、談合。

十三日、伊集院忠棟の宿舎に招かれたので、行った。島津忠長もやって来た。新納忠元が、夕方、阿蘇から帰ってきて、境目の状況を語ってくれた。

この日、筑後に派遣していた伊集院久信・山田有信・猿渡信光から注進があった。昨日十二日、堀切城を攻め落とし、敵三百余を討ち取ったとのこと。皆、忠平様の御宿に祗候して、お祝い申し上げた。

この晩、平田宗位・北郷忠虎（ほんごうただとら）殿を拙宿に招いて酒で参会。新納忠元・稲富長辰・佐多忠増（さたただます）殿・新納久饒殿・田代清秀（たしろきよひで）[39]・平田歳宗（ひらたとしむね）も同席して、いろいろと酒宴。

十四日、いつものとおり出仕。いろんな議題が出て談合。この朝、先日（十一日）伊集院忠棟に内々に申請していた愚弟鎌田兼政の進退のこと。伊集院淡路守か

(38) **四壁**　四方の城壁。転じて、まち、まちなか。

(39) **田代刑部少輔清秀**　義久奏者カ。

ら返事があった。「条々もっともに思う。まずは鹿児島（義久）に訴えるのがいいだろう。そういうことなので、平田宗位が明日鹿児島に帰るので、その時お伝えすべきでしょう」とのこと。

この日、伊集院忠棟が風呂を焼くとのことで、誘われたので、島津忠長と一緒に入りに行った。もてなしを受けた。

十五日、いつものとおり出仕。昼、樽一荷・食籠肴を忠平様に進上した。拙者も忠平様の御前に参るよう言われたので、参上して賞翫。深水長智(40)も御前で居合わせて、しばらく閑談した。次に、「当所（御船）は（住人が）皆、一向宗だと聞く。これは以前からのことなので、通知なしに成敗するのはいかがなものかと思う。まずは、一向宗から改宗するようにと厳しく命じておいて、その後も一向宗を続ける者については、必ず処刑するのがいいだろう」と、忠平様からご提案があった。

この日、有馬久賢殿が、到着した。まずは、到着が遅参したのは曲事であると、両使から糾明があった。久賢は、「もっともなことです。困惑しています」とのことであったが、大村境(41)に出陣しており、それらで取り紛れて遅参したとのことであった。この晩、頴娃久虎殿から招かれ、いろいろと振る舞われた。

この日、平田宗位・田代清秀を使者として、鹿児島の義久様に条々申し上げた。豊後攻めの作戦、筑後方面の状況、そちら方面での軍事行動の方針についてである。有馬久賢殿の挨拶があり、太刀・片色一つをいただいた。

(40) **深水三河守長智**　一五三二〜九〇。相良忠房重臣。後年、出家して宗方と名乗る。

(41) **大村境**　長崎県大村市周辺。

十六日、いつものとおり出仕。上蒲池(42)から、島津家に対し、別儀(43)ない旨申し入れがあった。去年から申し入れてきたことに間違いない旨、書状にて申し入れたが、目付（監察）を添えられるのは受け入れられないと、まずは新納忠元まで申し入れてきたとのこと。豊後南郡(44)からも五、六人、阿蘇伝いに（島津家への従属を）申し出てきた者がいる。

この日、有馬久賢殿のところで、寄り合いがあった。祝い物は、太刀と緞子。酒・肴をいろいろ進上した。席次は、忠平様の次に伊集院忠棟・新納忠元、客居に有馬久賢殿・拙者・安徳純俊(45)であった。終日酒宴。今春又次郎が大鼓、松大夫父子もやって来て舞を舞った。幸若与十郎も舞を披露。石原治部右衛門尉が、狂言を披露。有馬殿舎弟が二人、酌をしてくれた。その際、有馬久賢殿が脇刀を進上した。安徳殿が拙宿に御礼に来て、太刀・銭百疋をいただいた。

十七日、奈良大仏の本願阿弥陀院(46)が下向してきた。無沙汰していると言って、挨拶にいらっしゃった。東大寺二月堂の牛王宝印(47)をいただいた。すぐに酒で参会した。阿蘇山行者方から、仁王経千座御祈祷が成就したと言って、我々も巻数をいただいた。

この日、忠平様の宿所にて、松太夫が舞った。みな鶴・裏野合戦の二番を舞った。もちろん、装束を着けて舞った。当所（御船）の住人だという女楽(48)が来た。一曲、酒の時に弾いてもらった。そこで織筋一つをくれてやって帰した。この夜、野村大炊兵衛尉に『平家物語』を読んでもらった。

(42) **上蒲池**　蒲池鎮運。居城は筑後山下城。蒲池氏は二系統に分かれており、柳川城を居城とする系統を下蒲池、山下城を居城とする系統を上蒲池と呼ぶ。下蒲池の嫡流蒲池鎮漣（一五四七～八一）は、龍造寺隆信によって謀殺されている。

(43) **別儀**　この場合、反抗の意。

(44) **豊後南郡**　豊後国大野・直入両郡。現在の大分県竹田市・豊後大野市・佐伯市。

(45) **安徳上野守純俊**　安徳城主。安富徳円の兄弟で、安徳氏養子。

(46) **阿弥陀院**　現在の東大寺勧進所阿弥陀堂ヵ。永禄十年（一五六七）十月十一日、松永久秀・三好義継と三好三人衆の戦いで、東大寺大仏殿と大仏の頭部が焼失している。

(47) **牛王宝印**　社寺から出される厄除けの護符。紙面に社寺名を冠して「…牛王宝印」と書き、その字面に本尊などの種子梵字を押し、神仏を勧請したことを表したもの。この裏面に起請文を記した。

(48) **女楽**　酒宴の席に出て、音楽、舞踊などでその興を助けるのを業とする女。

十八日、阿蘇山守護の宿坊(49)のこと。成満坊と福満坊が（島津家に）降伏するとの情報があった。それならということで、忠平様が馬を拝進された。次に、忠平様が荘厳寺を通じて、「（阿蘇山については）まったく状況が分からないので、満山(50)が談合の上、（島津家の）宿坊を定めるように」と、説得をおこなった。筑後方面に出陣中の衆から連絡があった。「堀切栫のこと。皆の粉骨により無事攻め落としました。江之浦城については、『命を保証してくれるなら、城を明け渡す』と言ってきたので、そのとおり落着するところであったが、一両日前から領知について訴えてきて、約束を違えてきた。どこかに内通しているとの情報も聞こえてきた」とのこと。また、鍋島信生に先日書状を送り、「（龍造寺勢が）三池境に軍勢を少々派遣し、江之浦・堀切に対し、ひと合戦おこなうつもりと伺った。そこで、（援軍として）伊集院久信・山田有信・猿渡信光、そのほか多数の軍勢を派遣しましたので、ご相談されるのが大事です」と、忠平様が伝えた。その返書が到来した。去十日の日付であった。その内容は、「江之浦・堀切の件について、行動が遅いです。前もって（島津勢の出陣を）ご連絡いただくべきところを、このようなことになりました。困ったことです。特に先城（江之浦・堀切）については、俊長坊(51)と申す者が、『早々に城を明け渡すように』と申したので、追い払いました。それについて、（島津側に）通達するような義理はありません。右の番衆（伊集院久信ら筑後出陣衆）にこれらのことを堅くお命じください。今のような状況が続けば、〈案外の儀(52)〉が生じる可能性もあります」

(49) **宿坊** 参詣者が泊まる宿。

(50) **満山** 寺全体。

(51) **俊長坊** 島津方の山伏カ。

(52) **案外の儀** 龍造寺勢と島津勢の武力衝突という意味カ。

とのこと。この件、皆、納得できないと返書した。

十九日、広徳寺(53)が義久様の使僧として夜前に到着した。「早々に出仕してください。急用です」と伊集院忠棟からせかされたので、出仕。内容は、「先日の平田宗位を使者として伝えた件に対する返事を、鮫島備後守・野村兵部少輔から詳しく承った（十一ヶ条、九月七日に御船を出立）。大方は済んだことであるが、まず、豊後進攻に関する御鬮のことは、談合してからおこなうべきであると、伊集院淡路守・平田宗位を通じて命じたにもかかわらず、談合無しで御鬮を引くとのこと、まったく納得できない。なぜなら、島津家が始まって以来、大友家ほどの勢力に合戦を仕掛けたことなど、今回が初めてである。その上、肥後も未だ一向に静まっていない。今回（阿蘇大宮司家に）勝利を収めたが、豊後衆（大友勢）を一人でも倒したことはない。大友義統(54)からの書状が（肥後の）所々に残っており、島津家に敵対していることは明白である。しかし、よくよく談合して、その上で御鬮を引くのが大事だと思う。先日申したように、菱刈(55)近隣に集結して談合をするように。そうすれば、忠平は言うまでもなく、島津歳久(56)・島津征久・家久・老中衆は一人残らず、また、新納忠元・伊集院久信・山田有信・伊集院久治・上原尚近・鎌田政近・吉利忠澄なども祗候させるように。三舟から各地の衆に（談合開催を）申し渡すように。談合は、来月八日が亥日なので、これはやむを得ない節日なので、それまでに談合が終了するのがいいだろう。それが間に合わないようであれば、来月八日以降におこなうように」とのこと。

(53) **広徳寺**　鹿児島県伊佐市大口曽木にあった臨済宗寺院。六十四世玉仲ヵ。玉仲は天正十四年七月の筑前岩屋城攻めで討死したという。

(54) **大友義統**　一五五八～一六一〇。大友宗麟嫡男。大友氏第二十二代当主。

(55) **菱刈**　鹿児島県伊佐市菱刈前目。

(56) **島津左衛門督歳久**　一五三七～九二。島津貴久三男、義久・忠平（義弘）の弟。大隅吉田（鹿児島市吉田地区）領主。官職の唐名から「金吾」・「金吾公」と通称される。

こちらに滞在中の衆で打ち合わせ、義久様へのご返事の談合をおこなった。伊集院忠棟の宿所で夜深くまで我々が集まり、番盛などの判断をした。また、鍋島信生へ書状を遣わした。内容は、「先札[57]の返書が届きまして、披見しました。堀切・江之浦への攻撃のこと、不満であると承りましたが、まったく納得できません。なぜなら、江之浦・堀切は、両家（島津家と龍造寺家）の間を隔てる位置にあり、通路が不自由であると以前から聞いていた。そこで、両家のためになると考え、骨を折って江之浦・堀切に攻撃を加えたところ、ご不満とは、納得できない。特に、〈案外が出来する〉などと申すのは、どういうつもりなのか。承服できない。また、堀切に番衆をこちらから籠めていることを納得できないということは、番衆配置を遠慮せよと言っているのか。肥前（龍造寺家）から番衆を入れるというのなら、こちらは承諾できない」と。

二十日、いつものように出仕。広徳寺にご返事を渡した。条書は、忠平様の御前で拙者がしたためた。内容は、「談合のことは、もっともなことです。先日、この件についてご説明したのですが、両使（鮫島備後守・野村兵部少輔）が理由を申さなかったようです。来月二日・三日、帖佐[58]に集合して、談合するのがいいでしょう」と。このほか詳細は書き載せるには及ばない。

この日、出田助九郎殿がやって来た。先日、名字の地を拝領したいと訴訟したところ、下されることになったことにつき、御礼であった。刀を進上された。あわせて、官途を希望されたので、忠平様が宮内大輔に任じられた。その御

(57) **先札**　先に受け取った書状。

(58) **帖佐**　鹿児島県姶良市鍋倉周辺。

礼として、太刀・織筋を進上した。私も、太刀・織筋をいただいた。

この日、伊集院忠棟が小川[59]まで帰って行った。この晩、有馬久賢殿のところで寄り合った。忠平様の御座は中座。客居に有馬久賢殿・拙者・有馬新八郎（久賢舎弟）、主居に島津忠長・有川殿の二男貞昌[60]・有川貞真。いろいろともてなされた。松太夫が祗候してきて、一曲やってくれた。有馬久賢殿が酒を進上された。お酌は有馬新八郎がやってくれた。

二十一日、有馬久賢殿の宿舎に、忠平様が御礼に行くとのことで、内々に打診したところ、有馬から、「天気が悪くて道が散々な状態なので、（忠平の）お越しは中止されるのがいいのではないか」とのことなので、それを伝えに忠平様の宿所に参上した。酒で寄り合いとなり、長刀を進上した。

この日、矢部（阿蘇大宮司家）から甲斐親英が参上したいとのことで、まず使者が来た。官途を懇望するとのこと。すぐ、稲富長辰を奏者として忠平様に披露。「どうにでも望み次第に与える」との忠平様の上意であった。この晩、有馬久賢殿と拙宿にて寄り合い。久賢兄弟三人・安富越中守。相伴は、奈良原安芸守・有馬筑前守であった。いろいろと酒宴であった。この途中、新納忠元がやって来て、また有馬新八郎殿に酌を頼んで酒宴。

この日、有馬殿から、今後敵対するつもりはないとの神文（起請文）を（忠平から）下されたいと何度か訴訟があった件について。そうしたことは、有馬氏が南蛮宗[61]であるからには難しいと忠平様がお考えになり、ただ書状でそうした趣旨を

（59）**小川**　熊本県宇城市小川町。

（60）**有川貞昌**　一五七〇～一六四一。貞真二男、のちに伊勢氏を名乗る。後年、島津忠恒の家老となる。

（61）**南蛮宗**　キリシタン、キリスト教徒。

伝えるのがいいだろうとの意向があり、拙者が案文を作成し、新納忠元に書いてもらって、有馬氏に遣わした。内容は、「当家に一致[62]と申されて以来、ずっと親しくしていることは、今後も変わりなく、相談していきたい。もし、世上でこれを妨げるものが現れた場合は、互いに本心を残さず述べ合っていきたい」というもの。あわせて、安徳純俊、これもまた忠節人なので、感状を出すことになった。これも案文は拙者が書き、新納忠元に書いてもらって遣わした。島津忠長・拙者から安徳純俊宛で、「知行訴訟について、この時期は繁多のため難しい。後日検討します」との証文を遣わした。

島原の法然寺が、こちら（肥後）に寺家を賜ったことへの御礼にやって来た。織筋一を持参。市来の大日寺[63]が祈祷のため、忠平様のお側にお供し、（その結果）今回勝利したのは良かったと忠平様はお考えになった。そのため、三舟六箇[64]のうちの五町を大日寺に寄進された。

二十二日、忠平様がご帰陣することになり、一番鶏の頃、出立した。島津忠長も一緒に門送[65]のため参上した。雨が降って、路次は散々であった。そこで、三舟に留まるようにとの仰せだったので、そのまま仮屋に帰った。

この朝、矢部に使僧を遣わした。日向財部の太平寺[66]であった。内容は、「那須党[67]に本領を安堵したところ、矢部衆[68]が違乱（押領）しているのであろうか。曲事である」と伝えた。

この日、甲斐親英が挨拶に来た。鎧一領をいただいた。これより前、使者に

(62) **一致** 島津家への従属。

(63) **大日寺** 現在の日置市立鶴丸小学校付近（鹿児島県日置市東市来町長里）にあった真言宗寺院。明治二年（一八六九）廃仏毀釈により廃寺となる。

(64) **三舟六箇** 御船にあった六つの町ということか。

(65) **門送** 門出を見送ること。

(66) **太平寺** 宮崎県児湯郡高鍋町南高鍋にあった曹洞宗寺院。廃仏毀釈により放火され、焼失したという。

(67) **那須党** 現在の宮崎県東臼杵郡椎葉村に盤踞する武士団。

(68) **矢部衆** 矢部を本拠とする阿蘇大宮司家家臣。

て織物一端をいただいた。

二十三日、甲斐親英と拙宿にて寄り合い。客居は、甲斐親英・稲富長辰・野尻名字の者（これは甲斐親英の内之者）、主居に新納忠元・拙者・有馬筑前守、という衆であった。〈愛酒〉[69]だったので、しばらくの間、酒宴となった。

この日、終日拙宿にて談合。島津忠長もお出でになった。この晩、皆に振る舞い。秋月・龍造寺・筑紫から使者が到着したとの連絡があった。阿蘇惟光殿からも使者が到来。仁田水（にたみず）氏であった。織物一に書状が添えてあった。すぐに使者に見参し、酒で寄り合い。仁田水氏から銀子（ぎんす）五文目（もんめ）をもらった。

二十四日、地蔵菩薩に特に祈念。明日は隈庄の戦場にて、大施餓鬼（せがき）を嘉例（かれい）に従いおこなうため、福昌寺東堂[70]がお越しになった。使者にて、「ご到着、喜ばしいです」と申し上げた。そのお供をされた所々の衆が挨拶に来た。日新寺（じっしんじ）[71]・総禅寺（そうぜんじ）[72]・直林寺（じきりんじ）[73]・法華嶽寺（ほけだけじ）[74]・妙谷寺（みょうこくじ）[75]、このほか、ここかしこの衆僧たちが集まった。茶・酒・肴など持参して来ていた。銘々と酒で参会し、福昌寺東堂様も拙宿に御礼のためお越しになった。お茶など下された。饗応はいつものとおり。

この日、島津忠長の宿所にて談合。福昌寺の宿所に忠長と一緒に参上した。酒など進上した。しばらく閑談して酒。帰る途中、忠長の宿所に招かれたので参上し、振る舞われた。秋月・龍造寺・筑紫の使者が、忠長に挨拶にいらっしゃった。まず、忠平様への進上物を渡した。秋月からは馬・太刀、龍造寺からは太

(69) **愛酒**　酒を好むこと。酒好きが集まったのでという意味カ。

(70) **福昌寺東堂**　天海正曇（？～一六〇三）。

(71) **日新寺**　鹿児島県南さつま市加世田武田にあった曹洞宗寺院。島津日新斎の菩提寺。明治二年（一八六九）に廃寺となるが、跡地に竹田神社が建立された。

(72) **総禅寺**　鹿児島県姶良市鍋倉にあった曹洞宗寺院。

(73) **直林寺**　鹿児島市春山町にあった曹洞宗寺院。

(74) **法華嶽寺**　宮崎県東諸県郡国富町深年に現存する法華嶽薬師寺。

(75) **妙谷寺**　鹿児島市下伊敷町にあった曹洞宗寺院。後年、島津義久の菩提寺となる。

刀・織物、筑紫からは太刀・銭百疋。また、星野鎮胤[76]・高良山元の座主麟圭[77]からの使書が来た。忠長がすぐに見参し、拙宿にも挨拶に参ると伺った。また明日来るよう、ついでに酒寄合をする旨、稲富長辰から伝えられた。「どうあってもお考え次第です」とご返事した。

この日、那須弾正忠が[78]、計策のため商売人のように身をやつした内之者を豊後に潜り込ませていた。その者（内之者）が帰ってきたとのことで、飯野衆に連れられてやって来た。内容は、「大友義統は、今、小国境に間違いなく滞在しており、城誘（築城）、そのほか、こちら境での戦いに備え、用心している様子である。阿蘇大宮司家とも連携を呼びかけているとも聞く。甲斐親英がこちらに来ており、彼が矢部に戻るのを待って、ひと合戦すると申しているようである。是非、甲斐親英をこちらに留め置いておけば、何事も起こらないであろう」とのこと。

二十五日、天神に特に看経。この朝、秋月・龍造寺・筑紫の使者と、酒で寄り合い。稲富長辰の取りなしによる。秋月より書状と片色一をいただいた。龍造寺より書状と織物一をいただいた。筑紫からは書状だけだった。使者からも銘々少し祝物をいただいた。甲斐親英に対し、新納久時・稲富長辰・柏原周防介を使者として通達した。「このたび、熟談により阿蘇大宮司家が（島津家の）幕下となり、静謐となった。しかしながら、今、諸方からの情報によると、大友義統が小国境に滞在し、諸方に計策の最中という。阿蘇惟光殿は、幼稚の人（四歳）

(76) **星野九郎鎮胤** ?〜一五八六。筑後鷹取城（福岡県八女市星野村）を本拠とする国衆。
(77) **麟圭** ?〜一五九一。高良山の座主。後年久留米城主となった小早川秀包によって謀殺される。
(78) **那須弾正忠** 現在の宮崎県東臼杵郡椎葉村付近の土豪ヵ。

だと聞く。ことごとく皆、甲斐親英の下知あっての阿蘇大宮司家だというので、この時期、親英は八代にしっかり堪忍されるのがいいだろう。神文にて島津家の下知には必ず従うと誓ったからには、ご辞退はできません」と伝えた。いろいろ辞退したが、厳しく言い聞かせて、八代に連行した。新納久時・伊地知民部大輔[79]・蒲生衆を警固に添えて、甲斐親英を八代に連行させた。甲斐長運・野尻名字の者も一緒に八代に連れて行くよう命じた。

この朝、内古閑殿から使僧・使者二人が来た。織筋二をいただいた。内容は、「前年以来、肥後山本郡[80]を支配しています。特に去年、吉利忠澄・伊集院久治の取りなしにより、それぞれ（肥後）吉松に在陣した際、（島津家の元に）出頭いたしました。にもかかわらず、今、山本郡内の一部を、城一要の家来の者どもが押領しています。訴えたいのですが、今は合戦が多い時ですので、遠慮しておりました。御判形[81]を出していただきたい」とのこと。返事は、「我々若輩だけが三舟に在陣しており、追って寄合中で談合して詳しく申し渡すことにする」と伝えた。

この日、隈庄の戦場にて大施餓鬼をおこなった。福昌寺らがいらっしゃって執行され、新納忠元・有馬筑前守が、諸篇取りなされた。そこで、その二人を派遣して成就した。

この晩、仁田水左衛門大夫と拙宿にて寄り合った。稲富長辰・川上忠光[82]を相伴に頼んだ。いろいろと酒宴。この座中、城一要宛の辺春氏[83]書状を城一要が

（79）**伊地知民部大輔**　『大日本古記録』は重頼に比定。

（80）**肥後山本郡**　現在の熊本市北区及び山鹿市の一部。

（81）**御判形**　この場合、島津家からの安堵状。

（82）**川上宮内大輔忠光**　一五一三〜一六〇六。島津征久の重臣。

（83）**辺春氏**　福岡県八女市立花町上辺春付近を本拠とする国衆。

新納忠元に持ってきたとのこと。その書状を（拙者に）見せるため、新納忠元が持ってきた。内容は、「高良山北野[84]の豊後陣（大友勢の陣）で戦闘があった模様。おそらく大友勢が敗北したとみられる」とのこと。すぐに秋月・龍造寺・筑紫の使者宿所に、この書状を持って行って見せた。この晩、新納忠元の宿舎で、島津忠長と我々で寄り合った。

二十六日、早朝、秋月・龍造寺・筑紫に対する返事を、稲富長辰・有馬筑前守にて申し渡した。秋月から特に密談があったが、「詳しく承っておく」と、秋月の使者恵利内蔵助（えりくらのすけ）[85]に一通遣わした。龍造寺には、忠平様・伊集院忠棟からの神文を遣わした。その文言が、「（龍造寺が）望んでいるものと違う」と、使者が申した。拙者は、右の案文は談合によって決定したので、一つ一つどういう意味かを説明した。我々の返状は、稲富長辰・有馬筑前守から渡した。高良山元の座主麟圭から、祈念の巻数と書状をいただいた。これも相応の返事をしておいた。

この日、内古閑殿・城殿・宇土殿に対し、筑後方面での勝利について、そして軍勢をよりいっそうご加勢いただきたい旨、書状で伝えた。皆、お考え次第で軍勢を派遣するとのことであった。

二十七日、筑後方面に、またまた派遣する衆に対し、陣触（じんぶれ）を申し渡した。

この日、飯田山（常楽寺）に参詣した。福永備後守（ふくながびんごのかみ）が同心した。いろいろもてなされて、拙者も酒を贈ったので、酒宴となった。尊円法親王（そんえんほっしんのう）[86]のご真筆であ

(84) **北野** 福岡県久留米市北野町。九月十一日、この北野陣中にて戸次道雪が没している。

(85) **恵利内蔵助暢堯** ？～一五八七。秋月種実家臣。豊臣秀吉への帰順を説いたが受け入れられず、切腹したと伝えられる。

(86) **尊円法親王** 一二九八～一三五六。伏見天皇の第六皇子。青蓮院門跡。書法蓮院流の祖。

る「月席」の二字を頂戴した。あわせて台天目（だいてんもく）[87]をいただいた。この晩、島津忠長の宿所に直接招かれたので、参った。酒宴。

二十八日、荒神（こうじん）に看経を特におこなった。この朝、島津忠長を拙宿に招いて酒宴。飯田座主が昨日の御礼にやって来た。また酒にて閑談。

　この日、新納忠元と談合して、「忠長は先に明日帰宅するのがいいだろう。拙者は、筑後方面からの連絡をもう一回待ってから、帰陣するつもりである」と、その旨伝えた。この夜、忠長宿所にて談合。

二十九日、早朝、島津忠長が出立。拙宿に暇乞いに来られた。すると、堀切から新納久饒書状が到来した。「去る二十六日、堀切に到着して、こちらの考えを伝えた。宝満城（ほうまんじょう）[88]・橘（たちばな）[89]（立花城）を、筑紫広門殿が攻め落としたため、高良北野の豊後陣（大友勢）は敗北した」とのこと。すぐに返書を拙者がしたため、「詳しくは大寺安辰（おおでらやすとき）[90]を、筑後在陣衆への慰労のために派遣するので、口上で伝える」と記した。大寺安辰の口上で伝えた内容は、皆の軍労への慰労。山下城に番衆を召し置くべきこと。江之浦・堀切のこと、である。この日、北郷忠虎殿・喜入季久（きいれすえひさ）殿が帰宅された。

晦日（三十日）、祢寝重張（ねじめしげひら）殿から招かれたので、参上した。いろいろともてなされた。

　この日、稲富長辰殿が酒・肴を持ってきてくれた。女楽などやって来て、一曲やってくれた。阿蘇役人中[91]から書状が届いた。「甲斐親英が（そちらに）出頭

(87) **台天目**　天目茶碗を畳にじかに置かないで台にのせて扱う作法。

(88) **宝満城**　福岡県太宰府市北谷。大友家家臣高橋紹運の居城。

(89) **橘**　立花城。福岡市東区下原。故戸次道雪の居城。

(90) **大寺大炊助安辰**　？〜一五八七。日向田野地頭。

(91) **阿蘇役人中**　阿蘇大宮司家重臣。

していたところ、八代に連行されたとのこと。どういう判断によるものでしょうか。親英の弟右京亮[92]は、退出（出奔）し、野尻[93]という豊後との国境に逐電（逃亡）しました」とのこと。

この日、龍造寺から八代に、これまでいた人質の替わりが到着したとのことで、使者を派遣してきた。織筋一をいただいた。

この晩、新納忠元・祢寝重張殿・稲富長辰と、拙宿で寄り合った。酒宴で閑談。皆、夜更けに帰って行った。尊円法親王のご真筆を、宇土（名和顕孝）から求められたので、そのような物を皆で拝見して、褒め称えた。

【解説】

旧阿蘇大宮司家領内への支配が進められていく。一日には、謀反の可能性のある地下衆が処刑され、二日には、阿蘇大宮司家とともに大友家に寝返ったとみられる合志氏に対し、居城竹迫城からの退去が命じられている。

四日、降伏した阿蘇惟光からの書状が無礼にあたるとして突き返されている。従属国衆となったことで書式礼も明確に変わるのだろう。

六日、島津忠平は、伊集院久信・山田有信・猿渡信光に肥後国内の国衆勢らを付けて、筑後国に派遣した。大友方とみられる蒲池鎮運の山下城（福岡県八女市立花町）の麓に放火することで、同じく大友方の江之浦・堀切両城（福岡県みやま市）を開城させようという作戦である。これにより、大友

(92) **甲斐右京亮** 甲斐親英弟。『大日本古記録』は重当に比定。
(93) **野尻** 熊本県阿蘇郡高森町野尻。

方の攻撃を受けている秋月種実を救援し、筑後攻略を図る龍造寺氏への支援の意味もあったとみられる。しかし、この時点で龍造寺氏は既に江之浦・堀切両城を調略済みだったようであり、この出陣は抗議を受けることになる。

阿蘇大宮司家を調略したことで豊薩和平を破棄した大友義統・宗麟父子であったが、阿蘇大宮司家があっさり島津勢の攻撃で降伏してしまい、自身の分国（守護職相伝国）と認識していた筑後国に島津勢が進攻したことで、強い危機感を覚えたようである。この月、大友義統は、北陸出陣中の羽柴秀吉に名刀「吉光骨喰」を献上し、支援を求めたようである。同月二十七日、秀吉は義統に返信し、大坂帰陣後の対応を示唆している（「大友家文書」）。

七日、肥後出陣衆は、肥後・豊後間の通路を見分すべく新納忠元らを派遣している。御船城内などからは大友義統の島津家との手切れを促す書状が見つかっており（十九日条、「入田文書」）、豊薩和平を大友家側が破棄したと、少なくとも肥後出陣衆は認識したようであり、大友家との衝突を意識していたようである。この日、十一ヶ条の報告を鹿児島の島津義久に送っているが、これも大友家との合戦を上申したものであろう。

十日、島津忠平は、天正九年に響之原で甲斐宗運の攻撃により討ち死にした相良義陽の遺児頼房に、響之原を含む豊田（熊本県宇城市豊野町）を「懸命の地」であるとして宛行う意向を示している。

同日、三ヶ所（宮崎県西臼杵郡五ヶ瀬町）を制した島津家久が使者を御船に派遣し、高知尾の国衆三田井親武が人質を出して従属したことを報告するとともに、重大な要請を行う。肥後在陣中の伊集院久治・比志島義基・上原尚近・鎌田政近ら日向衆をそのまま高知尾に出陣させ、大友家との合戦に踏み切るべしというものであった。最初からそのつもりで家久は日肥国境の山間地域を制圧したのであろう。

十一日には、龍造寺家重臣鍋島信生（のちの直茂）から書状が届き、同月五日に大友勢が敗北を喫し、撤退していったことが報告されている。筑後出陣衆を指揮していた戸次道雪は、まさにこの日、筑後国三井郡北野（福岡県久留米市北野町）にて陣没している。さらに同月二十三日には、秋月氏とともに島津家に従属した筑紫広門が、高橋紹運の居城である宝満城を攻略しており、戸次道雪亡き後、筑後出陣衆を指揮していた紹運は筑後からの撤退を余儀なくされている。

また十一日には、覚兼ら肥後在陣老中が家久の使者に回答している。豊後に進攻すべきという意見には同意するものの、両殿（義久・忠平）は神慮を伺うべきとの考えだとして、判断を留保している。家久の唐突な作戦は拒否するものの、豊後進攻自体は不可避と考えていたようである。

十二日、伊集院久信ら筑後出陣衆は、堀切城を攻め落とし、翌日御船に報告している。十六日には筑後山下城の蒲池鎮運からも従属する旨、新納忠元に書状が届き、筑後攻略は順調のようにみえた。しかし、十日付の鍋島信生書状が十八日に御船に届く。鍋島は、島津勢の江之浦・堀切攻撃は遅すぎたと非難し、既に調略済みであったとみられる両城への攻撃をやめるよう要請し、島津勢が退去しない場合、龍造寺家との軍事衝突もあるとにおわせている。大友勢の脅威が遠のいた今、島津勢の加勢は不要ということであろう。もちろん、島津側としては納得できるものではなく、十九日、龍造寺家のために出陣したのだと抗議し、番衆退去を拒絶している。

また十九日には、義久に宛てた十一ヶ条の報告に対する義久の返答が御船に届く。談合することなく大友家との合戦（豊後進攻）の是非を問う「御鬮」を引くことに義久は大反対する。肥後に残る大友側からの書状から、大友家の敵対は明らかではあろうが、島津家が大友家ほどの勢力に戦いを挑んだこと（豊後領内への侵攻カ）はないとして、よく談合した上での「御鬮」を要請し、菱刈近隣にいったん撤退した上で、来月八日以降に忠平以下一門、老中、地頭衆ら全員で談合することを求めている。義久は、肥後以北の「国家之儀等裁判」を名代である忠平に任せたはずであったが、大友家との全面衝突という重大案件に際し、介入してきたのである。これに対し、肥後出陣衆は二十日、来月初頭に大隅帖佐で談合を行う旨、回答している。

二十二日には、忠平が御船を発ち、八代もしくは飯野に戻っている。

二十四日、おそらく島津家久の指示により豊後に潜入していた那須弾正忠（日向国椎葉山の土豪ヵ）が御船を訪れ、大友義統が肥後北東部の小国まで出陣しており、阿蘇大宮司家と連携していると伝えた。二十五日、覚兼らは、幼少の阿蘇惟光に代わって大宮司家を取り仕切る甲斐親英を八代に連行し、軟禁してしまう。

この月には、宗教面でも注目すべき点が散見される。十五日、忠平は覚兼に対して、御船周辺に一向宗（浄土真宗）門徒が多いことを指摘し、改宗を厳命し、従わない場合処刑するよう命じている。その一方で、二十五日には激戦のあった隈庄にて戦死者供養の大施餓鬼が実施され、島津氏菩提寺の福昌寺東堂（住持天海正曇）や福昌寺末寺の曹洞宗寺院の僧によって執り行われている。二十一日には、有馬久賢（のちの晴信）から、島津忠平との起請文の取り交わしが要請されたものの、有馬氏が南蛮宗（キリシタン）であることを理由に、忠平は起請文を拒否し、書状で代用すると伝えている。忠平の宗教観がうかがえよう。

天正十三年（一五八五）

十月条

一日、いつものとおり看経など。この朝、（御船を）出立し、帰途についた。新納忠元が暇乞いに来た。「ちょうど今、隈部親泰殿から連絡があり、山下（蒲池氏）も一着した[1]。ただ、まだどこの軍勢が番衆として入ったのかという情報は入っていない」とのこと。

この日、八代徳之淵[2]に到着した。秋月種実殿・龍造寺政家殿・筑紫広門殿に対し、今回の勝ち戦について御礼を伝えるので、飛脚・使僧を用意するよう、簑田信濃守[3]が命じられたので、その内容を聞きたいとのことでやって来た。東狩野介[4]が飛脚・使僧を連れてきていた。「信濃守がみずから参上すべきだが、養生中とのことで、代理で申し述べます」とのこと。酒・肴を頂戴した。すぐに使僧に伝えるべき内容を申した。明日、書状は渡すと伝えた。森但馬掾のところを宿所とした。亭主がいろいろともてなしてくれた。

二日、早朝に村山舎人助[5]が酒・肴を持参してきた。朝食で寄り合った。また、荘厳寺（長住）が酒・肴を持参してきた。すぐにお目にかかった。（八代幽閉中の）甲斐親英が使者を派遣してきた。「こちらに到着されたのでしょうか。今後の私の処遇について、万端よろしくお頼み申し上げます」とのこと。織物一を持っ

（1）**一着した**　この場合、島津方に降ったという意味カ。

（2）**徳之淵**　熊本県八代市本町付近。

（3）**簑田信濃守**　八代衆。相良氏旧臣。

（4）**東狩野介**　八代衆。相良氏旧臣。

（5）**村山舎人助**　八代衆カ。

てきた。秋月種実殿・龍造寺政家殿・筑紫広門殿宛の書状を書いて送った。村山舎人助に持たせた。あわせて、甲斐親英に御物[6]十俵を合力として与えるよう、これも村山舎人助を通じて簑田信濃守に命じた。

　この晩、水俣[7]に着船した。地頭代から酒・肴を贈られた。明日、夫丸など合力をお願いすると伝えた。たやすいことですと返事があった。

三日、明け方、毘沙門に特に看経。夫丸・乗馬など、地下から合力があったので、やがて出立した。この晩、山野[8]に到着した。別当のところに宿を取った。地頭の税所篤和殿が、食籠肴に酒を持って拙宿にやって来た。すぐにお目にかかった。「明日、夫丸など不足しているのならご用意します」とのことなので、お頼みしますと申した。

四日、あとから陸路でやって来た衆と、山野で待ち合わせしていたところ、伊集院忠棟からの去月二十七日付書状を、八代天龍寺[9]が持参してきた。比奈久[10]にて陸路で移動中の衆と行き会い、受け取ったので持ってきたとのこと。すぐに披見。「今月中旬頃まで（御船の）番のため逗留するようお願いしたい」とのこと。しかし、ここからまた肥後に行くことはできないので、そのまま鹿児島に向けて出立した。日向衆は皆、直接帰って行った。この晩、湯之尾[11]の舟津田村に留まった。

五日、早朝に出立した。夫丸などが不足していたので、有川[12]に留まり、地下衆に依頼した。そうしたところ、鹿児島の大膳坊が真幸に参上する途上、拙者が

（6）**御物**　島津家の蔵米ヵ。
（7）**水俣**　熊本県水俣市。島津薩州家領。
（8）**山野**　鹿児島県伊佐市大口山野。
（9）**八代天龍寺**　詳細不詳。
（10）**比奈久**　熊本県八代市日奈久。
（11）**湯之尾**　鹿児島県伊佐市菱刈川南付近。
（12）**有川**　鹿児島県霧島市溝辺町有川。

やすらいでいると聞き及び、やって来た。今年は入峯[13]するつもりだと語ってくれた。次に飯野に行くというので、有川貞真まで、「御船に在番していましたが、今日こそ鹿児島に参上するため、こちらまでやって来ました」と伝言を頼んだ。あわせて、「筑紫広門殿から来た書状が、新納忠元経由で八代まで届きました。きっと（忠平は）談合にお越しになるだろうと考え、そのとき進上するつもりで持ってきましたが、それは無いようなので、有川殿までお届けしたほうがいいでしょう」と伝えて、大膳坊に渡した。

この晩、加治木役人中[14]に使者を派遣した。「明日（加治木から）出船したいので、船の準備を命じてほしい」と、肝付蔵人殿まで依頼した。この夜は有川に泊まった。

六日、早朝に出立した。加治木から迎えの夫丸を派遣してもらった。加治木町でしばらくやすらいでいたところ、肝付蔵人殿が酒を持参してもてなしてくれた。亭主も酒を振る舞ってくれた。そうしたところ、白浜から迎えの船が来たので、乗船した。敷祢に荷物を送った。その船は加治木の合力による。未刻（午後二時頃）白浜に到着。しばらく塩風呂[15]などに入って休み、やがて出立して鹿児島に到着した。敷祢休世斎の仮屋に今夜は泊まった。

七日、早朝に出仕した。白浜重治を奏者として、肥後・筑後方面平定の祝言を義久様に申し上げた。あわせて、「御談合のため直接祗候したので、参上いたしました」と申し上げた。すぐにご見参いただき、「これまで苦労をかけた」

（13）**入峯**　大峰入り。修験者が大和国の大峰山（奈良県吉野郡天川村）に登って修行すること。

（14）**加治木役人中**　肝付兼寛重臣。

（15）**塩風呂**　塩水（海水）を沸かした風呂カ。

との上意があった。肥後・筑後方面の状況などを尋ねられ、あるがままにいちいち申し上げた。昨日から談合が始まっており、義久様の意向（諮問事項）など、奏者の税所篤和・伊地知重秀から伝えられた。この両人が談合の御使である。談合衆は、まず家久公・島津忠長・北郷一雲・伊集院忠棟・平田光宗・町田久倍・本田親貞・伊集院久治・上原尚近・拙者である。談合の題目は、豊後方面への軍事行動のこと、あわせて羽柴秀吉九州下向との噂について。

この晩、談合衆に（義久から）酒が下された。席次は、中座が義久様、客居に北郷一雲・家久公・町田久倍・拙者・伊集院久治・本田親貞・渋屋対馬掾、主居に川上久隅・島津忠長・伊集院忠棟・平田光宗・本田董親・上原尚近であった。渋屋が連れてきた衆が皆出てきて、乱舞。夜更けまで酒宴。

八日、家久公の宿所に参上した。それから島津忠長の宿所にも参った。この日も終日、談合。この晩、忠長の宿所に、談合所から直接連れられた。税所篤和・白浜重政・伊地知重秀・拙者であった。酒を振る舞われた。

九日、早朝、伊集院忠棟邸にて寄合があった。席次は、客居に家久公・北郷一雲・拙者・渋屋対馬掾、主居に樺山玄佐・本田董親・伊集院忠棟であった。渋屋同心衆が出てきて、乱舞。今春など出てきて、大鼓を打ち、しばらく酒宴。それから直接談合に出席した。

十日、樺山玄佐・北郷一雲の宿所に参上した。上原尚近と同心した。この日の談合は、殿中[16]は所用があるとのことで、真幸御仮屋（忠平の屋敷）にて談合。

(16) **殿中** 島津義久の居城御内。

寄合中は吉田清存の宿所に揃って、談合のやりとりを忠平様に説明した。家久公は談合前に拙宿にやって来た。席次は、客居に家久公・上原尚近、主居に本田董親・拙者。しばらく閑談して酒。この晩、吉田清存が皆に酒を振る舞ってくれた。いろいろともてなされた。

この日、長崎の伴天連（バテレン）[17]から、島津忠長・伊集院忠棟・拙者に使書にて連絡があった。「今年上洛（じょうらく）しようとしたが、（島津家から）制止されて迷惑している」とのこと。それから、「羽柴秀吉殿が大坂に寺を与えてくれた。その御礼のために上洛しようとしたところ、これを制止されたことは納得いかない」とのこと。皆に白浜重治を使者として伝えた。

南林寺（なんりんじ）客殿造作のこと、拙者に命じられた。しかし、在陣の最中で急には工事に入れない。特に私のような若輩の差配ではできないだろうから、誰か寄合中をもう一人加えるようにと訴え、平田光宗を加えてほしいと伝えた。吉田清存を奏者として義久様から返事があった。「南林寺造作を命じたところ、番立（ばんだて）（在陣）の時は実施しがたいとの考えであるが、私からの依頼であり、急ぎ実施するように」と命じられた。「御意について皆と談合します」と、お返事申し上げた。

十一日、出仕した。老中本田親貞が、肥後在番のため出立した。南林寺造作のこと。「精一杯やると返事はしましたが、年内中の完成は難しいです」と、吉田清存を奏者として義久様に申し上げた。

この日も、殿中にて終日談合。豊後への軍事行動について、「ご神慮は、今

（17）**長崎の伴天連**　イエズス会宣教師。

年の春にお伺いして、肥後方面が良いとの結果が出て、それに従った。にもかかわらず、年内にまた鬮など引くことは納得できない。また、今から準備となれば、おのずと来春になるだろうから、その間に各方面から敵方に計策することが大事である。そうすれば、おのずと状況も見えてくるのではないか」との義久様の上意があり、そのように決した。談合衆は、家久公・川上久隅殿・北郷一雲・吉利忠澄殿・伊集院久治・本田董親・白浜重政・吉田清存・上原尚近・本田正親であった。寄合中は別座にて決定を聞いた。使番は、伊地知重秀・税所篤和であった。

この日、家久公と島津忠長領内の者との相論について、拙者が調停を依頼されたので、白浜重政を奏者として寄合中に談合を依頼した。

一昨日十日（九日の間違い）、伊集院忠棟から八木昌信を使者として申し入れがあった。内容は、「家久公が覚兼の娘を、吉利忠澄殿を仲人として（家久次男東郷重虎の室として）ご所望になっているのでしょうか。お断りになったとのことですが、家久公から依頼されたので、御意次第（家久の意向に従う）と早々に返事されるのがいいのではないでしょうか」とのこと。間違いなく、吉利忠澄殿を仲人として、二度そのような依頼があったが、義久様に近い人物ですので、憚り多いと考え、拙者も伊集院忠棟に依頼して、（家久にあきらめるよう）説得してほしいと申した。

この日、上洛していた北郷一雲の内衆が、下向してきた。必ず、羽柴衆は下向してくる様子であるとのことなので、義久様にお伝えした。筑後方面から、鹿島右衛門尉が帰ってきた。秋月・龍造寺・筑紫の意見を聞いてきた。秋月からは、「橘（立花）城が未だ島津方となっていないので、この城を攻略した上で、麻生氏[18]・宗像氏[19]を味方に引き入れる戦略をとり、その後、豊後を攻めるのが肝心です。とにかく、まず筑前・豊前境を制圧するのがいいでしょう」とのこと。

十二日、夜中から薬師如来に看経した。「今日、談合衆が見物するため、能を開催する。その前に寄合をするので、取りなしをするように」とのことで、早朝に出仕した。すると、天気が悪くなり、能は中止となった。寄合の席次は、上座に義久様がお座りになり、主居に家久公・吉利忠澄・拙者、客居に忠長・北郷一雲・本田董親であった。終日酒宴であった。渋屋一類が祗候して乱舞となった。金春又二郎が出てきて、大鼓。この夜、家久公の仮屋に渋屋を召し寄せ、慰労した。吉利忠澄殿・拙者は沈酔したと言って断ったのだが、しきりに使者が来たので参上した。夜更けまで酒宴。

甲斐親英の書状が来た。島津忠長・伊集院忠棟・拙者宛てであった。主に身柄のことであった。適当に返事しておいた。

十三日、福島[20]の冨松氏が元服し、拙者が取りなしたので、御礼に来た。酒・祝物などいただいた。

この日、殿中にて能があった。翁与吉郎が渡った。能の番組は、難波・梅・春栄で、渋屋対馬掾が演じた。その後、義久様の御前で酒を下された。退出

（18）**麻生氏**　筑前国遠賀・糟屋両郡の国衆。

（19）**宗像氏**　筑前国宗像郡の宗像大社の大宮司家。

（20）**福島**　宮崎県串間市中心部。

する際、太刀を拝領した。伊集院左近将監がこれを渡した。鞍馬天狗は与吉が演じた。御縁(21)まで参って、いろいろ〈しまへ〉(22)などおこなった。花かたみ・檜塚・御悩・楊貴妃・くれはのきり、これらであった。脇の宗次郎に腰物を下された。北郷一雲殿が酒を持参して、能の合間の狂言の時に参上した。

この夜、肝付兼寛殿から使者が来た。あわせて加賀酒を頂戴した。使者と会って、賞翫。

十四日、伊集院忠棟から招かれたので、参った。吉利忠澄殿と拙者であった。奥にて寄合となった。

この日、殿中にて談合。(肥後御船在番中の)新納忠元から昨日書状が到来した。「豊後南郡の入田氏(宗和カ)(23)が牢々(24)したのち、五、六年以前に、また大友義統殿に召し直された。しかしながら、領知などが元のように安堵されなかったため、このたびこちらに内通し、意趣返ししようとしたところ、大友家から攻められたため、緩木(25)に城を構え、入田一族六千程が立て籠もった」と、坂梨(26)から連絡があったとのこと。もし事実であれば、義久様のご出陣もありうる状況であり、先んじて各地に続(27)を触れ回るよう、廻文をしたためた。

南林寺東堂が殿中に参上した。客殿造作の談合があった。

この晩、拙宿にて皆と寄り合った。客居に吉利忠澄殿・町田久倍殿・上原尚近殿・本田正親殿、主居に伊集院忠棟殿・吉田清存殿・拙者・伊地知越中守(28)であった。この夜、高城珠長・岩永可丹・本田信濃守がやって来た。夜更けま

(21) **御縁** 縁側。住宅などで部屋の外側に設けた板敷。
(22) **しまへ** 仕舞カ。シテの所作の見どころを抜き出して紋付・袴姿で舞う上演形式。
(23) **入田宗和** 義実、一五三三〜一六〇一。大友氏の重臣入田親誠の子。天文十九年(一五五〇)、二階崩れの変で父親誠が殺害されて没落。天正八年(一五八〇)頃、大友宗麟から帰参を許されるが、冷遇されたため、島津氏に内通。同十五年、豊臣勢が豊後に進攻すると、島津氏に従って豊後から退去。以後、島津氏の家臣となり、子孫は日向国高岡郷士。
(24) **牢々** 牢人。主家を持たない武士。
(25) **緩木** 大分県竹田市九重野。
(26) **坂梨** 熊本県阿蘇市一の宮町中坂梨。
(27) **続** 援軍派遣。
(28) **伊地知越中守** 『大日本古記録』は重隆に比定。

で閑談。一王大夫が来て、小唄などで酒宴。

十五日、夜中に看経を特におこなった。一王大夫が茶の湯をやるというので行った。島津忠長と拙者であった。（一王大夫が）真壺(29)を入手したので、それを見せるためであった。その後、出仕した。いつものとおり。

　この日は終日談合であった。肥後口・日州口の出陣衆の盛であった。家久公と島津忠長の領内で起きた相論のこと。伊集院久治と白浜重政を奏者として、双方に対し、寄合中の意見（和解案）を提示したが、お二方とも納得することはなく、駆け引きがあった。

　この夜、頴娃久虎殿の宿所に島津忠長が参り、拙者も招かれたので、従った。夜更けまで酒宴。

十六日、いつものとおり出仕。この日、筑後方面から、伊集院久信・山田有信・猿渡信光が帰陣した。あちら方面の状況など、義久様に申し上げた。この日も終日談合であった。

十七日、早朝、鎌田政広殿は、これまで（義久の）勘気を蒙り、福昌寺に蟄居していた。無沙汰していたので、酒を持たせてやった。それから、談合に出席した。肥後口・日向口の衆盛など、完了した。

　昨日、伊集院忠棟から、家久公から依頼があった拙者の娘を（次男東郷重虎の）嫁に欲しいとの件、伊地知重秀を奏者として義久様の上聞に達した。そこで、拙者からも、「この件、以前から申し上げておりましたように、まことに不相

(29) **真壺**　抹茶用の茶壺。

応の縁組みですので、家久様にはお断りしました。ご納得いただいたと思い、細かくは申し上げておりませんでした。この件が御披露されたことで、困惑しております」と、拙者も伊地知重秀を奏者として申し上げた。義久様のご返事は、「覚兼の子にあたるものを、家久が所望しているのか。とてもめでたいことではないか」とのこと。

この日、南林寺に参上するつもりで出発したところ、お留守であると聞いたので中止した。伊集院久治から、伊集院久信と猿渡信光が拙宿に来ていると聞いて、やって来た。閑談しながら酒など。

この夜、伊集院忠棟から、「しきりに家久公が申し入れている件は、承諾するのがいいのではないか」と、八木昌信を使者として再三説得されたので、「そういうことなら伊集院忠棟の考えに従う旨、ご返事ください」と返答した。

十八日、観音に特に読経などした。この朝、家久公と島津忠長の相論について、寄合中から双方に調停案を示したものの、承諾されなかったので、義久様の上聞に達した。（義久の裁定は）「家久に、軽はずみな行動があったので、寺に蟄居するのがいいだろう。忠長は、今の地位に留まるのがよい」とのこと。この件、忠長に伝えられたが、忠長はご納得されず、「やむを得ない。しかし、もう少し意見をするつもりだ」とのこと。拙者は、善哉坊が京都に使者として派遣されることになったので、この件を早く準備するよう命じられ、お暇を下された。家久公の宿所に参上した。相論の件について、以前から拙者に調停を依頼されており、これを引き受けたのだが、（日向帰宅を）命じられたので、お暇申した。「うまく調停できませんでしたが、（義久の）上聞に達したので、どうにか落ち着いたのは良かったのではないですか」と言って、お暇申し上げた。酒などでしばらく閑談した。南林寺に参上した。山田有信が同心した。客殿造作について談合した。酒を持参した。（住持と）お目にかかってしばらく物語した。平家座頭[30]が居合わせたので、平家を語ってもらった。

この夜、（鹿児島を）出船した。少し白浜で休憩して、敷祢に着船した。敷祢休世斎からすぐに使者が来た。招かれたので、明朝参上すると伝えた。

十九日、早朝、敷祢休世斎のところに参上した。いろいろと振る舞いが終わった後、出発した。休世斎が大塚の原[31]まで見送ってくれた。酒を持参された。この晩、島戸（しまど）[32]に泊まった。

二十日、早朝に出発した。薄暮に宮崎に到着した。

二十一日、衆中・寺社家衆が、酒・肴を持参してきた。銘々と会った。この晩、越（こし）[33]に出発。直接、瀬戸山大蔵丞（せとやまおおくらのじょう）[34]から呼ばれたので、そこに行った。いろいろともてなされて、衆中など多く同心した。

二十二日、朝、越に出発し、やがて帰った。野村右近将監（のむらうこんしょうげん）を使者として、善哉坊に命じた。「昨日、関右京亮（せきうきょうのすけ）を伝令に出したところ、関が途中で落馬して帰ってきた。そこで、またまた伝える。先日、（あなたが）京都への使僧を命じられたので、来月初めには必ず出発するように。そのついでに、中国[35]にも伝

（30）**平家座頭**　琵琶の伴奏によって『平家物語』を語る僧体の盲人。琵琶法師。

（31）**大塚の原**　詳細不明。

（32）**島戸**　かつて「島津」と呼ばれていた地。宮崎県都城市郡元町付近。

（33）**越**　越網猟。越網（こえあみ）と呼ばれる投げ網を使い、鴨の生態を利用した猟法。現在でも、宮崎市佐土原町の巨田池（こたいけ）で続けられており、宮崎県の無形文化財に指定されている。

（34）**瀬戸山大蔵丞**　この年四月四日に登場する穂村の瀬戸山藤内左衛門尉の同族カ。

（35）**中国**　毛利輝元のことカ。

えるように」と。

　この日も寺家・衆中などがやって来た。皆、酒・肴を持参。

二十三日、善哉坊がやって来た。「昨日、使者から承った京都への使僧の件。確かに先日、命じられました。しかし、今上洛するのは、すぐには難しい。特に、世間の噂によると、豊後（大友家）に与力するため、羽柴衆が日向国に下向するとのこと。こうした状況で上洛しても、受け付けてはくれないでしょう。困惑しております。しかし、ご奉公ではありますので、何があっても命令には従います。いろいろと訴訟（要求）すべきことがあり、それさえ解決すれば、上洛いたします」とのこと。すぐに面会して、酒で寄り合い。持参の酒を賞翫した。閑談。「まずは京都への使僧の件、ご承諾いただいたのは良かった。ご意見は、近日中に鹿児島に使者を派遣するので、いちいち申し上げます」と伝えて、帰した。

二十四日、地蔵菩薩に特に看経。羽柴衆が下向すると世間で噂されているので、一所衆(36)・諸地頭から起請文を進上させるのがいいだろうと、このたびの鹿児島での談合で決まった。そこで、所々にこの旨を申し渡した。あわせて、南林寺の造営用の木材について、来月中に寺で点合(37)するので、油断無く準備するよう、使節・書状などで命じた。

　この日、拙者も神文をしたためた。条書(38)は、

一、羽柴衆が下向するに際し、御家景中に対し、計策をおこなっていると

(36) **一所衆**　島津氏一門の「御一家」や非島津氏の「国衆」など、島津本宗家に従属しているものの独立した支配領域を持つ者。都城の北郷氏や出水の島津薩州家、祢寝氏などがこれに含まれる。

(37) **点合**　許可を得ること。

(38) **条書**　この場合、起請文の前書。

の風聞があるが、これに与同致しません。

一、羽柴衆が（日向に）下着し、防戦する際、たとえ病気になって歩行が困難であっても、私宅に籠もることは致しません。

一、私の身上につき、〈掠条〉(39)があったならば、速やかに聴取いただき、私の考えも申し述べます。

このように記し、神文などはいつものとおり。

この晩、江田の住吉祭礼(40)に参加した。諸事、旧例のとおり。衆中も皆、同心した。皆、馬上にて参詣。神迎えに参加して、神輿のお供をし、直接大宮司のところに行って、おもてなしなどいつものとおり。

二十五日、祈念を特におこなった。いろいろともてなされた。碁・将棋・双六で思い思いに楽しんだ。申刻（午後四時頃）御社に参った。祭礼は例年どおり。また神輿のお供をして、直接大宮司のところに行き、ことのほかもてなしを受け、酒宴。例年は一両日逗留したが、急用があったので帰った。直接、越に出立し、夜は池田志摩丞のところに泊まった。

二十六日、朝、越に出立した。池田志摩丞のところで、ことのほかのもてなしを受けた。衆中五、六人が同心した。それから直接、町口普請をさせているのを終日見物。比志島義基殿（曽井地頭）から使者が来た。美々津に栫取(41)するので、曽井の人衆を連れて、その城に在城するよう、一両日前に命じられたが、皆難しいとのこと。しかし、「鹿児島に祗候して辞退すれば、許されるのではないか」

(39) **掠条**　悪評、讒言カ。

(40) **江田の住吉祭礼**　江田社（現在の江田神社、宮崎市阿波岐原町）と住吉社（現在の住吉神社、宮崎市塩路）の御神幸カ。

(41) **栫取**　築城。

と拙者が申したので、そのようにするとのことであった。また、神文・南林寺材木の両件は、承知しましたとのこと。財部（地頭鎌田政心）からの使者が来た。「肥後方面へ長期の在陣を終えて帰られたこと、おめでとうございます」とのこと。あわせて、神文と南林寺材木について考えを伝えてきた。神文の案文を送ってほしいとのことだが、案文を送るには及ばない。羽柴衆の計策には乗らないとの一ヶ条なので、拙者の案文を語って、使者を帰した。

二十七日、清武（地頭伊集院久宣）から使者が来た。これも神文と南林寺材木の件であった。神文の案文を求められたが、前のように返事した。

この日、柏原周防介・鎌田兼政・野村大炊兵衛尉と茶の湯をして楽しんだ。藤村勘丞[42]から、茶碗をもらったので、これを開いて皆に見せた。

二十八日、御崎寺がやって来て、いつものように講読してくれた。泉長坊の弟子が今年初めて入峯するというので、祝言に招かれたので、従った。終日、もてなされた。帰ってきた時は薄暮になっていたが、柏原周防介が直接語りに来てほしいとのことだったので、彼の館で夜更けまで雑談。

二十九日、佐土原から高崎越前守がやって来た。内容は、「鹿児島から帰って来られたとのこと。家久様から承りましたが、先日あなたも存じているように、島津忠長と相論が起きました。今に至っても忠長は納得していないので、（家久は）福昌寺門前で蟄居しておられます。こうなった上は、どうすればご納得いただけるのでしょうか」と、まずはこの件について。次は、「あなた方が肥

(42) **藤村勘丞**　京都で活動していた茶師。

後に出陣して留守中だったので、高知尾（三田井氏）の人質のこと、鎌田政近と談合の上、都於郡・佐土原で預かっていました。あなたに見参させたい」とのこと。すぐに見参して、酒で寄り合った。両人質から喉輪一懸・漆十筒をいただいた。

この晩から、観千代(43)の祈念のため、供養法を企てた。満願寺(44)にお願いした。非時(45)に参会。いつものとおり、三壇にて不動法(46)三十三座を修行していただいた。終夜の勤行であった。

【解説】

一日、覚兼は御船を発ち帰途につき、御船に残留する新納忠元から暇乞いを受けている。この後の新納忠元の行動が島津家全体の方針に大きな影響を与える。

前月には帖佐で談合との話だったが、七日に覚兼は鹿児島入りし、同日から豊後進攻の是非、羽柴秀吉への対応をめぐって談合が始まっている。この談合には、豊後進攻の最強硬派である島津家久も参加している。

協議が難航するなか、十一日、島津義久の意向が示される。義久は、豊後進攻に関する「神慮」を問う（鬮を引く）こと自体、今年の春に肥後攻めとの結果が出たことを理由に反対している。また、豊後進攻が決まったとしても出陣は来春となるので、それまでに敵方の調略を行い、様子を見

(43) **観千代**　一五八二〜一六三一。覚兼長男、のちの経兼。

(44) **満願寺**　宮崎城東麓にあった寺院。住持は玄恵。

(45) **非時**　僧の午後の食事。

(46) **不動法**　密教の修法の一つ。不動明王を本尊として行う修法。主として除病、延寿の息災法として修する。

るべきだと主張したのである。肥後出陣衆の御船での談合では、豊後進攻が当然という流れであったが、義久自身は消極的であったことがうかがえる。

同日、折良く上洛していた北郷時久（一雲）の家臣が、羽柴勢の九州下向は間違いないとの情報をもたらす。さらに、筑後に派遣していた使者も戻り、従属国衆である秋月種実らの意向を伝えてきた。種実は、まず戸次道雪の後継立花統虎（たちばなむねとら）（のちの宗茂）の居城立花城を攻略し、筑前国衆の麻生・宗像両氏を調略して筑前平定を優先すべきと主張する。

豊後進攻論は沈静化するかに思われたが、十三日に御船在番の新納忠元からの書状が届き、十四日の談合で披露された。前月十六日、豊後南郡から五、六人が新納忠元に帰順を申し出ていたが、その一人とみられる有力国衆入田宗和が調略に応じ、居城緩木城に籠城中とのことであった。実際、十月五日付で新納忠元から入田宗和に宛てた書状には、豊薩和平を破ったのは大友氏の方であり、合戦がまもないこと、その際島津家に「馳走」するよう求めている（「入田文書」）。こうした呼びかけに入田氏は応じたのであろう。

談合衆は入田氏支援を名目に豊後進攻を決定したようであり、翌十五日には、早くも肥後口・日向口からの陣立て（盛）を行い、十七日の談合で完了している。

同日、八月に起きた島津家久家臣と同忠長家臣の相論について、老中による調停が行われたが不調に終わる。十八日、この件は義久の上聞に達し、義久は家久に軽はずみな行動があったとして福昌寺での蟄居を命じ、忠長は無罪とした。豊後進攻の陣立て決定直後のこの裁定は、豊後進攻派の中心である家久の動きを封じる意図も感じられる。

なお、十七日、義久は家久二男東郷重虎と覚兼二女の婚姻を承諾しており、断り続けた覚兼も伊集院忠棟の説得を受け、承諾している。翌十八日、覚兼は蟄居を命じられた家久に挨拶して、宮崎への帰途についている。帰宅に際し、覚兼は日向国善哉坊（面高真蓮坊頼俊）に京都と毛利家への使者を命じるよう、義久の命を受けていたようである。二十三日、善哉坊は難色を示すものの、自らの要求と引き替えに使者を引き受けている。この善哉坊の京都・毛利家との往復が義久の外交交渉と政策決定を支えることになる。

二十四日には、羽柴勢の島津領内への調略・軍事進攻が予想されるなか、領国内の一所衆・地頭衆から起請文を取ることになり、覚兼自身も起請文を作成し、諸所に命じている。これ以降、各地の地頭から文面について問い合わせを受けている。

なお、同月二日、羽柴秀吉は、島津義久・大友義統双方に対して停戦に応じるよう命じる書状を出している。いわゆる「惣無事令」である。毛利輝元にも出されたとみられ、関白という立場から「国郡境目相論」は秀吉が裁定するので、まずは戦闘を停止するよう命じたものである(尾下成敏「九州停戦命令をめぐる政治過程—豊臣「惣無事令」の再検討—」、『史林』九三—一、二〇一〇年)。これは、前月の大友義統からの訴えに応じたものであり、停戦に応じない場合、秀吉が直接武力討伐に乗り出すことをにおわしている。

この停戦命令は、直後に大友氏のもとには届いたようであり、十一月十一日付で義統は返信を出し、島津勢が命令に応じず筑後に進攻したと秀吉に訴えている(「大友家文書録」)。問題は、島津義久がいつこの命令を受け取ったかである。おそらく年内には受け取ったはずであるが、覚兼ら重臣たちには、なぜか翌天正十四年正月二十三日まで披露されていない。

天正十三年（一五八五）

十一月条

一日、夜中に満願寺のところに御粥をいただきに参った。辰刻（午前八時頃）に供養の法が成就した。斎を一緒にとった。衆中五、六人に相伴を頼み、いろいろともてなし、酒宴。本尊への布施は百疋。満願寺へは木綿十端を贈った。香花・燈明・壇引、（1）そのほか供物などはいつものとおり。

この日、縣（土持久綱）に派遣していた敷祢越中守が帰ってきた。（土持は）「自分のほうこそ無沙汰しておりましたところ、ご使者を頂戴し、ありがとうございます」とのこと。そのほか、いろいろと（豊後との）境目のことなど申し渡したところ、心得ましたとのこと。

道正宗与が下向してきており、途中で敷祢越中守と行き会った。拙者に用事があるとのことで、「明日必ず宮崎に参ります」とのこと。以前あつらえた真手桶（2）を持参して下向しており、きっと急いでいるのだろう。先に（覚兼に）渡しておくとのこと。それを拝見した。「天下一」（3）の品なので、なかなか言い表せないものであった。

この晩、加江田に出発したが、薄暮になったので、谷口和泉拯のところに（4）泊まった。いろいろともてなされた。

（1）**壇引**　式に使った祭壇を片づけること。

（2）**真手桶**　茶道具の水差し。

（3）**天下一**　天下唯一の名人の意味で、「天下一」の号を名乗ることを許された鋳物工、陶工などの家。また、名人をもって自任する者の作物の銘。織田信長・豊臣秀吉などが鏡・釜・土器などのすぐれた作者に許したのにはじまる。

（4）**谷口和泉拯のところ**　宮崎市和知川原。

二日、また、谷口和泉拯からもてなされた。それから、やがて出立した。大渡(5)まで酒・肴など持たせてくれて、しばらく楽しんだ。それからようやく加江田に到着した。

三日、毘沙門への看経はいつものとおり。恭安斎様のところに参上し、いろいろともてなされた。伊勢社の祭礼を見物するため出立したところ、宮崎より連絡があった。「夕方、道正宗与が宮崎まで来るので、今日必ずそちらに参るでしょう」とのこと。それなら、まず風呂でもてなそうと考え、円福寺に参り、風呂を焼かせて入っていたところ、宗与がやって来たので、風呂にてもてなした。（宗与は）忝いと言っていた。京都情勢を物語ってくれた。先日、羽柴衆がこちらに下向してくるとの情報があったが、どうだろうかと尋ねたところ、間違いなくそうなるだろうと噂されているとのこと。しかしながら、「こちら（島津家）との合戦には、少しためらいがあるようだ」と語ってくれた。「大友家さえ早急に倒してしまえば、とうてい下向は難しくなるだろう」とのこと。

　この晩、伊勢大宮司のところに行った。宗与も同心した。いろいろともてなしてくれた。皆、京都の話であり、過半は茶の湯のことであった。

四日、天気が悪かったので、宗与に今日のところは逗留するよう、しきりに申したのだが、「〈大向之御物(6)〉などを宮崎から直接、田野方面に向かわせているので、田野まで急ぎ参る」と言うので、もてなして田野まで送った。この晩、拙者は祖山寺に泊まった。

（5）**大渡**　大淀川の渡しヵ。

（6）**大向之御物**　義久に持って行くべき品物ヵ。

五日、早朝、恭安斎のところに参上。おもてなしなどいつものとおり。茶の湯所(7)を作ろうと、安藤土佐拯を呼び寄せたので、切符(8)など準備した。あわせて、場所を見分して、普請をさせて見学。

六日、前例どおり、寺家衆などが酒・肴など持参した。

七日、折生迫の鹿蔵に狩に登った。

八日、薬師如来への看経を特におこなった。この日、鎌田兼政がやって来た。和田刑部左衛門尉を使者として鹿児島に申し上げた件の（義久からの）ご返事を聞いた。「善哉坊を京都に使僧として派遣すること、（善哉坊が）領掌したようで良かった。それなら早々に（鹿児島に）参上させるように」とのことだったので、書状にてこの旨、善哉坊に伝えた。

　この日、座の石(9)など据えさせて見物。

九日、鎌田兼政などと同心して、終日、遊山(10)。

十日、内山の鹿蔵で狩をした。鎌田兼政が鹿を一つ射た。終日、遊山。

十一日、鎌田兼政が帰った。拙者は普請など見学して、楽しんだ。この夜、青島に水鳥が多くやって来たので、早朝、躵(11)をするために渡海し、（青島神社の）拝殿に隠れていた。神主を連れていたので、寝ないように話をしていたところ、宵より夜更けになると、波音が静かになると聞いたので、

　波に覚し夢をもむすぶ（結）氷かな

〔波音で目が覚めても、水が氷ることで波音が静まって再び眠りにつくこ

(7) **茶の湯所**　茶室カ。
(8) **切符**　材木などの割り当て文書。
(9) **座の石**　茶室近くの庭石カ。
(10) **遊山**　山野に出かけて、花見・紅葉狩・茸狩などの遊びをすること。
(11) **躵**　鉄砲による狩猟。

とができるのだなあ〕

と、詠んだ。神主は少し連歌を心得た者なので、すぐに脇を詠んで楽しんだ。

また、

独ね(寝)ハむさゝびなれや夜と共に　鳴明しつゝ鳥をこそまて(待)

〔一人で寝る夜は、ムササビにでもなるようなものだろうか。夜明けまで鳴き続けて、獲物の鳥が来るのを待て〕

などと、あまりの寒さに戯れていた。

十二日、早朝起きて見たところ、島山の松だけが青やかに、下草も真砂[12]も白妙[13]に霜雪が降り積もっていたので、

陰青しまつ(松)より外や夜は(半)の雪

〔松の姿は青々としている。その松の他は夜半に降った雪が積もり白くなっている〕

と詠んで、帰った。狩のため、小目井[14]の矢野大炊左衛門尉のところに行った。いろいろともてなされた。

十三日、宮之浦の大宮司[15]が、酒・肴を持参してきたので、すぐに見参して酒を賞翫。それから狩に登り、鹿を二頭獲った。この夜は、富士[16]に泊まった。

十四日、富士の狩蔵に登った。鹿二頭を獲った。伊比井[17]から酒・肴など持参してきた。そこの正祝が、近日、神舞[18]をするので、しきりに立ち寄ってほしいと言ってきたので、従った。恭安斎もお出でになった。いろいろともてなされた。

(12) **真砂**　砂や小さい石。
(13) **白妙に**　白い布で覆われたかのように。
(14) **小目井**　宮崎県日南市富土。
(15) **宮之浦の大宮司**　現在の宮浦神社（宮崎県日南市宮浦）の宮司。
(16) **富土**　宮崎県日南市富土。
(17) **伊比井**　宮崎県日南市伊比井。
(18) **神舞**　神楽。

その座にて、高本坊という法華宗の僧侶が居合わせて、いろいろと雑談した。恭安斎も拙者も、手持ちの法華経があると語ったところ、なかなか喜んでくれた。まことに、歓喜のあまり飛び跳ねそうな様子であった。「但楽受持大乗経典、乃至不受餘経一偈」(19)、この話などしてくれた。

十五日、伊比井大明神(20)に恭安斎が参詣され、帰帆(きはん)された。拙者は、野島(のしま)(21)に行った。大宮司のところに泊まり、いろいろともてなされた。田野（地頭大寺安辰）から使者が到来した。すぐに見参して酒で寄り合った。「堅志田(かたしだ)城番を担当しています。去る三日（十一月三日）に交替と聞いていたが、未だ交替できていません。どうなっているのでしょうか」と問い合わせてきた。「都於郡(とのこおり)衆が交代要員であると聞いているが、辞退したいと言ったままとなっており、そのため遅れているのであろう。あちら（都於郡）に問い合わせるのがいいだろう」と返答した。

十六日、野島の白鬚(しらひげ)大明神(22)に早朝参詣して見物したところ、〈神牆(しんしょう)〉(23)の松枝(まつがえ)が古くて、口では言い表せないほどのものであり、松の根の緑苔(りょくたい)が見えないほど霜が深く立っているのを見て、半分祈念のためにと思い詠んだ。

むす苔の緑もみえ(見)ず霜ふか(深)し　むべ白鬚の神垣(かみがき)の松

〔松の木の根に生えている苔の緑も見えないほどの霜の深さである。その景色の白さは、誠に白鬚という名にふさわしい。その神社の松である〕

「浪洗旧苔髭」(24)とあったのを思い出した。この朝も〈見籠って〉、山に登った。上井神九郎(うわいじんくろう)殿（覚兼末弟）が、鹿を射た。それから、折生迫から迎えの船が来

(19) **但楽受持大乗経典、乃至不受餘経一偈** 「妙法蓮華経」の譬諭品第三の一節。
(20) **伊比井大明神** 現在の伊比井神社（旧称、一ノ宮大明神）カ。
(21) **野島** 宮崎市内海。
(22) **白鬚大明神** 現在の野島神社（宮崎市内海）。
(23) **神牆** 「牆」は垣根。神域を区切るための樹木カ。
(24) **浪洗旧苔髭** 『倭漢朗詠集』収録の都良香（八三四～八七九）作「内宴春暖」の一節。正確には「氷消浪洗舊苔鬚」（氷消えては浪旧苔の鬚を洗ふ）。

たので、紫波洲崎に向けて帰帆した。財部の比喜の大宮司[25]である一公房が、酒持参でやって来たので、すぐに参会した。別件でお越しになることはなく、ちょうど今、地頭（鎌田政心）との相論が生じていた。内容は、「比喜の宮山にて、南林寺の材木のためだとして過分に伐採した。これは、神木といって〈留山〉[26]なので、中止するようその衆に申したのであるが、引き続き材木を奪い取り、ようやく道具を留め置いた。地頭からの連絡もなく、このような振る舞いをするのは、おそらく二、三年間地頭と不和だったので、そのためであろう。翌日、比喜領の者どもが、野に萱刈に出たところ、地頭の内衆が鎌などを取り上げ、その上、散々に打ちのめされた。さらなる恥辱はあってはならないことである。そうしたことから、祭礼も中止となり、来る祭礼もできないだろう」とのこと。「そういったことでしたか。詳しく承りましたが、地頭の鎌田政心からは報告がありません。明日、あちらに問い合わせ、ご返事いたします。この件を鹿児島に参上してご披露されるのでしょうか。もっともなこととは存じますが、鎌田政心の返事が来るまでは、途中でお待ちいただくようお願いします」と申した。「あなたのお考え次第です」とのことで、清武でお待ちするとのこと。

十七日、財部地頭鎌田政心に書状を出し、一公房の訴えについて細かく申し渡した。

この晩、柏原周防介と和田刑部左衛門尉が同心してやって来た。用件は、都於郡から、堅志田在番はなお難しいと申し出てきたこと。また、定徳院の僧

（25）**比喜の大宮司**　現在の比木神社（宮崎県児湯郡木城町椎木）の大宮司。

（26）**留山**　伐採禁止の山という意味カ。

侶のこと。高知尾に金乗坊を派遣することなどを、荒田讃岐守を使者として鎌田政近から宮崎に連絡があったとのことで、詳しく報告を受けた。やがて、もてなした。この晩、この二人と同心して、明日は十八日（観音様の縁日）なので御崎寺に参詣することにして、終夜閑談し、酒宴。

十八日、早朝、御崎観音堂に参詣して、特に読経。寺でいろいろともてなされた。和田刑部左衛門尉に依頼して、都於郡に返事をしてもらった。「堅志田城番のこと、是非とも承諾していただきますように。金乗坊を高知尾に派遣されること、これも当然です。定徳院僧の曖については、『和田刑部左衛門尉をいずれ鹿児島に派遣し、了承を得る』と返事したとおりである」と伝えた。柏原周防介と和田刑部左衛門尉は帰って行った。途中、網引を見物した。魚がいろいろと入っていたので、途中で賞翫して、しばらく楽しんだ。

十九日、加治木源六が、矢開(27)の狩をするというので、出立したところ、「鎌田政心がやって来る」と、一昨日の飛脚が帰ってきて伝えたので、中止した。やがて、（鎌田が）到着された。恭安斎にも挨拶したいとのことなので、そちら（紫波洲崎城）にて参会した。恭安斎・拙者それぞれに酒を持参。賞翫した。一公房が申したことと、おおよそ同様であった。しかしながら、〈似たるものの似ぬものにて候〉(28)。詳しく事情を聞き、もてなしているうちに日が暮れた。この夜は泊まっていただいた。

二十日、拙宿にて、鎌田政心と寄り合った。酒が済んだ後、帰って行った。

(27) **矢開**　武家の男児が狩場に臨んで初めて鳥獣を射た時、餅をつき、射た鳥獣を料理して祝うこと。また、その儀式。

(28) **似たるものの似ぬものにて候**　起きた事件は同じであるが、全く言い分が異なっているということカ。

この日、去る三日（十一月三日）、ちふくの湊にて[29]、内海の船が難破した。そこで、荷物などはいつものとおり留め置いた。（内海は）忠平様の御料所なので、内海の仮屋に状況を役人から伝えさせた。内容は、「御物[30]などを舶載しているのなら、役人中に談合する必要がありますが、そうでないならば、やむを得ないので、荷物は濡れて毀損しているでしょうから、お覚悟ください。この旨ご案内いたします」と伝えた。（内海の返事は）「この船は、やむを得ず寄船[31]したものです。積み荷は、俵物四十余りでしょうか。そのうち十個は、讃岐拯[32]の荷物です。それ以外は、木工助[33]という者が積ませた荷物です。今は留守にしているので、御物なのか、私物なのか分かりません。荷物が濡れた場合、毀損しないよう先例を守るかどうかは、あなたのお考え次第です。とにかく、この船が難破したことは間違いないことですので、あなた方に下されたものではありません」とのこと。

この晩、宮崎から加治木雅楽助がやって来た。用件は、「佐土原から連絡がありました。先日のご談合を受けて、高知尾に佐土原・三城（門川・塩見・日知屋）・宮崎の衆を派遣しました。このうち、田中筑前守[34]が戻ってきました。入田氏がこちらに帰順を申し入れることが決定したので、それにつき、来る二十四日、豊州（大友家）に対し、手切れ[35]を通告するとのこと。そこで、宇目口[36]・佐伯口[37]に、同日、同時にご出陣をお願いしたい」とのこと。すぐに了承して、境目なので、いろいろと命じる必要があると考え、宮崎に向けて戻った。一番鳥が鳴く頃、

(29) **ちふくの湊**　知福湊。宮崎市加江田の知福川河口付近ヵ。
(30) **御物**　高貴な方の所有物、この場合は忠平の所有物（荷物）という意味ヵ。
(31) **寄船**　嵐などで陸岸に漂着した船。
(32) **讃岐拯**　十一月二十六日条にみえる斎藤讃岐拯ヵ。折生迫に住む海商ヵ。
(33) **木工助**　海商ヵ。
(34) **田中筑前守**　八月十日にも、島津家久の使者として登場。
(35) **手切れ**　入田氏は大友氏に従属している国衆であるが、大友氏との従属関係を解消すること。こうした場合、「手切れの一札」と呼ばれる関係解消の通告を大友氏に行う。これが相手に伝われば、すぐに敵対関係となる可能性が高い。
(36) **宇目口**　現在の宗太郎峠、もしくは黒土峠付近のルート。
(37) **佐伯口**　現在の国道三八八号、蒲江ルート。

宮崎に帰宅した。

二十一日、早朝、中村内蔵助を使者として、長野下総守殿（家久重臣）に派遣し、「高知尾の様子を田中筑前守が帰って伝えてきたようですね。詳しく聞きました。しかし、なお詳しく尋ねたいことがあるので、こちらに田中筑前守を派遣してください」と伝えた。返事は、「田中筑前守は、家久様が鹿児島に蟄居中なので、そちらに参りました。（高知尾の）状況は先の使者が伝えたのと同じです。この件について、あなたは鹿児島に参上するおつもりでしょうか。まずは、使者にて申し上げるのがいいのではないでしょうか。（なぜなら）もし家久様が突然お戻りになった場合、あなたも豊後との境目に同心していただく可能性があります。軽輩ながら申し上げます」とのこと。

　和田刑部左衛門尉が都於郡から帰ってきた。（鎌田政近からは）「堅志田城番のこと、承知しました。定徳院僧のこと、これも納得しました。高知尾のこと、田中筑前守が戻ってきて伝えた情報は、同じく聞いています。丸田左近将曹を佐土原衆に添えて、高知尾に派遣していたところ、戻ってきました。もろもろ、田中筑前守が戻って申したことと違いはありません。入田氏の豊後（大友家）への手切れの日取りは、来る二十四日とのことでしたが、鬮を引き、来る三十日に決定したとのことです」。

　この晩、加治木治部左衛門尉から招かれたので、城から下った。いろいろともてなされた。

二十二日、勝目但馬守を使者として、鎌田政近に尋ねた。用件は、「高知尾からの注進について、（大友家との手切れが）来る三十日に決まったと聞きました。だいたい、拙者が知っている限りでは、このように島津家へ心底より忠節を尽くすことが明らかとなったからには、もう少し談合をした上で、（義久の）命令で出陣した時点にて、手切れをするのがふさわしいと考えます。こちらの判断で、このような決定を下すのは納得できません。まずは、こちらから日取りを指定すべきと考えますが、家久公もきっとお考えがあるでしょうから、それを踏まえて、のちに判断するのはいかがでしょうか。あなたのお考えが同じならば、（手切れを）止めたいと思います。（手切れの）後になっては、間に合わないので、談合のために申しました。特に、大友家とは現在一和（和平）が続いているところに、この件で軍勢を出すということは、さらに想定外のことです」と伝えた。

「縣口から軍勢を出します」と、土持久綱殿から飛脚で伝えてきたが、「これは同意できない。この時期に軍勢を出すことは、曲事である」と伝えた。

この晩、（都於郡に派遣していた）勝目但馬守が帰ってきた。鎌田政近殿の返事は、「宮崎から高知尾に派遣していた衆が帰ってきたのでしょうか。田中筑前守が口頭で述べたことと同じでしたでしょうか。あなたが申したように、入田氏の今の段階での手切れについては、こちらから指示するのもいいでしょう。ただ、判断の先延ばしは、遠慮すべきだと思います。こちらから手切れするよう（入田氏に）命じたわけではありません。入田氏自身の判断での手切れは、問題ないでしょう。なぜなら、後日、入田氏と大友氏との無事[38]を仲介するという手段もあるのではないでしょうか。もちろん、縣口から軍勢を出すことは、良くないと思います。どちらにせよ、あなたのお考え次第です」とのこと。義久様は、正八幡[39]ご社参のために大隅に滞在中なので、使者で右の件を申し上げるため、中村内蔵助・上井兼成（うわいかねしげ）に使者を命じ、彼らを呼び寄せて、鎌田政近の意見を直接聞かせた。それから、（義久に）申し上げる内容を申し聞かせた。「高知尾へ軍勢を派遣するための通路などを確認するため、家久公の内衆一両輩を派遣しました。拙者も一人派遣せよと佐土原から命じられたので、丸田名字の者を派遣しました。彼が帰ってきましたが、田中筑前守が申した内容とは少しも違いはありません。ただ、入田氏の手切れのことは鬮によって、来る三十日に延期となりましたが、とにかく、しっかりとした手切れが必要には思えません。そこで、この段階での手切れは、止めたいと考え、鎌田政近などに相談したところ、政近からは拙者の判断に従うとのことでしたので、家久公のお考えもあるでしょうから、のちの判断とするのはいかがでしょうか。そうした判断無く、とにかく入田氏の右のような判断での手切れにより、合戦を想定して宇目口・佐伯口に軍勢を派遣するのは、我々としては納得できません。田中筑前守も、家久公も、今はそちらに逗留されているでしょうから、きっと家久公からも詳しく申し上げられるでしょう。我々としては、今回の件につき、ひとつ

（38）**無事**　和睦・和平。

（39）**正八幡**　大隅正八幡宮。現在の鹿児島神宮（鹿児島県霧島市隼人町）。

も承諾しておりません。なにとぞご判断をお願いいいたします」と申し上げた。
二十三日、大隅に派遣する両使（中村内蔵助・上井兼成）が出発した。また、堀四郎左衛門尉を使者として、忠平様にも同じく申し上げた。
二十四日、地蔵菩薩に看経を特におこなった。この日、西方院が風呂を焼いたので、入った。院主は、清武の勢田寺(40)で灌頂(41)をおこなっていて留守だった。心静かに風呂で楽しんだ。すると、知事(42)が酒など振る舞ってくれた。それから、兒(43)・若衆たちが、新たな提案をして、香聞(44)をやりたいと言ってきたので、張行(45)した。香が済んでから、酒宴の最中に、

色深き梅の立枝を尋ても　香をだに振ぬ袖の哀さ

〔色が濃くて美しい梅の高く伸びた枝を尋ねても、香りさえも振りまくことのない袖の悲しさよ〕

このように書き付け、老僧に渡し置いて退出した。
二十五日、天神に特に祈念などした。この日、終日、碁・将棋などさせて見物。
二十六日、本田越後守殿(46)がやって来た。久しく無沙汰していたので、上井兼成の宿所を借りて、拙者に酒を飲ませるつもりだったのだが、兼成が留守だったので、やむを得ないので大酒をいただいた。猪丸(47)など持参してきた。すぐに城内の衆中など呼び寄せ、寄り合って酒を賞翫し、閑談。飯野に派遣（十一月二十三日）していた堀四郎左衛門尉が帰ってきた。（忠平の）ご返事は、「高知尾境から、入田氏が大友家と手切れとのことでしょうか。詳しく伺いました。大

(40) **勢田寺**　現在の宮崎市清武町木原、県立みなみのかぜ支援学校付近にあった寺院。仏像や石塔の一部は、黒坂観音に移設されている。
(41) **灌頂**　仏教で、定められた位や資格を授けるために、その人の頭に水を注ぐ儀式。
(42) **知事**　僧職の一つ。寺院の雑事や庶務をつかさどるもの。または、その僧。特に禅宗で、頭首に対して、都寺・監寺・副寺・維那・典座・直歳の六知事があり、諸務を分担した。
(43) **兒**　稚児。仏教の寺院で雑用をこなす子ども。
(44) **香聞**　香をかぎわける競技。聞香。
(45) **張行**　連歌の会などを、興行すること。
(46) **本田越後守**　詳細不明。
(47) **猪丸**　イノシシまるまる一匹。

隅から比志島国貞(48)を使者として、義久様から仰せがありました。（内容は）まったく異なった情報です。（義久からは）『佐土原の田中筑前守が宮内(49)に祗候して申すには、去る十六日に入田氏が大友家と手切れして、南郡は既に破滅(50)となり、煙中(51)にあるとのこと。先年（天正五年十二月）日州に攻め込んだ際も、（義久が）正八幡宮に社参していた時に、直接出陣した。今度もこのようなことはめでたいと思い、直接出陣するつもりである。忠平も出陣の支度をするように』と。あなたからの注進とは異なっています。しかし、この説はきっとそのようなことであろうと考える。とにかく、家久も近日きっとご帰宅されるであろうから、各地の巧者などと十分に談合するのが肝要だろう」とのこと。

この晩、斎藤讃岐拯から招かれたので、本田越後守・堀四郎左衛門尉など同心して、下った。いろいろともてなされた。この夜は、そこに泊まった。

二十七日、この朝、また斎藤讃岐拯からいろいろともてなされた。正光寺(52)を呼び寄せ、高知尾からの情報について、周易の卜を依頼した。それから帰宅した。

この晩、福富権五左衛門尉が、祭礼が終わったとのことで、その酒を我々に振る舞ってくれた。本田越後守・柏原周防介など寄り合って、賞翫した。

二十八日、御崎寺がお越しになった。講読であった。この朝、本田越後守殿が帰られるとのことなので、柏原周防介殿がもてなした。拙者も招かれたので従い、いろいろともてなされ、酒宴。

この日、大隅まで使者をつとめた中村内蔵助・上井兼成が帰ってきた。曽於

(48) **比志島宮内少輔国貞** 一五五〇〜一六二〇。奏者、薩摩市来（鹿児島県いちき串木野市）地頭。

(49) **宮内** 大隅正八幡宮門前。

(50) **破滅** 混乱状態。

(51) **煙中** 戦闘状態。

(52) **正光寺** 天正十一年四月二十三日条に登場する「昌光寺」と同一人物カ。この時も「周易の占」をさせている。

郡(53)にて、拙者の言上内容を、税所篤和殿を取次として申し上げたとのこと。(義久からの)ご返事は、「入田氏の大友家への手切れのこと、詳しく聞いた。これより先に、田中筑前守が、(義久が)留守殿(54)のところに伺い、もてなされていたところに、突然やって来て、白浜重治を取次として言上してきたところでは、『去十六日、入田氏が大友家と手切れして、南郡は残らず焼却し、煙の内にある』とのことであった。日州退治(55)の時も正八幡宮に社参しており、直接出陣した。今また、このような機会が到来し、まことにめでたいので、早々に出陣すると、伊集院忠棟にも早船で命じたところである。さては、きっとおまえからも連絡があるだろうと待っていたところ、使者を派遣してきたのは祝着である。その内容は、田中筑前守が申すこととは異なっているが、宮崎から高知尾に派遣した者(丸田左近将曹)の方が、一両日後に出発したのだろうから、この者の説がきっと正しいと思う。よって、おまえの意見を詳しく聞いた上で考え、そのようにするのがいいと判断した。境目から何かいい情報を伝えてきても、鹿児島で談合をすることなく、軽率に軍勢を出すことがないよう命じる。家久にも、このことをおまえみずからが行って、直接伝えるように」とのこと。田中筑前守は、入田宗和殿本人に直接面談したとも報告していたとのこと。言語道断、不都合の極みである。

この晩、鎌田兼政のところから、拙者夫婦を招きたいというので、従った。いろいろともてなされた。

(53) **曽於郡** 鹿児島県霧島市国分重久・姫城付近。

(54) **留守殿** 大隅正八幡宮四社家の一つ留守氏。

(55) **日州退治** 天正五年十二月の伊東領進攻。

二十九日、普請などさせて見物。

晦日（三十日）、町口に「垂（たれ）[56]」など立てるのを普請させて見物。佐土原から長野下総守の書状が届いた。内容は、「〈内端（うちば）[57]〉の出陣は、だいたい来月二日に決定した。あなたも油断無くご準備ください。美々津で兵船徴発（ちょうはつ）のため、川上（かわかみ）左近将監（さこんしょうげん）[58]を今、派遣中です。あなた方も油断無くご準備ください」とのこと。今朝、上井兼成を使者として、長野下総守殿まで伝えたのは、「大隅に高知尾での説を申し上げました。田中筑前守が申し上げた内容とは、あまりに違っていることを指摘しました。また、境目から何かいい情報が伝えられても、軽率に軍勢を出すことは曲事であると命じられました。よって、右の返事は不要とは思いますが、とにかく使者にて今朝お伝えしますので、ご納得されますように」と、伝えた。

（56）**垂**　門に類する防禦施設。
（57）**内端**　詳細不明。島津家久領内という意味カ。
（58）**川上左近将監**　八月五日条の川上左近将曹と同一人物とみられる。島津家久家臣。

【解説】

三日、島津家の在京代官的役割を担っていた道正庵宗与が、京都から鹿児島に下向する途上、宮崎に立ち寄る。宗与も羽柴勢の九州下向は間違いないとしながらも、秀吉は島津家との合戦にまだためらいがあり、大友家さえ先に倒してしまえば羽柴勢の下向は防げるとの見解を示している。この後、宗与は鹿児島に向かっており、こうした見解をほかの重臣たちにも述べたであろう。最終的に羽柴勢が九州に進攻するなか、重臣たちの多くが豊後進攻を主張したのは、この見解の影響が大きかったとみられる。

八日には、鹿児島の義久から、京都への使者に決まった善哉坊を急ぎ鹿児島に派遣するよう命じられている。大友家との全面衝突、羽柴勢下向の可能性が高まるなか、覚兼は比較的のんびりとした日々を送っている。五日には、父恭安斎の居城である紫波洲崎城内に茶室を造り始め、十一日以降、青島・小目井・宮之浦・富士・伊比井・野島で遊んでいる。海上ルートから羽柴勢が攻め込んできた場合の視察とも考えられるが、のんびりしている。

二十日には、三日に知福湊で難破した内海船の対応にあたっている。当時、遭難して陸岸に漂着した船の積荷は、その地のものとする慣習があった。このため、トラブルにならないように、覚兼はまず内海仮屋に積荷が誰のものなのか確認している。内海は島津忠平領だったので、忠平の荷物（御物）である可能性があったためである。内海仮屋からは、御物かどうかは分からないものの、積荷の所有権が明確である以上、荷物が濡れて破損したからといって勝手に略奪しないようにクギを刺している。

同日、高知尾に派遣されていた島津家久家臣田中筑前守が佐土原に戻ってきて、その報告が覚兼のもとに届く。これが大きな波乱を呼ぶ。一連のやり取りについては、丸島和洋『戦国大名の「外交」』（講談社、二〇一三年）に詳しい。

田中は覚兼に対し、入田宗和が今月二十四日に大友家と手切れするので、島津勢に宇目口・佐伯口から豊後に進攻して欲しいと要請があったと伝えてきた。翌二十一日、覚兼が高知尾に派遣していた丸田左近将曹の情報によると、入田氏手切れの日付は三十日に延期されたという。

二十二日、覚兼は使者を派遣し都於郡地頭鎌田政近に私見を述べる。入田氏の手切れは島津義久が出陣を命じた時点で行うべきであり、拙速な手切れをとめるべきだと主張し、未だ豊薩和平が生きている現段階で派兵は出来ないという、義久の考えに沿った見解を示している。そして、縣の土持氏にも派兵を禁じている。これに対し鎌田政近は、手切れ時期の判断を先延ばしにすべきではない。入田氏が勝手に手切れするぶんには問題なく、島津家が大友家と開戦にならなかった場合でも、大友家と入田氏の和睦を仲介すればよいと述べている。これをふまえ、覚兼は大隅正八幡宮参詣中の義久と、飯野の忠平に使者を派遣する。

二十六日、まず忠平からの返事が届き、義久からの連絡と覚兼の情報が異なっていることを伝える。大隅正八幡宮で田中が義久に報告した情報は、十六日に既に入田氏は大友家と手切れし、豊後南郡が戦闘状態に入ったというものであった。これを聞いた義久は、天正五年の吉例に従い直接豊後に出陣する決断を下したという。さらに、忠平からは蟄居中であった家久がまもなく帰宅するので、よく談合するよう命じられている。おそらく田中は、主君家久の蟄居を解き、早期の豊後進攻を実現すべく、一芝居うったようである。

二十八日には、義久のもとに派遣していた使者が戻ってくる。義久は田中の報告より、覚兼の情報を信じて出陣を取りやめている。そして、豊後・日向の国境から都合のいい情報が届いたとしても、鹿児島で談合することなく現場の判断で軽率に出陣することが無いよう、覚兼から家久に言い聞かせるよう命じている。この時点で既に家久は蟄居を解かれ帰宅していたようである。その意味では田中のブラフは成功したといえよう。なお、田中は、直接入田宗和と面談したと義久にウソをついていたようであり、覚兼は激怒している。

こうした流れを知らない家久の家臣は、三十日、覚兼に来月二日の出陣が決定したと伝えてくるが、覚兼はこれをたしなめている。

天正十三年（一五八五）

十二月条

一日、看経（かんきん）などいつものとおり。鎌田兼政（かまたかねまさ）・上井兼成（うわいかねしげ）のところなどへ、久しく無沙汰しているので、挨拶に行った。いろいろもてなされた。

　この晩、大隅の義久様からご使僧が下向してきた。念仏寺(1)の時衆（じしゅう）であった。すぐにお目にかかった。用件は、「入田氏の件について、先日、両使によって（覚兼が）申し上げたこと、もっともに思う。今考えるに、とにかく軽率に軍勢を出しては良くないと思う。家久へも（おまえが）自分で行って、この旨を伝えるように」とのこと。ご使僧と酒で寄り合った。この夜、くさが振り付き、散々な状態となり、伏せっていた。

二日、くさが醒めないので、ご使僧への接待は柏原周防守（介）に依頼して、（義久への）ご返事も柏原から申し伝えた。「ご使僧を派遣していただき、ありがとうございます。また、境目から何か都合のいい情報が伝えられても、軍勢を軽率に出さないようにと命じられましたこと、特に堅くお守りします」と申し上げた。

三日、この日、くさがまったく醒めないので、伏せっていた。佐土原に家久公がご帰宅したと聞いたので、柏原周防介を派遣した。ついでに、「義久様からの上意について、自分が参って申すべきですが、くさが散々な状態なので、ま

（1）**念仏寺**　大隅国重久（鹿児島県霧島市国分重久周辺）にあった時宗寺院。『大日本古記録』は其阿良心に比定。

ずは柏原周防介を使者として申し上げます」と申し伝えた。
この日、家久公から使書が届いた。「来る六日、談合をしたいので、来るように。また、おまえの娘を所望した件につき、東郷から両使が来ている。我々の談合が終わり次第、そちらに派遣する」とのこと。（返事は）「談合に参加せよとのこと、お考え次第に参上します。東郷からの使者のこと、これまたそちらの都合の良い日で結構です」と伝えた。

四日、いつものとおり。

五日、和田郷左衛門尉殿（わだごうざえもんのじょう）が、今年の（諏訪社祭礼の）頭役（とうやく）を成就し、その後も連続して拙者が留守だったので、ご挨拶のため酒で寄り合いたいとのことなので、伺った。終日、いろいろともてなされた。

六日、早朝、佐土原に参上した。すぐに使者が参ったので、やがてお目にかかって、食籠肴（じきろうざかな）にて酒を贈った。（家久の）奥[(2)]にも同様。談合衆は、鎌田政近（かまたまさちか）・山田有信（やまだありのぶ）・拙者であった。（宮崎衆の）柏原周防介と都於郡（とのこおり）衆の高橋肥前守（たかはしひぜんのかみ）も呼び出されて、談合内容を拝聴させた。まずは、高知尾（たかちお）境の情勢について。入田（にゅうた）氏の手切れは去る三十日に決定していたが、こちらからこの時期の軍事支援はできない旨伝えたので、まずは延期となったとのこと。この談合の最中、都於郡から高知尾に派遣していた衆中一人が帰ってきた。彼の情報も同様であった。とにかく、近日中に入田氏から人質を、高知尾（三田井親武）から受け取らせるべきということになった。家久公が、これから真幸（まさき）に行って、こちらの状況

（2）**奥**　正室。樺山玄佐の娘、島津忠豊・忠直の生母。

について談合し、飯野（島津忠平）に対し、詳しく説明する。そして、忠平様から鹿児島の義久様に状況説明してもらうことを、（家久が）約束されるとのことである。そういうことで、（家久は）「高知尾からは、追々入田氏の状況について報告してくるだろうから、その時は、どうあっても当国衆で判断し、（日向衆から）返事をするのがいいと思うのだが、いかがか」とのこと。まず、飯野（忠平）のご意向を伺うのがいいだろうと、談合の結果決まった。いろいろとおもてなしがあり、夜更けに我々は宿に帰った。弓削太郎左衛門尉のところに泊まった。

御せかい(3)に対しても、食籠肴で酒を贈った。

七日、早朝、佐土原を出立し、宮崎に帰った。新名爪の長福寺(4)に、久しく無沙汰しているので、挨拶に行った。いろいろともてなされた。拙者も酒を持参。亭主が賞翫してくれた。そこの佐司が酒をくれた。

八日、薬師に特に祈念。もちろん、仏名会(5)なので、三世(6)諸仏に現世の安穏、後生の善所(7)を祈念した。

この日、井尻伴五郎が矢開をするとのことで、いろいろと酒宴。恭安斎様がやって来て、酒などをくれたので賞翫。

九日、恭安斎様をもてなした。この日、佐土原から東郷重虎殿の使者がやって来た。東郷又八郎殿・白浜刑部少輔殿であった。用件は、伊集院忠棟の媒介により、拙者の娘(8)と東郷重虎殿との重縁が決まったことの祝礼であった。折三

（3）**御せかい**　家久室、樺山玄佐娘。「せかい」とは、家久最初の居城である串木野城の曲輪「セゲ」の可能性が高い（寺田緑「串木野城と島津家久―串木野城の地名「せかい」をめぐって」『くしきの』三五、二〇二一年）。

（4）**長福寺**　新名爪八幡宮（宮崎市新名爪に現存）の別当寺。

（5）**仏名会**　三世の諸仏の仏名を唱えてその年の罪障を懺悔し消滅を祈る法会。陰暦十二月十九日から一日または三日間行う。

（6）**三世**　前世・現世・後世。

（7）**善所**　来世に生まれるべき良い場所。

（8）**拙者の娘**　二女。後年、東郷重虎改め島津忠直との間に一女をもうける。この娘が喜入忠栄と婚姻し、関ヶ原の戦いで討死した島津豊久の名跡を嗣いでいる。

対（屏風カ）、樽二荷、拙者へは太刀・織物一、内（覚兼室）へは織物一、娘へは織物一重、父恭安斎へは片色一、二堞（覚兼母）へは織筋一、鎌田兼政へは片色一、上井神九郎へは銭百疋、上井兼成へは銭百疋、〈対屋[9]〉へは織筋一、〈かつけ[10]〉へは織筋一、女子どもにと言って帯五屯、加治木但馬拯が役人[11]ということで百疋、庖丁人山本備前へは銭百疋、谷山仲左衛門尉・加治木雅楽助は、三献の配膳をしてくれたので、木綿二、内（室）の役人に木綿二、納戸[12]へ銭百疋、谷山仲左衛門尉・奥右京亮が祝い物の取りなしをしたとして、二人にまた木綿二ずつ、各方面の見廻り五、六人に木綿一ずつ、〈新房[13]〉に木綿一、以上である。もてなしの状況は、二条居瓶子[14]は、いつものとおり。三献も同様。座配は、客居に東郷又八郎、次に敷祢越中守殿・佐土原衆の有川右衛門尉殿・上井兼成殿、主居に拙者・次に白浜刑部少輔殿・柏原周防介殿・佐土原衆の有川左近将監殿[15]。終日酒宴であった。点心の時、野村大炊兵衛尉殿・弓削太郎左衛門尉殿を座に呼び、拙者から両使に織筋二ずつを贈った。佐土原からの両人に織筋一ずつ、弓削太郎左衛門尉に木綿五、中間衆[16]二人に銭百疋ずつ、そのほかそれぞれの供衆・夫丸らにも木綿一ずつくれてやった。関備後守のところに皆宿泊。

十日、父恭安斎様がお帰りになるというので、早朝におもてなしして、出立された。

この晩、西方院の風呂に入りに行った。大門坊にてまずいろいろともてなさ

（9）**対屋**　詳細不明。
（10）**かつけ**　詳細不明。
（11）**役人**　この場合、上井家「忰者」のトップという意味。
（12）**納戸**　納戸役。衣類・諸器具の管理・出納を行う役職。
（13）**新房**　詳細不明。
（14）**二条居瓶子**　瓶子は上部がふくれ下部は狭い徳利。その一種カ。
（15）**有川左近将監**　『大日本古記録』は貞清に比定。
（16）**中間衆**　武士に仕えて雑務に従った者。

れた。それから風呂が済んでから、西方院がもてなしてくれて閑談。夜更けに帰った。この日、紫波洲崎城にも祝言の酒を持って行かせた。

この日、鹿児島に書状を送った。内容は、「今月朔日付けの書状が、一昨日（八日）に届きました。『殿中の御番は、今月宮崎と清武・田野の当番であるが、失念しているのだろうか』とのことで、驚いております。今年三月、右の三所で当番いたしました。その後は、命じられておりません。今から命じられて参上しても、（到着は）中旬になってしまいます。半月ではありますが命じましょうか。もしくは、来月一日からやりましょうか。お命じください。また、南林寺造作の鍬立は正月十一日とのこと、心得ました。上葺きは、合戦中であり、板葺きは出来ないだろうから、まずは萱葺きでとのこと。これもまた、お考えに従います。ただ、追って申し入れます」と申した。

十一日、船おろし[17]をさせるため、海江田に行った。蕪山寺に泊まった。根来法師[18]が居合わせて、曲舞[19]などして酒宴。

十二日、薬師に特に祈念した。紫波洲崎城に参上して、恭安斎様からいろいろともてなされた。潮時となり、船おろしをさせて、見物。酒・肴など諸人が持参してきて、皆に酒を振る舞った。船祝であった。船大工は、紀伊湊の者である。円福寺・蕪山寺がやって来た。酒・肴を頂戴した。根来法師に連れられ、茶の湯の座にてもてなされた。終日閑談にて酒宴。

十三日、早朝、恭安斎様が拙宿にお越しになった。酒を持参されたので、茶の

(17) **船おろし**　進水式カ。
(18) **根来法師**　紀伊国の根来寺（和歌山県岩出市根来）の坊主カ。翌日条にあるように、この時造船のため、紀伊国の船大工がこの地に来ており、その関係者カ。
(19) **曲舞**　鼓に合わせて謡い、扇を持って舞う中世芸能の一種。

湯の座にてもてなした。それから、恭安斎様のところに参上し、今日の祝言は恒例どおり。安楽阿波介（あんらくあわのすけ）が城に移るので、行って見物。ありがとうと申して、もてなした。

この晩、円福寺の風呂に入った。すると、佐土原から、川上左近将監（かわかみさこんしょうげん）・高崎越前守（たかさきえちぜんのかみ）が来て、家久公からの伝言。風呂から上がり、円福寺にて話を承った。高知尾から書状が到来したとのこと。「去六日（十二月六日）、（三田井親武が）大友家と手切れして、一両日にわたり合戦となって、勝利を収めた。しかしながら、諸口は無事である。猛勢が援軍として来て、敵が攻めかかってきたが、一戦して敵を数多く討ち取った。ただ、陣を取るべき場所がなく、高知尾衆は撤退した。入田氏は、参戦していなかった。入田氏の人質は、高知尾で受け取った」とのこと。また、「これからは、入田氏も高知尾も難儀となるであろうから、早々の援軍を要請された。そこで、山中（やまなか）の衆などをまず高知尾に派遣すべきではないだろうか。これらのことを、鹿児島（義久）におまえから注進してほしい」とのこと。すぐに返事した。内容は、「高知尾から、大友家と去六日に手切れしたと言ってきたのでしょうか。まったく納得できません。鹿児島からは、今の時期、軍勢は何があっても出してはならないと堅く命じられています。高知尾への援軍であっても、軍勢をあちら境に派遣することは良くありません。まず、佐土原・都於郡で談合をした上で、鹿児島に注進するのが良いでしょう。拙者から先日申し上げた時も、佐土原からの報告とは異なっており、いかがなものかと思っておりました。私から鹿児島に対し、この時期に軍勢を出してもよいのか、それともどんなに良い情報があっても、まったく軍勢を出してはいけないのか、（義久の）御意を伺います。今度の手切れのことは、あなたから直接申し上げるべきです」と返事しておいた。この夜は、円福寺に泊まった。

十四日、雨が降り続き、宮崎に帰宅するのが困難となり、加江田(かえだ)に泊まった。

十五日、看経などいつものとおり。今朝、安楽阿波介を鹿児島に派遣した。用件は、「高知尾から到来した書状を、ご披見のため持たせます。また、『入田氏も高知尾も難儀であろう』と（家久は）仰ってます。それでは、日州衆が軍事的支援をすべきなのでしょうか。それとも、たとえ彼らが滅亡したとしても、こちらから手切れしろと命じたわけではないので、捨て置くべきなのでしょうか。とにかく、（義久の）ご方針をお示しいただきたく、申し上げます」と。

この日、宮崎に帰った。鎌田兼政殿が、鹿児島から昨夕に帰ってきていた。（兼政が言うには）「肥後口からも（御船城在番の）新納忠元(にいろただもと)から注進があり、入田氏が言うには、『先頃、家久から豊州（大友家）と手切れするよう求められたので、従った』とのこと。（義久は）困ったことだとお考えである。『どうあっても今の時期は良くない。軍勢を日向口から派遣しないように』と鹿児島で命じられたので、あなたに尋ねるまでもなく佐土原に参上したので、今夜戻ってきました」とのこと。家久公からの伝言を詳しく承った。「とにかく、近日中に談合したい。先日、あなたが佐土原に参られたので、今度は宮崎に（私が）参る」

とのこと。

十六日、関備後守を使者として、家久公に伝えた。「一両日前（十三日）に、加江田まで両使（川上左近将監・高崎越前守）を派遣されました。高知尾境のこと、拙者への書状も到来しました。鹿児島には、悴者を派遣して申し上げました。先日申しましたように、あなたから然々と申し上げるのがいいでしょう。それについて、談合のためこちらにお越しになるとのこと。今の時期は作事で忙しく、その上憚り多いので、御用がございましたら、佐土原に私が参ります。また、内々に申し上げます。鹿児島からは、『何かいい情報があっても、この時期、境目に軍勢を出すことは無用である』とのことです。義久様の方針はだいたい伺っております。そうしたところに、こちらで談合したとしても、何か意見を言う者などおりません。ただ、あなたが是非とも豊後に攻め込まねばならないとお考えならば、当国衆で高知尾を支援するべきと、（鹿児島で）ご評定にかけるのがいいのではないでしょうか。とにかく、しっかり覚悟を決めて、その上での談合が大事です。なんとなくではいかがなものかと思います」と申し上げた。また、家久公のご子息様一両人（忠豊、重虎）が疱瘡で患っているとのことなので、お見舞い申し上げた。

十七日、関備後守が、夜前に佐土原から戻りましたと報告に来た。（佐土原からの返事は）「高知尾境の件、（義久の）ご意向はもっともに思います。とにかく、今少しご思案の上、こちらに使者を派遣してほしい」とのこと。

この日、殿中御番のことにつき、鹿児島に送った書状の返札が届いた。「半月であっても勤めるように」とのこと。衆中が揃って、御番の盛の談合。清武・田野にこのことを命じた。佐土原からの使者が来た。「又七殿兄弟三人[20]が疱瘡を患っています。蘇香円[21]をお持ちでしたら、お送りください」とのこと。

十八日、佐土原に、野村右近将曹を使者として申し入れた。「御息様（忠豊兄弟三人）が疱瘡患いとのこと、気の毒なことです。みずからお見舞いに参るべきですが、きっと静かに養生されていらっしゃるでしょうから、遠慮いたします。まずは使者にてお見舞い申し上げます」と。

十九日、昨夕から満願寺玄恵をお招きした。拙者が来年四十二歳になるので、その祈念をしていただいた。十一面の法[22]二十一座をご修行していただいた。おもてなしなどした。檀様・檀引・供物などいつものとおり。本尊への布施は銭百疋。満願寺に木綿三端、同宿衆に二端ずつ。

この日、鹿児島に番衆を派遣した。（奏者の）税所篤和殿まで、この旨の書状を副えた。

二十日、都於郡に対し、来る正月元日より、殿中御番をするよう、永山兵部少輔を使者として伝えた。（都於郡からは）「今は、肥後在番を都於郡が担当しており、その上、突然のことで在番できない」との回答であった。また書状で伝えた。「肥後在番のため、殿中御番を辞退したいとのこと。これは、諸公役とは関係なく、所々が勤めるものです。なぜなら、去る秋、肥後ご出陣の際、

(20) **又七殿兄弟三人**　島津忠豊・東郷重虎と、忠豊の姉二人のどちらか。家久長女（一五六六～一六二一）は祢寝重張の室となったが、離縁している。二女（一五六七～一六四二）は佐多久慶室で、天正十六年に佐多忠充を生んでいる。

(21) **蘇香円**　蘇合香（蘇合香樹の樹脂）を配合した、強心気付け薬。

(22) **十一面の法**　十一面観音法。密教で、十一面観音を本尊として、除病、除難、滅罪、求福を祈る修法。

大口[23]は殿中御番の時期でした。新納忠元をはじめとする大口衆は、皆、肥後に在陣しながらも、殿中御番には無足衆[24]などにて、勤仕しました。その前例があるので、是非とも勤められるのが大事です」と伝えた。

この晩、江田[25]の轟木隼人佑から招かれたので、行った。その途上、鉄砲にて鶴を射た。轟木のところに泊まって、いろいろともてなされた。

二十一日、轟木隼人佑がもてなしてくれた。近隣の衆が酒・肴など持参。隼人佑の子に名を付けた。祝い物などくれた。帰る際、佐土原から使者高崎越前守がやって来た。奈古八幡の前[26]で出くわした。そこで、泉鏡坊[27]にて用件を承った。高知尾境の件について、鹿児島から飯野経由で書状が来たので、これを見せるため持参したとのこと。また、拙者にも寄合中からの別紙が到来した。どちらも、高知尾口のこと。

二十二日、本田越後守に、鹿児島への歳暮のため、参上するよう命じた。その伝達内容を聞くためにやって来た。酒を頂戴した。すぐに寄り合った。伝達内容を申した。南林寺造営のこと、高知尾境のことなど。また、昨夕、安楽阿波介が鹿児島から帰ってきて、(義久からの)返事を承った。「高知尾境手切れのことは、まったく納得できない。とにかく、軍勢を高知尾境に派遣することはあり得ない。だれかしっかりした衆を派遣し、あちらの状況を見分させ、真実の情報を報告するように」とのこと。家久お子様の疱瘡が未だに良くない状況で、いろいろとご祈祷していると本田越後守が語ってくれた。

(23) **大口** 鹿児島県伊佐市大口。地頭は新納忠元。
(24) **無足衆** 知行地二町未満の家臣。
(25) **江田** 現在の江田神社がある宮崎市阿波岐原町付近ヵ。
(26) **奈古八幡の前** 宮崎市南方町。現在の奈古神社前。
(27) **泉鏡坊** 奈古八幡宮司泉鏡坊の邸宅。

佐土原に参上した。柏原周防介も同心した。すぐに家久公と見参し、酒で寄り合った。その際、高知尾から拙者への書状が到来した。（三田井氏重臣の）甲斐宗攝・興呂木新左衛門尉(28)・甲斐左近将監(29)の三人連署であった。（大友家との戦闘で）奮戦した状況を記し、こちらからの援軍をお願いしたいとのこと。ちょうど今、阿蘇家中の高森氏(30)が、大友家に与したとのこと。（返事は）「年内は、山中は雪が深いので軍勢を高知尾に派遣することは難しい。来春は軍事行動を起こすだろう。年内のことは、家久内衆が近日中に派遣されるので、そうした衆と談合した上で、しっかりとした才覚が大事である」と伝えた。近日中に、計策のため、大友家中に対し、拙者悴者の餅原大炊左衛門尉を派遣する旨、家久公に打診した。いいだろうとのこと。佐土原から夜に入って帰宅した。

二十三日、平田宗張殿が歳暮の挨拶にやって来た。「穂北衆中は気任せ(31)な者が多く、今のようでは公役を果たすのは難しい」とのこと。「何という衆中が特に気任せの振る舞いをしているのか、伺った上で判断したい」と尋ねた。すると、寺田名字の者が、特に不心得であると聞いたので、「曲事である旨、近日中に使者を遣わし、説諭する」と申した。都於郡（鎌田政近）から、高橋肥前守が使者として来た。「殿中御番を辞退したのですが、何としてでも勤めます。また、羽柴衆が（九州に）下向するとの世上の噂があり、それにつき、神文提出を諸地頭に命じられていましたが、いままで遅くなってしまいました。あなたに提出します」とのこと。すぐに拝見して、「皆の分も鹿児島に直接送るので、

(28) **興呂木新左衛門尉**　『大日本古記録』は武富に比定。この年十一月八日、甲斐宗攝・興呂木武富・馬原重昌の三名連署で、入田宗和に書状を送っている（入田文書）。

(29) **甲斐左近将監**　三田井氏重臣か。

(30) **高森氏**　肥後高森城（熊本県阿蘇郡高森町高森字城山）を本拠とする阿蘇大宮司家家臣。『大日本古記録』は惟直に比定。

(31) **気任せ**　自分の思いのままにふるまって、他を気にしないこと。

鎌田政近の分もそのようにします」と、伝えた。

二十四日、地蔵菩薩への看経を特におこなった。奈古・岩戸[32]・瓜生野八幡に参詣。それから、馬を洗わせて見物していたところ、金剛寺から、風呂を焼いたので来るようにとのことなので、参上して入った。そうしたところ、飯野（島津忠平）から使者がやって来たとの連絡があったので、城に帰った。使者は、長野仲左衛門尉殿[33]であった。「又一郎[34]の元服以後、祝い物などあげていなかったので、下す」とのことで、太刀一腰・馬一匹（月毛、印三目結[35]）を拝領した。それから、使者をもてなした。

二十五日、（覚兼悴者の）餅原大炊左衛門尉に詳しく申し含め、大友家中への計策に派遣した。佐土原から使者が来た。三原宮内少輔殿であった。一両日前に、参上したことへの御礼であった。また、高知尾境のことであった。（内容は）「阿蘇高森氏の寝返りが発覚した状況は、稲富長辰が、仁田水左衛門大夫[36]・村山丹後守[36]と同心して、高森氏の宿所に行き、人質の交渉をしていたところ、仁田水・村山両名を城に呼び入れ、仁田水を殺害し、村山は親類なので生け捕りにし、稲富も殺害するつもりであったが、どういうわけであろうか、稲富だけは逃げ延びることができた」とのこと。言語道断であると、返事した。

この日、東郷重虎殿から、娘に羽子板が贈られた。使者は、鳥原左近将監であった。羽子板二枚・織物一・同裏衣[37]一・〈へにむくりう[38]〉などであった。使者へのもてなしは、加治木但馬拯を相伴させ、その後、拙者も見参した。使

(32) **岩戸** 現在の磐戸神社（宮崎市上北方）。

(33) **長野仲左衛門尉** 『大日本古記録』は祐誉に比定。

(34) **又一郎** 忠平の嫡男久保。天正十三年四月二十五日に元服。

(35) **月毛、印三目結** 月毛（毛色がクリーム色から淡い黄褐色）で、三目結（目結を三つ並べて三角にとがらせた図柄）の紋が印としてつけられた馬。

(36) **仁田水左衛門大夫・村山丹後守** 両者とも阿蘇大宮司家家臣カ。村山丹後守は天正十三年九月八日に島津家に名を懇望している。

(37) **同裏衣** 胴裏。着物の裏地。

(38) **へにむくりう** 詳細不明。口紅の一種カ。

者への祝いとして木綿三、中間衆に木綿二を遣わした。

　この夜、家久公から使書が下された。あわせて、高知尾表からの書状も数通持参。すぐに拝見した。高森氏の寝返りは間違いない。稲富長辰から金乗坊への書状もあった。「仁田水氏が殺害されたのは間違いない。大友勢が高森館に入っていた。稲富長辰は、奮戦して逃げ延びた」と、書状に書いてあった。

二十六日、早朝、敷祢越中守を使者として、家久公に伝えた。「高知尾から到着した情報どおりなら、日向口からも軍勢を出す必要があるかもしれません。そういうことなら、まず鹿児島（義久）・飯野（忠平）に使者を派遣するのが大事です。また、こちらの地頭を集めて、談合を開催すべきです。とにかく、よくよく考えないわけにはいかない状況にあります」と申した。

※二十七日条から三十日条は無し。

【解説】

　一日、島津義久の使僧念仏寺が宮崎に下向し、家久の暴走にクギを刺すよう、改めて覚兼に命じている。覚兼はストレスのためか、二日から「くさ」に苦しんでいる。

　六日、覚兼は佐土原に赴き、家久・鎌田政近・山田有信らと談合を行う。豊後への派兵は中止となったものの、入田氏の人質を三田井氏から受け取らせること、家久が直接飯野に赴き、入田氏の状況を説明することを決定した。家久としては入田氏支援の派兵タイミングを、日向衆だけで判断したかったようであり、「名代」である忠平の同意を取りつけようとしたのだろう。

九日、覚兼二女との婚姻が決定した家久二男東郷重虎の使者が宮崎城に至り、饗宴が行われており、覚兼とその家族に対する引き出物が列挙されている。現代の結納のようなものであろうか。

十二日、紫波洲崎城下、折生迫の湊（現在の青島港）で新たに建造した船の「船おろし」（進水式カ）が行われ、覚兼も立ち会っている。船大工は紀伊湊（現在の和歌山県の港）の者で、前日には根来寺の僧侶とも面会している。黒潮を通じた紀伊国と日向国の交流がうかがえる。

十三日、家久の使者が覚兼の滞在先円福寺を訪れ、高知尾の国衆三田井氏が大友家と手切れして、大友勢と戦闘となったと伝え、まず山中衆を高知尾に派遣したいと打診する、当然ながら覚兼はこれを拒否し、家久が派兵したいなら鹿児島の義久と直接交渉するよう返答している。ただ、十五日、覚兼は高知尾からの書状を鹿児島に送り、入田・三田井両氏を見捨ててよいのか、義久の判断を仰いでいる。覚兼も徐々に家久の主張に傾きつつあった。なお、同日鹿児島から戻った弟鎌田兼政の情報によると、入田宗和は家久から大友家との手切れを迫られたと新納忠元に述べたようであり、義久はあきれていたという。やはり前月の田中筑前守のブラフは、家久の蟄居解除・豊後進攻のための謀略とみるべきだろう。十六日、それでも覚兼は家久に対し、覚悟を決めて高知尾支援を強く鹿児島に主張すべきとアドバイスしている。なお、この頃、家久の息子たちが疱瘡（天然痘）に罹っており、十七日、覚兼は手持ちの気付け薬「蘇香円」を贈っている。

二十二日には、義久からの返事が届き、高知尾への援軍派遣にも反対であった。同時に、覚兼が高知尾に確かな人物を派遣し、状況を見極めて事実を報告するよう命じている。しかし、同日、佐土原に赴いた覚兼は、三田井氏重臣甲斐宗攝ら三名連署書状を読み、阿蘇家中であった高森氏が大友方に寝返ったことを知る。覚兼は、悴者餅原を大友家中計策のため派遣することを家久に打診している。この頃から、覚兼の考えが変わり、豊後進攻に向けて動いていく必要性を感じたようである。餅原は二十五日に出発している。

その二十五日には重大な情報が佐土原からもたらされる。御船在番中とみられる紙屋地頭稲富長辰が、阿蘇家中とともに高森氏のもとを訪れたところ、襲撃を受け、命からがら逃げ延びたという。高森氏が大友方に寝返り敵対したことが、明白となったのである。翌二十六日、ついに覚兼は、家久に対して日向口から軍勢を出すべきとの見解を示し、同意を求めるため両殿に使者を派遣し、談合を開催することを提案する。こうして覚兼は、徐々に家久同様、豊後進攻派へと転じていく。

上井覚兼年譜

年次	西暦	年齢	事項（覚兼関連は▼で表示。年齢は数え年）
天文一四年	一五四五	一	▼二月一一日、覚兼、大隅国上井村（鹿児島県霧島市国分上井）に生まれる。
天文一八年	一五四九	五	七月、フランシスコ・ザビエル鹿児島に来る（滞在十ヶ月）。
天文二二年	一五五三	九	▼父董兼が薩摩国永吉地頭（鹿児島県日置市吹上町）となり、父母と共に永吉に移る。
天文二三年	一五五四	一〇	▼覚兼、文解山（もときやま）で修業。
永禄　二　年	一五五九	一五	▼元服して、戦国島津氏の祖・島津貴久の側近となる。
永禄　三　年	一五六〇	一六	五月、織田信長が今川義元を桶狭間で破る。
永禄　四　年	一五六一	一七	▼正月、貴久・進藤長治の千句連歌に同席、以後連歌を志して高城珠玄・珠長に師事。 ▼六月、貴久に従い大隅廻城の戦いで初陣を果たす。 九月、上杉謙信と武田信玄が川中島にて戦う。
永禄　五　年	一五六二	一八	▼不断光院住持清誉芳渓に就き連歌を学ぶ。
永禄　八　年	一五六五	二一	五月、足利義輝が殺される。
永禄　九　年	一五六六	二二	▼一〇月、島津義久・忠平と共に伊東義祐の属城日向三之山城攻撃に従軍。
永禄一〇年	一五六七	二三	▼一一月、義久の大隅馬越城攻撃に従軍。
永禄一一年	一五六八	二四	九月、織田信長、足利義昭を奉じて京に入る。
元亀　元　年	一五七〇	二六	今山の戦い。龍造寺隆信が大友宗麟に勝利。
元亀　二　年	一五七一	二七	比叡山焼き討ち。
元亀　三　年	一五七二	二八	五月、忠平、伊東義祐の軍を日向国木崎原で破る。覚兼の弟上井秀秋、忠平に従い奮戦。
天正　元　年	一五七三	二九	七月、信長、足利義昭を京都より追放。 ▼当主島津義久の「奏者」に抜擢。
天正　二　年	一五七四	三〇	▼正月、島津征久らと共に大隅牛根城を攻略。

天正三年	一五七五	三一	▼一一月、義久より種子島銃を与えられる。 長篠の戦い。織田信長・徳川家康連合軍が武田勝頼に勝利。
天正四年	一五七六	三二	▼八月、義久に従い伊東義祐属城日向高原に出陣して軍功を上げる。 ▼一二月以降、「老中」に大抜擢。
天正六年	一五七八	三四	▼一一月、高城・耳川合戦に参戦。大友勢を撃破した島津氏は、薩隅日三か国を統一。 ▼一二月、日向在番を命じられ佐土原城を守る。
天正七年	一五七九	三五	家久が日向佐土原領主へと配置。
天正八年	一五八〇	三六	▼八月、老中の地位のまま宮崎地頭に任命され、宮崎城(宮崎市池内町)に移る。 ▼一一月、義久から「日向国海江田之城所領八拾町」(宮崎市大字加江田・折生迫付近)を「薩州永吉郷」の「繰替」として宛行われる。
天正九年	一五八一	三七	▼八月、義久に従い肥後に出陣し水俣城を攻撃。 ▼一〇月、『伊勢守心得書』を著し、武士の教養、特に芸能に関する嗜みを説く。
天正一〇年	一五八二	三八	▼四月、嫡男経兼(幼名犬徳丸、観千代)が誕生。 六月、本能寺の変。同月一三日、山崎の戦いで羽柴秀吉、明智光秀を破る。
天正一一年	一五八三	三九	▼二月、覚兼、樺山玄佐ら、義久の病気平癒のため法華嶽薬師寺に参籠。 四月、秀吉、柴田勝家を攻め滅ぼし、北陸を平定。 ▼九月、覚兼ら諸将、肥後八代に出陣。甲斐宗運と手切れし、堅志田攻略を図るも失敗。 ▼一〇月末、覚兼ら甲斐宗運への備えのため、花之山栫を築城し、一一月に撤退。
天正一二年	一五八四	四〇	三月〜、小牧・長久手の戦い。 三月、家久・有馬鎮貴ら、龍造寺隆信と戦い之を討ち取る(沖田畷の戦い)。 一〇月、戸次鑑連ら軍を筑後高良山に移し、龍造寺・秋月両氏の領地に進攻。忠平、諸将と議して大友軍と互いに撤兵を約束して撤退。
天正一三年	一五八五	四一	二月、義久、山田有信をして高城・耳川合戦戦死者の為、同地にて施餓鬼を行う。

年次	西暦	年齢	事項（覚兼関連は▼で表示。年齢は数え年）
			四月、忠平の名代就任。 七月、肥後御船の甲斐親直（宗運）没す。 七月、秀吉、関白になる。 八月、長宗我部元親、秀吉に降伏。 八月、阿蘇・甲斐勢が、花之山城を攻め、鎌田政虎らが戦死。 ▼閏八月、忠平に従い、堅志田・御船などの諸城を攻略。 一〇月、秀吉、義久・大友義統に書状を送り、即時停戦を命じる。
天正一四年	一五八六	四二	▼正月、豊後侵攻の談合のため鹿児島に祗候。 ▼五月、大坂より帰国の鎌田政広を迎えて秀吉謁見の模様を聞く。 ▼六月、義久より軍議変更並びに筑前出陣を命ぜられる。 ▼七月、島津忠長らと筑前岩屋城を攻撃。手勢悉く死傷し、覚兼も負傷。 ▼九月、家久、平戸の南蛮船からの弾薬確保のため覚兼にも使者派遣を勧める。 ▼一〇月、家久に従い、梓山を越えて豊後三重に攻め入り、緒方城を攻略。 ▼一二月、戸次川の戦い。家久と共に仙石・長宗我部・大友諸氏の豊臣軍を撃破。
天正一五年	一五八七	四三	四月、義久、忠平・家久と共に豊臣軍と日向根白坂で戦い大敗。 五月、義久、伊集院にて剃髪し、泰平寺にて秀吉と和睦会見を行う。 五月、秀吉、忠平に大隅国、子息久保に日向国真幸院等を宛行う。 ▼五月、家久と共に羽柴秀長に降伏。宮崎から鹿児島に帰り、伊集院にて隠棲。 六月、家久、佐土原にて没する。 ▼七月、秀長、覚兼の飼う南蛮犬を所望。しかし覚兼はこれを拒む。
天正一六年	一五八八	四四	八月、秀吉、忠豊（豊久）に対し、佐土原を含む日向国所々九七九町を安堵。
天正一七年	一五八九	四五	▼六月一二日、覚兼、伊集院（鹿児島県日置市伊集院町）において病没。

上井覚兼所在地年表（天正 13 年正月～天正 13 年12 月）

期　　間	日 向 国 内	大 隅 ・ 薩 摩	薩隅日三か国以外
正月19日～26日	加江田・内山・ 紫波洲崎城に滞在		
27日	内山を出立→		
30日		鹿児島出府	
3月 3日		鹿児島出立	
8日	宮崎帰着		
4月 1日～ 4日	紫波洲崎城・ 内山滞在		
6日～16日	狩りのため三城（門川・ 塩見・日知屋）に滞在		
21日	宮崎出立→		
23日		鹿児島出府	
5月13日		鹿児島出立	
17日	飯野到着		
20日	宮崎帰着		
6 月6日～15日	加江田・紫波洲崎城に滞在		
17日～20日	紫波洲崎城に滞在		
24日～26 日	祖母葬儀のため 加江田に滞在		
8月14日	佐土原で談合		
17日～21日	加江田・紫波洲崎城に滞在		
22日～27日	高城・美々津・日知屋経由で 縣に赴き、家久と共に見分		
8月29日～ **閏8月** 4日	加江田・紫波洲崎城に滞在		
6日	宮崎出立→	**（出陣）**→	
9日			肥後日奈久着陣
10日			肥後八代着陣 →肥後豊福着陣
11日			隈庄にて合戦
12日			肥後小川で談合
13日			堅志田・甲佐両城を攻略
15日			甲斐氏が退去した 三舟（御船）城に入る
10月 1日			肥後三舟（御船）出立
6日		鹿児島出府	
18日		鹿児島出立	
20日	宮崎城帰還		
11月2日～20日	加江田・紫波洲崎城・ 富土・野島に滞在		
12月6日	談合のため佐土原滞在		
11日～14日	加江田・紫波洲崎城に滞在		
22日	佐土原で家久と寄合		

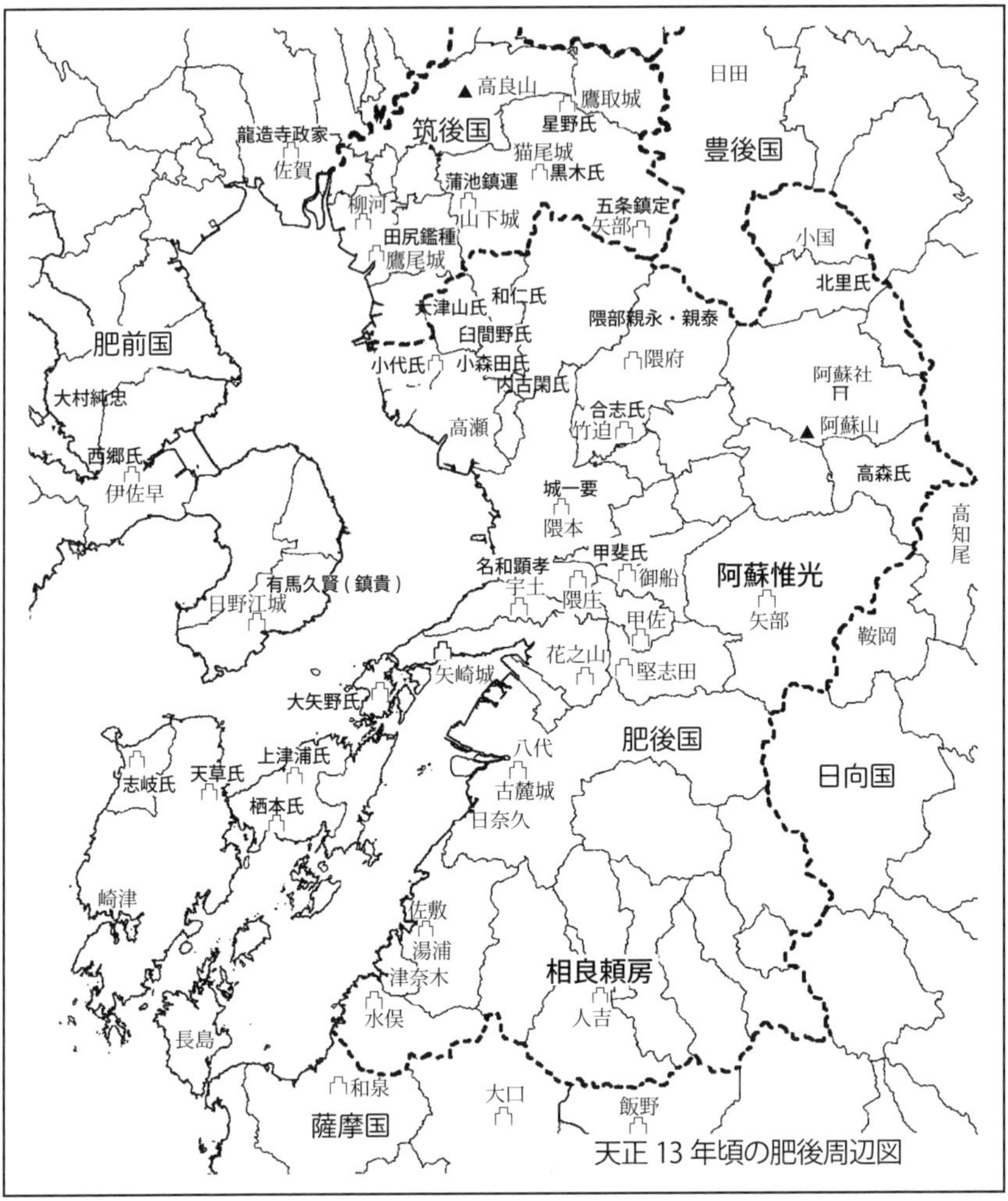

天正13年頃の肥後周辺図

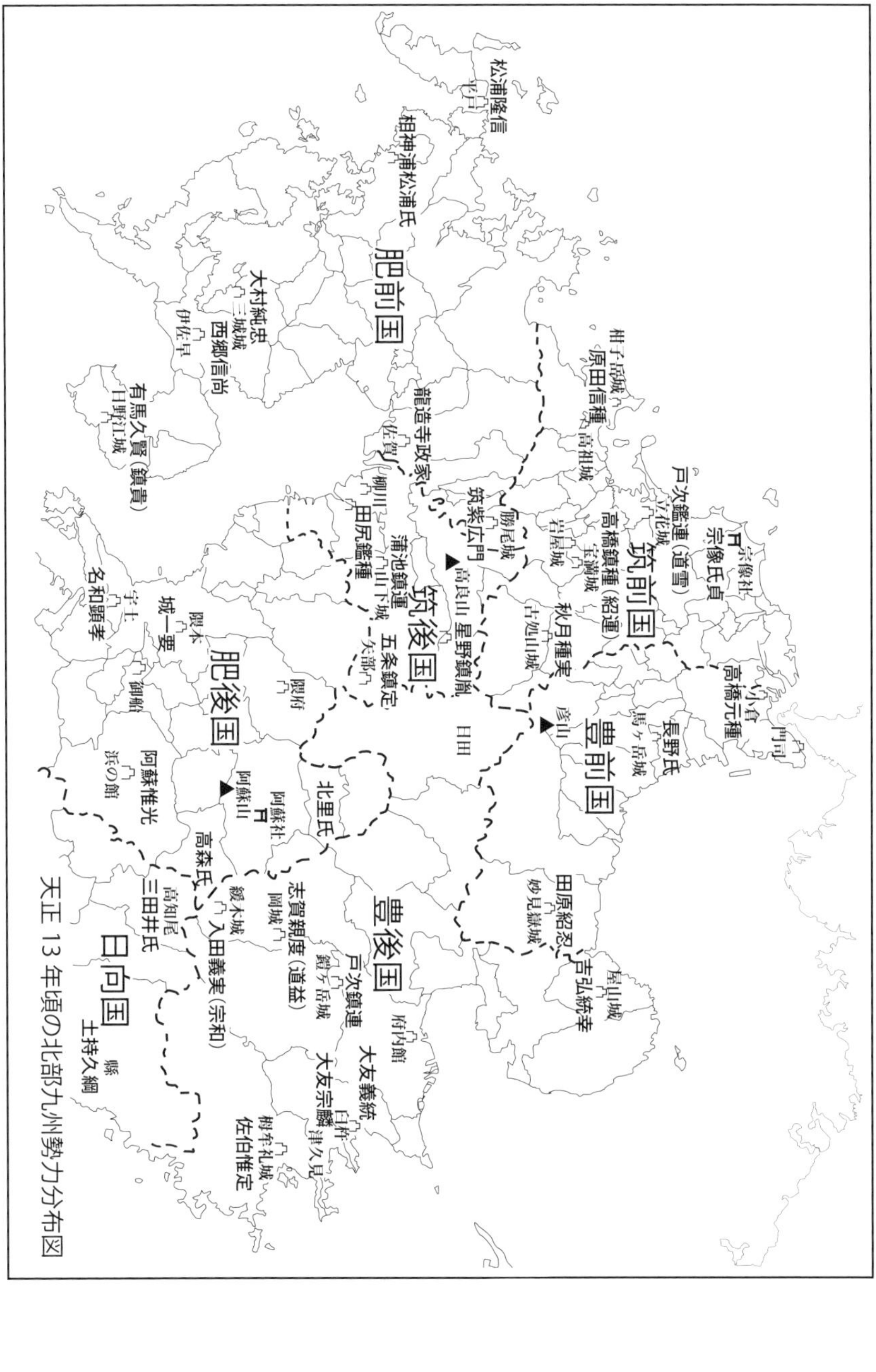

天正 13 年頃の北部九州勢力分布図

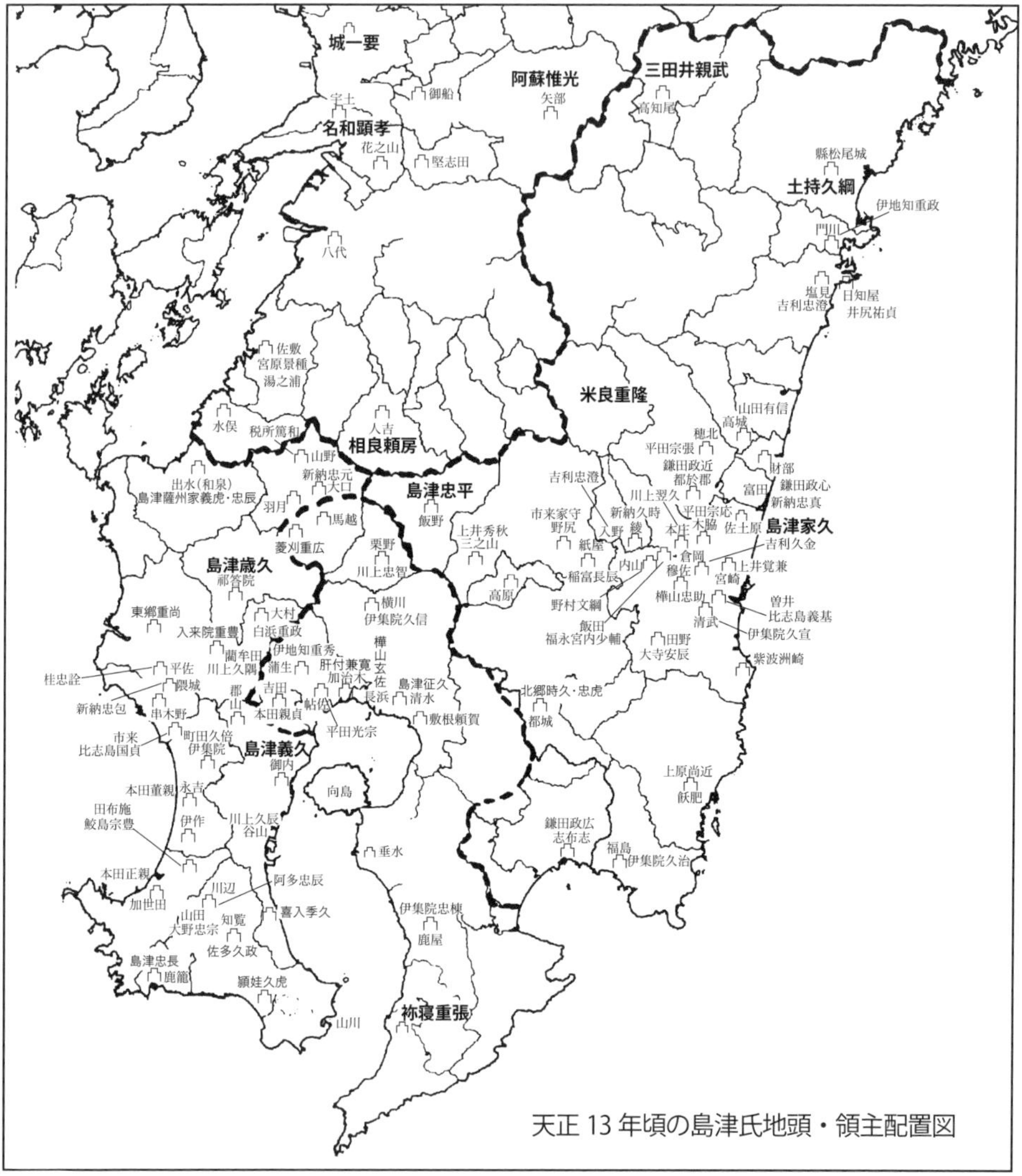

天正 13 年頃の島津氏地頭・領主配置図

八巻孝夫氏作成の宮崎城縄張図（2013年）

※曲輪の番号は、八巻孝夫氏が付したものである。その一部には『日向地誌』などに記された伝承名が残っている。八巻孝夫「日向国・宮崎城の基礎研究」（『中世城郭研究』27、2013 年）にもとづき、分かる範囲で通称名・伝承名を載せる。
1：本丸、本城　2：野首城　4：服部城　5：射場城、弓場城
9、10：百貫城、百貫ショウジ、南城　11：猿渡、馬乗馬場
13：彦右衛門丸、彦ヱ門城　14：マル城、丸城

新名　一仁（にいな かずひと）

昭和46年(1971)、宮崎県宮崎市生まれ。鹿児島大学法文学部人文学科卒業。広島大学大学院博士課程前期修了。同博士課程後期単位取得退学。博士（文学、東北大学)。みやざき歴史文化館、宮崎市きよたけ歴史館学芸員などを経て、現在南九州大学非常勤講師。単著に『日向国山東河南の攻防』(鉱脈社、2014年)、『室町期島津氏領国の政治構造』(戎光祥出版、2015年)、『島津貴久』(戎光祥出版、2017年)、『島津四兄弟の九州統一戦』(星海社新書、2017年)、『「不屈の両殿」島津義久・義弘』(角川新書、2021年）がある。2015年、第41回南日本出版文化賞を受賞。

現代語訳　上井覚兼日記3
天正十三年（一五八五）正月～
天正十三年（一五八五）十二月

2023年7月6日　初版第1刷発行

編　著　新名　一仁
発行者　渡邊　晃
発行所　ヒムカ出版
郵便番号 880-0954　宮崎県宮崎市小松台西 1-3-5
電　話 0985（47）5962
F A X 0985（71）1660
E-mail info@himuka-publishing.com
U R L http://himuka-publishing.com/
印刷・製本　シナノ書籍印刷株式会社

ISBN 978-4-909827-09-8

全４巻刊行予定

好評既刊

現代語訳 上井覚兼日記１

【天正十年（一五八二）十一月～天正十一年（一五八三）十一月】

島津氏が北部九州へと進出していく転機となった天正十年。覚兼も十一月、八代古麓城に出陣。翌年、肥後情勢と年頭の挨拶を兼ねて鹿児島へ出府。老中としての公務の日々。そして八月、再び八代へ。堅志田奇襲作戦、龍造寺氏への対応、また、甲斐勢の襲撃に備え花之山城を築き、覚兼らは十一月末に宮崎へと撤退していく。

現代語訳 上井覚兼日記２

【天正十二年（一五八四）正月～天正十二年（一五八四）十二月】

鹿児島での談合により有馬氏への軍事支援が決定。覚兼は当主義久の側近く、肥後佐敷に出陣。三月、島原では沖田畷の戦いで島津勢が勝利。その後、残党掃討と戦後処理のため島原に残った覚兼。九月、忠平を総大将として再び肥後へ。秋月・龍造寺両氏の和平申し入れ、大友氏との駆け引きなど外交面で重大な決断を迫られる。

現代語訳 上井覚兼日記３

【天正十三年（一五八五）正月～天正十三年（一五八五）十二月】

島津家中で大友氏との対決姿勢が強まる中、二月、足利義昭の上使柳沢元政は鹿児島に下向し、大友氏討伐を打診。四月、忠平が「名代」就任を受諾し、義久との両頭体制が構築される。七月、羽柴勢の四国進攻。以後、秀吉への警戒、そして肥後・日向北部では大友氏との調略合戦が展開され、新たなる軍事的危機が重なっていく。

続刊

現代語訳 上井覚兼日記４

【天正十四年（一五八六）正月～天正十四年（一五八六）十月】

ヒムカ出版